国家重点档案专项资金资助项目

图书在版编目（CIP）数据

辽宁省档案馆藏满铁与九一八事变档案汇编 / 辽宁省档案馆编．—北京：清华大学出版社，2024.4
（抗日战争档案汇编）
ISBN 978-7-302-66040-8

Ⅰ．①辽… Ⅱ．①辽… Ⅲ．①南满洲铁道股份公司－历史档案－汇编②九・一八事变－历史档案－汇编 Ⅳ．① K265.610.63 ② K264.207

中国国家版本馆 CIP 数据核字 (2024) 第 070794 号

责任编辑：周　菁
封面设计：禾风雅艺
责任校对：王凤芝
责任印制：从怀宇

出版发行：清华大学出版社
网　　址：https://www.tup.com.cn，https://www.wqxuetang.com
地　　址：北京清华大学学研大厦A座　**邮　　编**：100084
社 总 机：010-83470000　**邮　　购**：010-62786544
投稿与读者服务：010-62776969，c-service@tup.tsinghua.edu.cn
质量反馈：010-62772015，zhiliang@tup.tsinghua.edu.cn
印 装 者：天津艺嘉印刷科技有限公司
经　　销：全国新华书店
开　　本：210mm×285mm　**印　　张**：138（全五册）
版　　次：2024年5月第1版　**印　　次**：2024年5月第1次印刷
定　　价：1600.00元（全五册）

产品编号：097504-01

抗日战争档案汇编编纂出版工作组织机构

编纂出版工作领导小组

组　长　陆国强

副组长　王绍忠　付　华　魏洪涛　刘鲤生

编纂委员会

主　任　陆国强

副主任　王绍忠

顾　问　杨冬权　李明华

成　员（按姓氏笔画为序排列）

于学蕴　于晓南　于晶霞　马忠魁　马俊凡　马振犊
王　放　王文铸　王建军　卢琼华　田洪文　田富祥
史晨鸣　代年云　白明标　白晓军　吉洪武　刘　钊
刘玉峰　刘灿河　刘忠平　刘新华　汤俊峰　孙　敏
苏东亮　杜　梅　李宁波　李宗春　吴卫东　何素君
张　军　张明决　陈念芜　陈艳霞　卓兆水　岳文莉
郑惠姿　赵有宁　查全洁　施亚雄　祝　云　徐春阳
郭树峰　唐仁勇　唐润明　黄凤平　黄远良　黄菊艳
梅　佳　龚建海　常建宏　韩　林　程潜龙　焦东华
童　鹿　蔡纪万　谭荣鹏　黎富文

编纂出版工作领导小组办公室

主　任　常建宏

副主任　孙秋浦　石　勇

成　员（按姓氏笔画为序排列）

李　宁　沈　岚　贾　坤

《辽宁省档案馆藏满铁与九一八事变档案汇编》编委会

总 序

为深入贯彻落实习近平总书记「让历史说话，用史实发言，深入开展中国人民抗日战争研究」的重要指示精神，国家档案局根据《全国档案事业发展「十三五」规划纲要》和《「十三五」时期国家重点档案保护与开发工作总体规划》的有关安排，决定全面系统地整理全国各级综合档案馆馆藏抗战档案，编纂出版《抗日战争档案汇编》（以下简称《汇编》）。

中国人民抗日战争是近代以来中国反抗外敌入侵第一次取得完全胜利的民族解放战争，开辟了中华民族伟大复兴的光明前景。这一伟大胜利，也是中国人民为世界反法西斯战争胜利、维护世界和平作出的重大贡献。加强中国人民抗日战争研究，具有重要的历史意义和现实意义。

全国各级档案馆保存的抗战档案，数量众多，内容丰富，全面记录了中国人民抗日战争的艰辛历程，是研究抗战历史的珍贵史料。一直以来，全国各级档案馆十分重视抗战档案的开发利用，陆续出版公布了一大批抗战档案，对揭露日本帝国主义侵华罪行，讴歌中华儿女勠力同心、不屈不挠抗击侵略的伟大壮举，弘扬伟大的抗战精神，引导正确的历史认知，发挥了积极作用。特别是国家档案局组织有关方面共同努力和积极推动，「南京大屠杀档案」被联合国教科文组织评选为「世界记忆遗产」，列入《世界记忆名录》，捍卫了历史真相，在国际上产生了广泛而深远的影响。

全国各级档案馆馆藏抗战档案开发利用工作虽然取得了一定的成果，但是，在档案信息资源开发的系统性和深入性方面仍显不足。正如习近平总书记所指出的：「同中国人民抗日战争的历史地位和历史意义相比，同这场战争对中华民族和世界的影响相比，我们的抗战研究还远远不够，要继续进行深入系统的研究。」「抗战研究要深入，就要更多通过档案、资料、事实、当事人证词等各种人证、物证来说话。要加强资料收集和整理这一基础性工作，全面整理我国各地抗战档案、照片、资料、实物等……」

国家档案局组织编纂《汇编》，对全国各级档案馆馆藏抗战档案进行深入系统地开发，是档案部门贯彻落实习近平总书记重要指示精神，推动深入开展中国人民抗日战争研究的一项重要举措。本书的编纂力图准确把握中国人民抗日战争的历史进程、主流和本质，用详实的档案全面反映一九三一年九一八事变后十四年抗战的全过程，反映中国共产党在抗日战争中的中流砥柱作用以及中国人民抗日战争在世界反法西斯战争中的重要地位，反映国共两党「兄弟阋于墙，外御其侮」进行合作抗战、共同捍卫民族尊严的历史，反映各民族、各阶层及海外华侨共同参与抗战的壮举，展现中国人民抗日战争的伟大意义，以历史档案揭露日本侵华暴行，揭示日本军国主义反人类、反和平的实质。

编纂《汇编》是一项浩繁而艰巨的系统工程。为保证这项工作的有序推进，国家档案局制订了总体规划和详细的实施方案，明确了指导思想、工作步骤和编纂要求。为保证编纂成果的科学性、准确性和严肃性，国家档案局组织专家对选题进行全面论证，对编纂成果进行严格审核。

各级档案馆高度重视并积极参与到《汇编》工作之中，通过全面清理馆藏抗战档案，将政治、军事、外交、经济、文化、宣传、教育等多个领域涉及抗战的内容列入选材范围。入选档案包括公文、电报、传单、文告、日记、照片、图表等多种类型。在编纂过程中，坚持实事求是的原则和科学严谨的态度，对所收录的每一件档案都仔细鉴定、甄别与考证，维护档案文献的真实性，彰显档案文献的权威性。同时，以《汇编》编纂工作为契机，以项目谋发展，用实干育人才，带动国家重点档案保护与开发，夯实档案馆基础业务，提高档案人员的业务水平，促进档案馆各项事业的发展。

守护历史，传承文明，是档案部门的重要责任。我们相信，编纂出版《汇编》，对于记录抗战历史，弘扬抗战精神，发挥档案留史存鉴、资政育人的作用，更好地服务于新时代中国特色社会主义文化建设，都具有极其重要的意义。

抗日战争档案汇编编纂委员会

编辑说明

震惊中外的九一八事变已经过去九十二年。历史早已证明，九一八事变绝不是一次偶发事件，它是日本帝国主义长期推行「大陆政策」，对中国特别是中国东北地区进行政治、经济、军事、文化等各方面侵略的结果。同时，也是日本帝国主义对中国全面发动侵略战争的开端。南满洲铁道株式会社（以下简称「满铁」），作为日本政府推行大陆侵略政策和「经营满洲」政策的「国家代行机关」，在九一八事变发生前后一直扮演着重要角色。九一八事变发生前后，满铁根据日本关东军（以下简称「关东军」）的要求，在承担紧张的军事运输外的同时，还派员加入关东军各部门一起从事政治策划、经济调查、宣传鼓动以及情报搜集等工作。除直接参与九一八事变外，满铁还大力扶植亲日势力，进行歪曲真相的宣传，营造日本侵略有理的舆论，为关东军发动九一八事变进而全面侵华提供支持。

辽宁省档案馆所藏满铁档案，卷帙浩繁，内容丰富。本书选用的是满铁档案中与九一八事变相关的档案，主要反映九一八事变发生及其前后东北地区状况。在选编档案时，注重反映在九一八事变发生前后满铁各机构及成员活动的历史轨迹。在时间跨度上，采取应收尽收的原则，只要是有助于理解事变前因后果的档案资料，即便是时间早一点或晚一点，也加以采撷。因选材仅限于满铁档案，本书对九一八事变的反映不可能面面俱到。

全书用稿起自一九二五年，迄至一九三六年，按照「专题—时间」体例编排，分为四个专题，即在华搜集情报、扶植侵华势力、参与军事活动、宣传美化侵略，分别按时间排序。全书收录满铁档案二百四十余件，计两千两百余画幅。均为本馆馆藏原件全文影印，未做删节，如有缺页，为档案原件本身不全。

选用档案的标题均重新拟定。标题中的日本机构名称，在不影响理解的前提下保持历史原貌，或者使用符合汉语表述习惯的通用名，历史地名沿用当时名称。档案所载时间不完整或不准确的，作了补充或订正。档案时间只有年份、月份的排在该月末，只有年代的排在该年末。

全书使用规范的简化字。对标题中人物姓名、历史地名、机构名称中出现的繁体字、错别字、不规范异体字、异形字等，予以径改。限于篇幅，本书不作注释。

满铁作为日本侵华期间驻华机构，在当时特定历史环境下，出于侵略立场形成的文件中多有涉及污蔑中国共产党领导下的抗日武装、美化日军侵略内容，如「匪贼」等不当表述，其内容亦多有与当地土匪行为混淆、捏造、夸大事实等情况，不代表编者与出版社的立场。为保留档案原貌，未做改动或删减，请读者注意鉴别。

由于时间紧，档案公布量大，编者水平有限，在编辑过程中可能存在疏漏之处，欢迎斧正。

编　者

二〇二三年九月

总目录

总序

编辑说明

第一册

一、在华搜集情报

满铁奉天公所所长镰天弥助关于郭松龄与关东军司令部参谋浦澄江及顾问仪我诚也会面事致满铁社长安广伴一郎、理事大藏公望等的电报（一九二五年十月三十日）……〇〇三

满铁理事入江海平关于请电示应对奉军内讧事件之策略事致满铁社长的电报（一九二五年十一月二十六日）……〇〇七

满铁社长关于奉军内讧事态尚不明朗事致满铁理事入江海平的电报（一九二五年十一月二十七日）……〇〇九

满铁奉天公所所长镰田弥助关于郭松龄倒戈事件的报告（一九二五年十一月二十八日）……〇一〇

满铁野村关于报告郭松龄叛军战况事致满铁社长安广伴一郎、庶务部的电报（一九二五年十一月二十八日）……〇一一

满铁社长安广伴一郎关于因发生奉军内讧事件命令严密监视中方人员事致满铁抚顺煤矿、鞍山制铁所的电报（一九二五年十一月二十九日）……〇一五

满铁理事梅野实、鞍山制铁所关于抚顺煤矿已实施戒严令事致满铁社长安广伴一郎的电报（一九二五年十一月二十九日）……〇一七

满铁抚顺煤矿关于抚顺煤矿已严密警戒无须担忧事致满铁社长安广伴一郎的电报（一九二五年十一月二十九日）……〇一九

满铁社长安广伴一郎关于运送黑龙江部队事致满铁庶务课的电报（一九二五年十一月二十九日）……○三一
满铁社长安广伴一郎关于汇报奉军内讧事件情况事致外务大臣的电报（一九二五年十一月三十日）……○三三
满铁哈尔滨事务所关于中国部队军需运输事致满铁社长安广伴一郎、奉天公所的电报（一九二五年十一月三十日）……○三五
满铁奉天公所关于吴督办于今夜启程及部队南下事致满铁社长安广伴一郎、理事大藏公望等的电报（一九二五年十一月三十日）……○三六
满铁庶务课关于郭松龄部队约有一个师转投奉军事致满铁社长安广伴一郎、庶务部的电报（一九二五年十一月三十日）……○三七
满铁奉天公所关于杨宇霆返回奉天及前线敌军两个旅团归顺奉军事致满铁社长安广伴一郎的电报（一九二五年十一月三十日）……○三八
杨宇霆关于顺利返回奉天事致满铁社长安广伴一郎的电报（一九二五年十一月三十日）……○三九
满铁奉天公所关于报告郭松龄所派暗杀队中五人被捕事致满铁社长安广伴一郎、理事大藏公望等的电报（一九二五年十二月一日）……○四○
满铁野村关于报告黑龙江省军队运送状况事致满铁社长安广伴一郎、庶务部等的电报（一九二五年十二月二日）……○四一
满铁野村关于报告与王省长商议满铁通过洮昂线运送黑龙江省部队事致满铁社长安广伴一郎、庶务部等的电报（一九二五年十二月三日）……○四三
满铁野村关于报告郭松龄军自山海关开拔将发生决战事致满铁社长安广伴一郎的电报（一九二五年十二月三日）……○四六
满铁奉天公所关于报告明日有少量日本士兵赴新民屯侦查事致满铁社长安广伴一郎的电报（一九二五年十二月三日）……○四八
满铁野村关于报告奉天军队内乱及郭军状况事致满铁社长安广伴一郎、庶务部的电报（一九二五年十二月五日）……○四九
满铁野村关于报告奉天军队内乱及城内外状况事致满铁社长安广伴一郎、庶务部的电报（一九二五年十二月六日）……○五二
满铁社长室文书课关于发送满铁大正十四年十二月七日（一九二五年十二月七日）董事会议决议事项致满铁理事梅野实的函（一九二五年十二月七日）……○五四
满铁奉天火车站关于领事内山、守田福松及三十名日籍避难者已抵达奉天事致满铁铁道部的电报（一九二五年十二月七日）……○五六

满铁理事松冈洋右关于东三省局势的分析及意见致满铁社长安广伴一郎的电报（一九二五年十二月八日）……〇五七
满铁理事梅野实关于张作霖拟最终决战并期待第三方斡旋致满铁副社长大平驹槌的报告（一九二五年十二月八日）……〇六八
满铁奉天铁道事务所关于设立满铁时局事务所的函（一九二五年十二月八日）……〇七一
满铁奉天公所关于报告张作霖打消下野想法，打算在辽河沿岸最终决战事致满铁社长安广伴一郎、
满铁理事大藏公望等电报（一九二五年十二月八日）……〇七四
满铁奉天地方事务所关于报告中国时局事致满铁理事梅野实的函（一九二五年十二月九日）……〇七七
满铁奉天地方事务所关于向抵奉部队提供住所事致庶务部、文书课等的电报（一九二五年十二月九日）……〇八二
满铁长春地方事务所关于如郭松龄占领奉天及张作霖父子逃往吉林之对策致满铁庶务部、文书课等的电报
（一九二五年十二月九日）……〇八三
满铁奉天火车站关于东北时局情况的调查报告（一九二五年十二月十日至二十日）……〇八五
日本驻奉天总领事吉田茂关于满铁运送中国士兵事致关东长官儿玉秀雄的函（一九二五年十二月十一日）……〇九三
郭松龄关于对张作霖及其军队之处理办法事致奉天总领事吉田茂的函（一九二五年十二月十二日）……〇九五
日本关东厅长官儿玉秀雄关于用满铁列车运送中国军队事致奉天总领事吉田茂的电报（一九二五年十二月十二日）……〇九八
日本驻奉天总领事吉田茂关于拒绝用火车运送郭松龄部队事致关东长官儿玉秀雄的电报（一九二五年十二月十三日）……一〇一
附：外务大臣关于拒绝满铁运送中国部队事致北京公使的电报（一九二四年十月一日）……一〇二
满铁哈尔滨事务所关于中东铁路停止运送中国军队事致满铁社长安广伴一郎的函（一九二五年十二月十五日）……一〇四
日本驻奉天总领事吉田茂关于转发陆军大臣给关东军司令官电报事致奉天铁道事务所理事梅野实的函
（一九二五年十二月十五日）……一〇六
附：外务大臣币原关于禁止张郭两军在满铁附属地的一切军事行动事致奉天总领事吉田茂的电报
（一九二五年十二月十四日）……一〇七
日本关东军司令官白川义则致张作霖、郭松龄的第二次警告书（一九二五年十二月十五日）……一一〇
满铁社长室文书课关于满铁副社长来奉慰问军队警官事的电话记录（一九二五年十二月二十一日）……一一二

满铁哈尔滨事务所关于张焕相对时局之态度事致满铁社长安广伴一郎的函（一九二五年十二月二十八日）……一一三
满铁哈尔滨事务所关于对张作霖、郭松龄、吴俊升之观察事致满铁社长安广伴一郎的函
（一九二五年十二月二十八日）……一一八
满铁奉天公所关于郭松龄倒戈事件的日志（一九二五年十一月二十三日至十二月八日）……一二〇
满铁奉天铁道事务所关于郭松龄倒戈事件的日志（一九二五年十一月二十八日至十二月二十八日）……一三〇
满铁时局事务所关于郭松龄倒戈事件的时局日志（一九二五年十二月七日至十二月三十日）
（一九二五年十二月三十日）……一九七
满铁理事松冈洋右关于在奉军内讧事件中满铁采取全力支持张作霖之方针事致满铁社长安广伴一郎的电报
（一九二五年）……二六一
满铁社长室文书课关于请速告知吉林省长诚允等三人别号事致满铁奉天公所的电报（一九二七年四月六日至八日）……二六四
东京支社庶务课、满铁地方部关于参谋本部要求修改独立守备队守备区域事致满铁社长室文书课
的一组函电（一九二七年四月十六日至十八日）……二六七
东京支社庶务课致满铁社长室文书课的电报（一九二七年四月十六日）……二六七
满铁地方部致社长室文书课的函（一九二七年四月十八日）……二六八
满铁满蒙国策会议相关资料（一九二七年十一月八日）……二七四
满铁情报课关于送交东三省中国重要文武官员人名表事致满铁地方部的函（一九二八年九月五日）……三〇二
附：东三省中国重要文武官员人名表（一）……三〇四
满铁开原地方事务所关于请求将独立守备队大队总部设在开原事致满铁地方部的函（一九二九年三月二十九日）……三二八
附：开原地方委员会议长佐竹令信、华商公议会会长马秀升、实业会会长川岛定兵卫发来的请愿书……三三〇
满铁地方部关于请填造中国官绅名簿事致满铁各地方事务所、抚顺煤矿庶务课的函（一九二九年五月二十五日）……三三二
附：中国官绅名簿样表……三三七
满铁辽阳地方事务所关于提交中国官绅名簿事致满铁地方部的函（一九二九年六月二十二日）……三三八

附：奉天派于冲汉的调查书 …… 三三九
满铁长春地方事务所关于提交中国官绅名簿事致满铁地方部的函（一九二九年六月二十四日） …… 三四〇
附：吉长镇守使兼步兵第八旅旅长李桂林、长春县县长马仲援的调查书 …… 三四一
满铁四平街地方事务所关于提交中国官绅名簿事致满铁地方部的函（一九二九年十月二十四日） …… 三四三
附：四洮铁路管理局高级顾问马龙谭、四洮铁路管理局长周培炳、四洮铁路管理局副局长何瑞章、
梨树县县长包文峻官绅名簿 …… 三四四
满铁铁路沿线警备一览表、日俄讲和条约追加条款（一九二九年十一月一日） …… 三四八
满铁奉天地方事务所涉外系关于提交附属地中国知名人士调查表事致满铁地方部庶务课的函（一九三〇年五月二日） …… 三五四
附：奉天附属地中国知名人士调查表 …… 三五五
关东军参谋部关于从德国购买奉天兵工厂所用弹药材料事致满铁的函（一九三一年一月三日） …… 三五八
奉天商工会议所关于辽宁军用粮草厂从沈海沿线购买所需高粱的情报（一九三一年一月七日） …… 三六〇
满铁奉天公所关于就满洲铁道问题与张学良谈话事致满铁资料课的函（一九三一年一月十二日） …… 三六一
奉天商工会议所关于东北陆军装甲汽车队从美国购买所需军用汽车的情报（一九三一年一月十四日） …… 三六六
奉天商工会议所关于辽宁兵工厂与山西兵工厂合并的情报（一九三一年一月二十二日） …… 三六七
日本关东厅警务局关于报告英国远东经济使节来满洲情况事致满铁资料课的函（一九三一年一月二十三日） …… 三六八
奉天商工会议所关于东北三省兵工厂与迫击炮厂合并的情报（一九三一年一月二十七日） …… 三七五
奉天商工会议所关于辽宁兵工厂的中国供货商人联合交易的情报（一九三一年一月二十八日） …… 三七六
奉天商工会议所关于辽宁兵工厂裁员的情报（一九三一年一月三十日） …… 三七七
奉天商工会议所关于沈海铁路局拟在沈海沿线常驻军队的情报（一九三一年二月三日） …… 三七八
奉天商工会议所关于汇报辽宁省财政困窘的情报（一九三一年二月三日） …… 三七九
奉天商工会议所关于辽宁外交特派员王明宇反对日军演习的情报（一九三一年二月四日） …… 三八〇
奉天商工会议所关于排日机关合并的情报（一九三一年二月六日） …… 三八一

奉天商工会议所关于汽油走私的情报（一九三一年二月七日）……三八三
满铁资料课关于银价暴跌中国商人开展请愿运动事的函（一九三一年二月十三日）……三八三
附：大连华商公议会会长张本政致大连市长田中迁吉的请愿书……三八六
奉天商工会议所关于汇报中国商人金融状况的情报（一九三一年二月十四日）……三九〇
奉天商工会议所关于汇报中国高官张志良、王明宇、陈友仁、鲁穆庭职位变动的情报（一九三一年三月三日）……三九五
奉天商工会议所关于中国设立重炮厂的情报（一九三一年三月六日）……三九六
日本关东厅警务局关于辽宁省政府密令防范满铁实施满蒙侵略事致满铁资料课的函（一九三一年三月七日）……三九七
奉天商工会议所关于迫击炮厂申请改组的情报（一九三一年三月十二日）……四〇〇
奉天商工会议所关于排日人士陈彬和到奉天演讲的情报（一九三一年三月二十三日）……四〇一
满铁北京公所关于国民政府财政部部长宋子文就目前财政形势之讲话事致满铁资料课的函（一九三一年四月十六日）……四〇三
奉天商工会议所关于张学良命令奉天军队做好出动准备的情报（一九三一年五月十四日）……四〇五
满铁调查课所调查在满日本人开展农业金融活动概况（一九三一年五月）……四〇六

第二册

一、在华搜集情报

奉天商工会议所关于辽宁兵工厂增招职工进行弹药生产情况的情报（一九三一年六月一日）……〇〇三
奉天商工会议所关于辽宁兵工厂兵器弹药生产运输情况的情报（一九三一年六月十七日）……〇〇四
满铁关于张学良周围势力的资料（一九三一年六月二十二日）……〇〇五
奉天商工会议所关于辽宁兵工厂向关内运送武器弹药的情报（一九三一年七月九日）……〇四五
满铁资料课关于东北地区的中国国民党的相关资料（一九三一年七月十日）……〇四六

奉天商工会议所关于辽宁兵工厂为支援关内开始夜间生产的情报（一九三一年七月二十日）……〇六二
奉天商工会议所关于奉军将哑弹送还辽宁兵工厂的情报（一九三一年七月三十日）……〇六三
满铁商工课调查系所整理的《近来日满贸易趋势》（一九三一年七月）……〇六四
满铁资料课、调查课情报系整理的资料日报（一九三一年八月五日至九月十五日）……〇九五
营口商业会议所关于提交当前时局下营口市场概况事致满铁地方部商工课的函（一九三一年九月二十三日）……二七一
附：营口市场概况……二七二
满铁营口地方事务所关于报告时局综合情报事致满铁地方部、总务部调查课等的函（一九三一年九月二十九日）……二七六
满铁哈尔滨事务所关于提交时局对哈尔滨市经济界之影响事致满铁总务部调查课的函（一九三一年十一月二日）……二八三
附：时局对哈尔滨市经济界之影响……二八五
日本关东厅警务局警务课关于提交关东厅警务局警察（州外）现有人员配置表事致满铁总务部次长山崎元干的函（一九三一年十月五日）……二九九
附：关东厅警务局警察（州外）现有人员配置表……三〇〇
满铁铁岭地方事务所关于报告当前时局对铁岭市场之影响事致满铁地方部的函（一九三一年十月七日）……三〇二
满铁奉天公所赤塚关于提交外务省在中国各地配备警察数量一览表事致满铁总务部庶务课的函（一九三一年十月十六日）……三〇六
附：外务省在中国各地配备警察数量一览表……三〇七
长春商工会议所关于九一八事变对长春经济影响之调查报告（一九三一年十月二十六日）……三一二
营口商业会议所关于提交营口中日冲突事件及其对经济影响事致满铁地方部商工课的函（一九三九年十一月二十日）……三二五
附：营口中日冲突事件及其对经济界之影响……三二七
满铁奉天事务所地方课关于报告九一八事变后奉天经济界动向及寄送十一月份经济月报事致满铁地方部的函（一九三一年十二月九日）……三五七

满铁奉天事务所地方课关于提交九一八事变对商业交易行业之影响调查报告事致满铁地方部的函
（一九三二年一月九日）……三六四
附：九一八事变对商业交易行业之影响调查……三六七
公主岭交易所信托株式会社专务董事大岩峰吉关于提交九一八事变研究资料事致满铁监理部部长竹中政一的函
（一九三二年四月十九日）……三九五
满铁监理部考查课关于提交九一八事变费用凭证审查报告事致满铁经理部、监理部的函（一九三二年五月三十一日）……四〇三
附：九一八事变费用凭证审查报告……四〇四

第三册

一、在华搜集情报

满铁总务部调查课第三十号『匪贼』日记（一九三二年八月一日至八月三十一日）（一九三二年九月二十二日）……〇〇三
满铁产业部交通课植村静荣关于九一八事变期间接收社外铁路情况概要（一九三一年至一九三二年）……〇八七

二、扶植侵华势力

满铁社长室文书课关于帝国在乡军人会满洲联合支部总会经费补助事致帝国在乡军人会满洲联合支部的函
（一九二六年九月十五日）……一四七
满铁社长室文书课关于向帝国在乡军人会满洲联合支部总会发放补助金事致帝国在乡军人会满洲联合支部的函
（一九二六年九月二十七日）……一四九
满铁社长室文书课课长木村通关于同意担任帝国在乡军人会满洲联合支部名誉会员及顾问事致帝国在乡军人会满洲联合支部的函（一九二七年一月二十九日）……一五一

满铁社长安广伴一郎关于应抗议奉海铁路支线铺设计划事致奉天总领事的函（一九二七年六月二十日）…… 一五三
满铁庶务部庶务课关于向和登良吉赠与酬谢金事的回议笺（一九二七年七月七日）…… 一五六
日本关东厅长官木下谦次郎关于向帝国在乡军人分会提供补助事致满铁社长山本条太郎的函
（一九二八年一月二十五日）…… 一五八
日本关东厅长官木下谦次郎关于向帝国在乡军人会下发补助金事致帝国在乡军人会满洲联合支部部长斋藤恒的指令
（一九二八年一月二十五日）…… 一六〇
满铁社长室文书课关于援助吉林外交署秘书赵宏毅事的回议笺（一九二八年二月十四日）…… 一六二
满铁社长室文书课关于决定向帝国在乡军人会满洲联合支部支付补助经费事的回议笺（一九二八年六月四日）…… 一六四
满铁铁岭地方事务所关于组建新台子自警团事致满铁地方部的函（一九二八年六月四日）…… 一六七
附：新台子自警团规约 …… 一六八
帝国在乡军人会满洲联合支部部长斋藤恒关于感谢捐赠补助金事致满铁社长山本条太郎的函
（一九二八年六月九日）…… 一七三
满铁东京支社庶务课关于请求向满蒙开发队长山口正宪等人发放通用乘车券事致满铁社长室文书课、
社长室秘书役的函（一九二八年六月二十六日）…… 一七四
满铁对帝国在乡军人会发放补助相关先例（一九二八年一月）…… 一七七
满铁东京支社庶务课关于向町野武马支付补助金事致满铁社长室文书课的函（一九二九年一月十八日）
附：同意支付补助金之决定书 …… 一七九
满铁东京支社庶务课关于向松井石根支付调查费事致满铁社长室文书课的函（一九二九年一月二十二日）…… 一八一
附：同意支付调查费之决定书 …… 一八二
满铁社长室文书课关于向望田情报课员支付特别宣传经费事的回议笺（一九二九年二月二日）…… 一八三
满铁社长室文书课关于向帝国在乡军人会满洲联合支部发放补助金事致帝国在乡军人会满洲联合支部部长
三宅光治的函（一九二九年四月十二日）…… 一八五

帝国在乡军人会满洲联合支部部长三宅光治关于报告昭和三年（一九二八年）度事业成绩概况及收支决算事
致满铁社长山本条太郎的函（一九二九年四月十八日）……一八七
附一：事业成绩概况书……一八八
附二：昭和三年度关东厅及满铁会社补助金相应收支决算书……一九〇
附三：昭和三年度关东厅及满铁会社补助金分配表……一九二
帝国在乡军人会满洲联合支部部长三宅光治关于感谢发放补助金事致满铁社长山本条太郎的函
（一九二九年四月十九日）……一九五
满洲青年联盟理事长小日山直登关于请求下发补助金事致满铁社长山本条太郎的函（一九二九年八月五日）……一九六
满铁社长室文书课关于决定向满洲青年联盟支付经费事致满洲青年联盟理事长小日山直登的函
（一九二九年十一月十三日）……二〇八
满铁社长室文书课关于决定向第二届满洲青年议会支付经费事致满洲青年联盟理事长小日山直登的函
（一九二九年十一月二十日）……二一〇
附：第二届满洲青年议会举办流程议事日程……二一四
帝国在乡军人会满洲联合支部部长三宅光治关于请求担任联合支部顾问事致满铁副总裁大平驹槌的函
（一九二九年十一月二十七日）……二一六
附：满洲联合支部下在乡军人会概况一览表……二一七
帝国在乡军人会满洲联合支部部长三宅光治关于提交补助金请求书事致满铁的函（一九三〇年四月一日）……二一八
帝国在乡军人会满洲联合支部部长三宅光治关于报告昭和四年（一九二九年）度事业成绩概况及收支决算事……二一九
致满铁总裁仙石贡的函（一九三〇年四月十一日）……二一九
附一：事业成绩概况书……二二〇
附二：昭和四年度关东厅及满铁会社补助金相应收支决算书……二二二
附三：昭和四年度关东厅及满铁会社补助金分配要点……二二四

满铁社长室文书课关于向帝国在乡军人会满洲联合支部发放补助金事致帝国在乡军人会满洲联合支部部长
三宅光治的函（一九三〇年四月二十八日）……二三〇
帝国在乡军人会满洲联合支部部长三宅光治关于感谢满铁补助事致满铁总裁仙石贡的函（一九三〇年五月七日）……二三二
满洲青年联盟理事长小日山直登关于举办铁道守备队慰安会及青年议会请予补助事致满铁总裁仙石贡的函
（一九三〇年六月二日）……二三三
附一：铁道守备队慰安会举办目的及计划书……二三五
附二：第三次满洲青年议会……二四一
满铁总务部庶务课关于向满洲青年联盟提供补助事致满洲青年联盟理事长金井章次的函（一九三〇年九月九日）……二四三
满铁总务部庶务课关于向中日国民感情融合运动提供补助事的回议笺（一九三一年一月二十一日）……二四五
帝国在乡军人会满洲联合支部关于事业概况报告及收支决算报告事致满铁的函（一九三一年四月十日）……二四七
附一：事业成绩概况书……二四八
附二：昭和五年（一九三〇年）度关东厅满铁会社补助金收支决算书……二五〇
附三：昭和五年（一九三〇年）度关东厅满铁会社补助金分配要领……二五一
附四：各团体补助金分配表……二五三
帝国在乡军人会满洲联合支部部长三宅光治关于申请补助事致满铁的函（一九三一年六月四日）……二五六
帝国在乡军人会满洲联合支部部长三宅光治关于请满铁向该支部提供补助事致满铁总务部庶务课课长土肥颛的函
（一九三一年六月五日）……二五七
满洲青年联盟代理理事长金井章次关于请向在满日本人士气振兴运动提供补助事致满铁总裁仙石贡的函
（一九三一年六月六日）……二五八
满铁总务部庶务课关于支付帝国在乡军人会满洲联合支部补助事致该支部的回议笺（一九三一年六月八日）……二六四
满铁总务部庶务课关于资助满洲青年联盟事致满洲青年联盟代理理事长金井章次的函（一九三一年六月八日）……二六六

帝国在乡军人会满洲联合支部部长三宅光治关于感谢满铁拨付该支部补助金事致满铁总裁仙石贡的函
（一九三一年六月十日）……………………………………………………………………………………… 二六八
满洲青年联盟代理理事长金井章次关于请求发放补助费事致满铁总裁内田康哉的函（一九三一年六月三十日）…… 二六九
附：满洲银行开具补助费入账证明 ………………………………………………………………………… 二七〇
『满洲青年联盟』代理理事长金井章次关于感谢满铁提供补助事致满铁总裁内田康哉的函
（一九三一年七月十七日）………………………………………………………………………………… 二七二
满铁东京支社庶务课关于汇报开辟满蒙局面代表团访问日本相关活动事致满铁总务部庶务课的函
（一九三一年八月十一日）………………………………………………………………………………… 二七三
附：开辟满蒙局面代表团访问日本行动概况 ……………………………………………………………… 二七四
满铁长春地方事务所关于范家屯附属地警备事致满铁地方部的函（一九三一年九月十八日）………………… 二八六
附：范家屯义勇团关于组建范家屯自卫团事致义勇团员的通知（一九三一年九月七日）……………………… 二八七
满铁总务部关于满洲青年联盟派遣代表赴东京事致满铁东京支社的电报（一九三一年九月二十八日）……… 二九四
满洲青年联盟日本访问团代表冈田猛马关于满洲青年联盟日本访问团日程安排事致满铁山西理事的电报
（一九三一年十月二日）…………………………………………………………………………………… 二九五
帝国在乡军人会会长铃木庄六对在华会员的慰问词（一九三二年二月）……………………………………… 二九六
载仁亲王对帝国在乡军人会的慰问词（一九三二年二月）…………………………………………………… 二九八
满铁总务部关于为帝国在乡军人大会提供便利事致帝国在乡军人会会长铃木庄六的函（一九三二年四月九日）…… 二九九
帝国在乡军人会满洲联合支部部长桥本虎之助关于请求增加帝国在乡军人会满洲联合支部事业补助金事
致满铁总裁内田康哉的函（一九三二年六月八日）…………………………………………………………… 三〇二
附：九一八事变所用经费一览表 ……………………………………………………………………………… 三〇三
满铁总务部关于补助帝国在乡军人会满洲联合支部事致帝国在乡军人会满洲联合支部部长冈村宁次的函
（一九三二年九月三十日）………………………………………………………………………………… 三〇五

帝国在乡军人会满洲联合支部部长冈村宁次关于感谢满铁发放补助金事致满铁总裁林博太郎的函（一九三二年十一月二十九日）……三〇七
帝国在乡军人会满洲联合支部部长冈村宁次关于发送事业成绩报告及补助金收支报告事致满铁总裁林博太郎的函（一九三三年五月八日）……三〇八
附一：事业成绩报告……三〇九
附二：昭和七年度关东厅、满铁补助金决算书及分配表……三一三
满铁总务部关于向帝国在乡军人会满洲联合支部发放补助金事致帝国在乡军人会满洲联合支部部长冈村宁次的回议笺（一九三三年五月二十九日）……三二二
帝国在乡军人会满洲联合支部部长冈村宁次关于感谢满铁发放补助金事致满铁总裁林博太郎的函（一九三三年六月十五日）……三二三
满铁与土肥原贤二关于向中江丑吉支付研究费事的来往函（一九三四年二月十一日至二十五日）
土肥原贤二关于申请向中江丑吉支付研究费事致满铁副总裁八田嘉明的函（一九三四年二月十一日）……三二五
满铁副总裁八田嘉明关于同意向中江丑吉支付研究费事致土肥原贤二的函（一九三四年二月二十日）……三三〇
土肥原贤二关于感谢向中江丑吉支付研究费事致满铁副总裁八田嘉明的函（一九三四年二月二十五日）……三三三
满铁总务部与土肥原贤二关于向中江丑吉支付研究费事的来往函（一九三四年三月三日至五日）
满铁总务部部长石本宪治关于同意向中江丑吉补助研究费事致土肥原贤二的函（一九三四年三月三日）……三三五
土肥原贤二关于请于北平向中江丑吉支付研究费事致满铁总务部部长石本宪治的函（一九三四年三月五日）……三三七
满铁总务部庶务课关于向帝国在乡军人会发放补助之先例（一九三四年三月二十四日）……三三九
帝国在乡军人会满洲联合支部部长冈村宁次关于九一八事变后在乡军人人数增加故请增发补助金事致满铁总裁林博太郎的函（一九三四年五月十六日）……三四二
附：帝国在乡军人会昭和九年（一九三四年）度事业计划……三四四

帝国在乡军人会满洲联合支部关于报告昭和八年（一九三三年）度事业成绩概况及收支决算事致满铁总裁林博太郎的函（一九三四年五月十六日）……三四六
附一：事业成绩报告……三四七
附二：昭和八年度关东厅及满铁补助金决算书……三五〇
附三：昭和八年度关东厅及满铁会社补助金分配要领……三五一
附四：昭和八年度满铁会社及关东厅补助金分配表……三五七
满铁总务部庶务课关于送交在乡军人及其他援助申请相关调查书事致陆军省军务局征募课步兵少佐小川团吉的函（一九三四年五月二十一日）……三六三
附：在乡军人及其他援助申请相关调查书……三六五
满铁总务部关于向帝国在乡军人会发放补助之先例（一九三四年七月二十八日）……三七二
满铁总务部庶务课在乡军人相关出资调查表（一九三四年）……三七四
帝国在乡军人会满洲联合支部部长板垣征四郎关于请求拨付在乡军人会满洲联合支部事业补助金事致满铁总裁林博太郎的函（一九三五年四月十三日）……三七八
附：帝国在乡军人会昭和十年（一九三五年）度事业计划书……三八〇
满铁总务部关于向帝国在乡军人会满洲联合支部发放补助金事致帝国在乡军人会满洲联合支部部长板垣征四郎的函（一九三五年七月二十二日）……三八三
满铁总务部庶务课关于向岩间德也支付谢礼金事的回议笺（一九三六年二月二十七日）……三八五
附：满铁嘱托岩间德也之功绩概要……三八八
昭和制钢所秘书课课长松井敏生关于确定振兴公司租矿权事致满铁监理课课长谷川善次郎的函（一九三五年十二月六日）……三九三
附：昭和制钢所常务董事富永能雄关于与振兴公司签订租矿合约事致关东军参谋部永津佐比重的函（一九三五年十二月六日）……三九四

第四册

三、参与军事活动

满铁辽阳地方事务所关于驻辽阳日军第十六步兵联队向奉天出发事致满铁地方部的电报（一九三一年九月十九日）……〇〇三
满铁瓦房店地方事务所关于日军瓦房店守备军之行动事致满铁地方部的电报（一九三一年九月十九日）……〇〇四
满铁辽阳地方事务所关于日军占领奉天北大营事致满铁地方部、总务部的电报（一九三一年九月十九日）……〇〇五
满铁辽阳地方事务所关于日军在辽阳之行动事致满铁地方部、总务部的电报（一九三一年九月十九日）……〇〇六
满铁长春地方事务所关于日军在长春之行动事致满铁地方部、总务部的电报（一九三一年九月十九日）……〇〇七
满铁总务部庶务课关于慰问、吊唁、看望出征军人事的回议笺（一九三一年九月二十六日）……〇〇九
日本关东军司令官本庄繁关于感谢满铁发放抚恤金事致满铁总裁内田康哉的函（一九三一年十月二十二日）……〇一二
独立守备队等截至昭和六年十月二十六日（一九三一年十月二十六日）之日军战死者名单（一九三一年十月二十六日）……〇一三
满铁奉天事务所庶务课关于九一八事变中负伤士兵慰问金发放标准事的回议笺（一九三一年十月二十九日）……〇三三
满铁辽阳地方事务所关于日军战死者追悼会事致满铁总务部的函（一九三一年十一月十六日）……〇三六
附：驻辽阳第十六联队战死者名簿……〇三七
奉天公报慰问队责任人森宣次郎向满铁总务部庶务课递交一九三一年十月二十八日至一九三二年一月一日的慰问军队及警察官之状况报告（一九三一年十二月）……〇四一
日本陆军步兵第三十联队留守部队关于步兵第三十联队乌诺头站、小兴屯战死者名簿及战况情报（一九三一年十二月）……〇四七
满铁长春地方事务所关于回复九一八事变阵亡将士追悼会情况事致满铁总务部庶务课的函（一九三二年三月十八日）……〇五八

满铁监理部管理课关于调查军部以外直接提供军事援助人员事致关东军参谋长桥本虎之助的函
（一九三二年五月十八日）……〇六一
附一：陆军以外相关单位拟行赏人员呈报表（截至昭和七年三月三十一日）……〇六二
附二：团体「功绩」概括表……〇六六
日本陆军步兵第五联队队长子爵谷仪一关于通知日本步兵伍长贝森清三郎战死及遗体告别式事
致满铁总裁内田康哉的函（一九三二年六月十一日）……〇六七
满铁经理部主计课关于提交九一八事变费凭证审查报告事的回议笺（一九三二年七月二十五日）……〇六九
附：九一八事变费凭证审查报告……〇七〇
满铁铁道总局铁道警务局关于提交全满铁路沿线『匪贼』情况与警备对策及铁道车辆事故调查（月报）
事致满铁经理部的函（一九三七年一月三十日至三月十六日）……〇七八
附：昭和十一年（一九三六年）十月、十一月、十二月全满铁路沿线『匪贼』情况与警备对策及铁道
车辆事故调查报告（月报）……〇七九
满铁监理部考查课向满铁总裁提交的昭和六年（一九三一年）度总务部业务成绩考查报告书
（一九三一年至一九三二年）……三五四
满铁地方部时局『功绩』概要（第二次）[昭和七年（一九三二年）十月一日至昭和九年
（一九三四年）三月三十一日]（一九三二年十月至一九三四年三月）……三六四

第五册

三、参与军事活动

满铁关于九一八事变伤病将士慰问金赠呈表（其一）（一九三一年十月至一九三三年十月）……〇〇三

满铁关于九一八事变伤病将士慰问金赠呈表（其二）（一九三三年十一月至一九三五年十一月）……○四四
满铁关于九一八事变战死者吊慰金赠呈表（其一）（一九三一年十一月至一九三二年二月）……○八四
满铁关于九一八事变战死者吊慰金赠呈表（其二）（一九三二年三月至七月）……一一五
满铁关于九一八事变战死者吊慰金赠呈表（其三）（一九三二年八月至一九三三年三月）……一二四
满铁关于九一八事变战死者吊慰金赠呈表（其四）（一九三三年三月至十月）……一八四
满铁关于九一八事变战死者吊慰金赠呈表（其五）（一九三三年十月至一九三四年三月）……二四四
满铁关于九一八事变战死者吊慰金赠呈表（其六）（一九三四年四月至八月）……二五三
满铁关于九一八事变战死者吊慰金赠呈表（其七）（一九三五年四月至一九三六年三月）……二六四
满铁关于九一八事变战死者吊慰金赠呈表（其八）（一九三六年四月至九月）……二七六
满铁关于九一八事变战死者吊慰金赠呈表（其九）（一九三六年十月至一九三八年四月）……二九二
九一八事变期间战死者名簿（时间不详）……三○五
东亚土木企业株式会社『功绩』概要（时间不详）……三三九

四、宣传美化侵略

满铁哈尔滨事务所关于请支付满洲情况宣传及演讲所需费用事致满铁总务部的电报（一九三一年十一月七日）……三四九
满铁总务部庶务课关于同意支付满洲情况宣传及演讲所需费用事致满铁哈尔滨事务所的电报（一九三一年十一月九日）……三五○
满铁总务部关于寄送九一八事变影集样本事致关东军司令官的函（一九三一年十一月九日）……三五一
满铁总务部庶务课关于捐赠九一八事变影集事致满铁奉天事务所庶务课的函（一九三一年十一月十一日）……三五三
满铁长春地方事务所关于申请支付制作九一八事变电影补助金事致满铁总务部的函（一九三一年十一月十二日）……三五六
附：长春北满日报社社长箱田琢磨关于为将九一八事变拍成电影作为教育资料申请补助事致满铁总裁内田康哉的函（一九三一年十一月九日）……三五七

满铁总务部关于回复制作九一八事变电影之补助金事致满铁长春地方事务所的函（一九三一年十一月十七日）……三六二
满铁总务部庶务课关于支出视察九一八事变战迹所需旅费事的回议笺（一九三一年十一月三十日）……三六四
满铁奉天事务所庶务课课长迫喜平次关于通知向各部队寄送九一八事变影集事致关东军高级副官恒吉秀雄的函（一九三一年十二月三日）……三六六
日军驻辽阳步兵第十六联队第十一中队原精作关于感谢捐赠九一八事变影集事致满铁总裁内田康哉的函（一九三一年十二月二十三日）……三六八
日军驻辽阳步兵第十六联队第十一中队安达三次关于感谢捐赠九一八事变影集事致满铁总裁内田康哉的函（一九三一年十二月二十五日）……三七〇
满铁奉天事务所庶务课、总务部庶务课关于追加捐赠九一八事变影集事的来往函（一九三一年十二月三十一日至一九三二年五月十三日）……三七二
满铁奉天事务所庶务课致满铁总务部庶务课的函（一九三一年十二月三十一日）……三七二
满铁奉天事务所庶务课致总务部庶务课的函（一九三二年五月十三日）……三七三
日军抚顺独立守备队关金藏之父关佐兴沼关于感谢捐赠九一八事变影集事致满铁总裁内田康哉的函（一九三二年一月八日）……三七五
日军驻奉天步兵第二十九联队第二中队柳沼章关于感谢捐赠九一八事变影集事致满铁总裁内田康哉的函（一九三二年一月九日）……三七七
日军驻奉天步兵第二十九联队第二中队本望清次关于感谢捐赠九一八事变影集事致满铁总裁内田康哉的函（一九三二年一月九日）……三七八
日军驻奉天步兵第二十九联队第二中队铃本秀好关于感谢捐赠九一八事变影集事致满铁总裁内田康哉的函（一九三二年一月九日）……三七九
满铁奉天事务所庶务课关于向军部追加捐赠九一八事变影集事致满铁总务部庶务课的函（一九三二年五月二十五日）……三八〇
附：关东军司令部关于请追加捐赠九一八事变影集事致满铁的函（一九三二年五月十六日）……三八一

满铁奉天事务所庶务课关于请向军部追加捐赠九一八事变影集事致满铁总务部庶务课的函（一九三二年七月十一日）……三八四
附：关东军管理部关于回复九一八事变影集所需数量事致满铁的函（一九三二年七月八日）……三八五
九一八事变纪念日委员会委员长小矶国昭关于请通知各方九一八事变一周年当天默哀鸣笛并停止一切活动事致满铁总务部部长山西恒郎的函（一九三二年九月五日）……三八八
在满日本人时局后援会、满洲日报社、大连新闻社关于请担任总务系委员事致满铁理事山西恒郎的函（一九三二年九月七日）……三九〇
满铁总务部部长山西恒郎关于回复已知悉九一八事变一周年各项活动事致九一八事变纪念日委员会委员长小矶国昭的函（一九三二年九月八日）……三九一
满铁总务部关于请提前准备九一八事变一周年活动事致满铁铁道部、地方部、抚顺煤矿等的函（一九三二年九月十日）……三九二
大连民政署关于九一八事变一周年当天默哀鸣笛并停止一切活动事致满铁的函（一九三二年九月十日）……三九四
附：九一八事变一周年活动实施事项……三九七
在满日本人时局后援会、满洲日报社、大连新闻社关于请向管区通知九一八事变一周年活动一般实施事项事致满铁总务部庶务课的函（一九三二年九月十五日）……三九八
附：九一八事变一周年活动一般实施事项……三九九
满铁总务部关于编写《九一八事变之中的满铁》事致满铁各部、所的函（一九三三年五月八日）……四〇一
附：《九一八事变之中的满铁》编写纲要……四〇二
在满日本人时局后援会会长小川顺之助关于请出席伪满洲国纪念日及九一八事变两周年活动实施项目协商会事致满铁总务部庶务课的函（一九三三年九月四日）……四一二
满铁整理九一八事变爆发两周年及伪满洲国纪念日活动计划及实施事项（一九三三年九月五日）……四一三
满铁总务部关于通知参加九一八事变「牺牲」者追悼仪式事致满铁各部、局、经调副委员等的函（一九三三年九月十四日）……四一五

附：伪满洲国一周年及九一八事变两周年活动方案……四一七
满铁关于九一八事变爆发后会社对军方及其他日满机构所作「贡献」（一九三三年）……四二一
满铁总务部庶务课关于提交九一八事变史编纂资料的回议笺（一九三四年二月二十二日）……四五六
附：九一八事变史编纂资料……四五七
满铁关于九一八事变及伪满洲国成立相关介绍宣传之经过（一九三四年八月二十一日）……四七九
后　记……四八三

本册目录

一、在华搜集情报

满铁奉天公所所长镰天弥助关于郭松龄与关东军司令部参谋浦澄江及顾问仪我诚也会面事致满铁社长安广伴一郎、理事大藏公望等的电报（一九二五年十月三十日）……〇〇三
满铁理事入江海平关于请电示应对奉军内讧事件之策略事致满铁社长的电报（一九二五年十一月二十六日）……〇〇七
满铁社长关于奉军内讧事态尚不明朗事致满铁理事入江海平的电报（一九二五年十一月二十七日）……〇〇九
满铁奉天公所所长镰田弥助关于郭松龄倒戈事件的报告（一九二五年十一月二十八日）……〇一〇
满铁野村关于报告郭松龄叛军战况事致满铁社长安广伴一郎、庶务部的电报（一九二五年十一月二十八日）……〇二一
满铁社长安广伴一郎关于因发生奉军内讧事件命令严密监视中方人员事致满铁抚顺煤矿、鞍山制铁所的电报（一九二五年十一月二十九日）……〇二五
满铁理事梅野实、鞍山制铁所关于抚顺煤矿已实施戒严令事致满铁社长安广伴一郎的电报（一九二五年十一月二十九日）……〇二七
满铁抚顺煤矿关于抚顺煤矿已严密警戒无须担忧事致满铁社长安广伴一郎的电报（一九二五年十一月二十九日）……〇二九
满铁社长安广伴一郎关于运送黑龙江部队事致满铁庶务课的电报（一九二五年十一月二十九日）……〇三一
满铁社长安广伴一郎关于汇报奉军内讧事件情况事致外务大臣的电报（一九二五年十一月三十日）……〇三三
满铁哈尔滨事务所关于中国部队军需运输事致满铁社长安广伴一郎、奉天公所的电报（一九二五年十一月三十日）……〇三五
满铁奉天公所关于吴督办于今夜启程及部队南下事致满铁社长安广伴一郎、理事大藏公望等的电报（一九二五年十一月三十日）……〇三六

满铁庶务课关于郭松龄部队约有一个师转投奉军事致满铁社长安广伴一郎、庶务部的电报
（一九二五年十一月三十日）……………………………………………………………… ○三七
满铁奉天公所关于杨宇霆返回奉天及前线敌军两个旅团归顺奉军事致满铁社长安广伴一郎的电报
（一九二五年十一月三十日）……………………………………………………………… ○三八
杨宇霆关于顺利返回奉天事致满铁社长安广伴一郎的电报（一九二五年十一月三十日）…………… ○三九
满铁奉天公所关于报告郭松龄所派暗杀队中五人被捕事致满铁社长安广伴一郎、理事大藏公望等的电报
（一九二五年十二月一日）………………………………………………………………… ○四○
满铁野村关于报告黑龙江省军队运送状况事致满铁社长安广伴一郎、庶务部等的电报（一九二五年十二月二日）………… ○四一
满铁野村关于报告与王省长商议满铁通过洮昂线运送黑龙江省部队事致满铁社长安广伴一郎、
庶务部等的电报（一九二五年十二月三日）…………………………………………………… ○四三
满铁野村关于报告郭松龄军自山海关开拔将发生决战事致满铁社长安广伴一郎的电报（一九二五年十二月三日）………… ○四六
满铁奉天公所关于报告明日有少量日本士兵赴新民屯侦查事致满铁社长安广伴一郎的电报（一九二五年十二月三日）… ○四八
满铁野村关于报告奉天军队内乱及郭军状况事致满铁社长安广伴一郎、庶务部的电报（一九二五年十二月五日）………… ○四九
满铁野村关于报告奉天军队内乱及城内外状况事致满铁社长安广伴一郎、庶务部的电报（一九二五年十二月六日）……… ○五二
满铁社长室文书课关于发送满铁大正十四年十二月七日（一九二五年十二月七日）董事会议决议事项
致满铁理事梅野实的函（一九二五年十二月七日）…………………………………………… ○五四
满铁奉天火车站关于领事内山、守田福松及三十名日籍避难者已抵达奉天事致满铁铁道部的电报
（一九二五年十二月七日）…………………………………………………………………… ○五六
满铁理事松冈洋右关于东三省局势的分析及意见致满铁社长安广伴一郎的电报（一九二五年十二月八日）………… ○五七
满铁理事梅野实关于张作霖拟最终决战并期待第三方斡旋致满铁副社长大平驹槌的报告（一九二五年十二月八日）…… ○六八
满铁奉天铁道事务所关于设立满铁时局事务所的函（一九二五年十二月八日）………………………… ○七一
满铁奉天公所关于报告张作霖打消下野想法，打算在辽河沿岸最终决战事致满铁社长安广伴一郎、
满铁理事大藏公望等电报（一九二五年十二月八日）…………………………………………… ○七四

满铁奉天地方事务所关于报告中国时局事致满铁理事梅野实的函（一九二五年十二月九日）……〇七七
满铁奉天地方事务所关于向抵奉部队提供住所事致庶务部、文书课等的电报（一九二五年十二月九日）……〇八二
满铁长春地方事务所关于如郭松龄占领奉天及张作霖父子逃往吉林之对策致满铁庶务部、文书课等的电报
（一九二五年十二月九日）……〇八三
满铁奉天火车站关于东北时局情况的调查报告（一九二五年十二月十日至二十日）……〇八五
日本驻奉天总领事吉田茂关于满铁运送中国士兵事致关东长官儿玉秀雄的函（一九二五年十二月十一日）……〇九三
郭松龄关于对张作霖及其军队之处理办法事致奉天总领事吉田茂的函（一九二五年十二月十二日）……〇九五
日本关东厅长官儿玉秀雄关于用满铁列车运送中国军队事致奉天总领事吉田茂的电报（一九二五年十二月十二日）……〇九八
日本驻奉天总领事吉田茂关于拒绝用火车运送郭松龄部队事致关东长官儿玉秀雄的电报（一九二五年十二月十三日）……一〇一
附：外务大臣关于拒绝满铁运送中国部队事致北京公使的电报（一九二四年十月一日）……一〇二
满铁哈尔滨事务所关于中东铁路停止运送中国军队事致满铁社长安广伴一郎的函（一九二五年十二月十五日）……一〇四
日本驻奉天总领事吉田茂关于转发陆军大臣给关东军司令官电报事致奉天铁道事务所理事梅野实的函
（一九二五年十二月十五日）……一〇六
附：外务大臣币原关于禁止张郭两军在满铁附属地的一切军事行动事致奉天总领事吉田茂的电报
（一九二五年十二月十四日）……一〇七
日本关东军司令官白川义则致张作霖、郭松龄的第二次警告书（一九二五年十二月十五日）……一一〇
满铁社长室文书课关于满铁副社长来奉慰问军队警官事的电话记录（一九二五年十二月二十一日）……一一二
满铁哈尔滨事务所关于张焕相对时局之态度事致满铁社长安广伴一郎的函（一九二五年十二月二十八日）……一一三
满铁哈尔滨事务所关于对张作霖、郭松龄、吴俊升之观察事致满铁社长安广伴一郎的函
（一九二五年十二月二十八日）……一一八
满铁奉天公所关于郭松龄倒戈事件的日志（一九二五年十一月二十三日至十二月八日）……一二〇
满铁奉天铁道事务所关于郭松龄倒戈事件的日志（一九二五年十一月二十八日至十二月二十八日）……一三〇

满铁时局事务所关于郭松龄倒戈事件的时局日志（一九二五年十二月七日至十二月三十日）
（一九二五年十二月三十日）……一九七
满铁理事松冈洋右关于在奉军内讧事件中满铁采取全力支持张作霖之方针事致满铁社长安广伴一郎的电报
（一九二五年）……二六一
满铁社长室文书课关于请速告知吉林省省长诚允等三人别号事致满铁奉天公所的电报（一九二七年四月六日至八日）……二六四
东京支社庶务课、满铁地方部关于参谋本部要求修改独立守备队守备区域事致满铁社长室文书课
的一组函电（一九二七年四月十六日至十八日）……二六七
东京支社庶务课致满铁社长室文书课的电报（一九二七年四月十六日）……二六七
满铁地方部致社长室文书课的函（一九二七年四月十八日）……二六八
满铁满蒙国策会议相关资料（一九二七年十一月八日）……二七四
满铁情报课关于送交东三省中国重要文武官员人名表事致满铁地方部的函（一九二八年九月五日）……三〇二
附：东三省中国重要文武官员人名表（一）……三〇四
满铁开原地方事务所关于请求将独立守备队大队总部设在开原事致满铁地方部的函（一九二九年三月二十九日）……三二八
附：开原地方委员会议长佐竹令信、华商公议会会长马秀升、实业会会长川岛定兵卫发来的请愿书……三三〇
满铁地方部关于请填造中国官绅名簿事致满铁各地方事务所、抚顺煤矿庶务课的函（一九二九年五月二十五日）……三三二
附：中国官绅名簿样表……三三七
满铁辽阳地方事务所关于提交中国官绅名簿事致满铁地方部的函（一九二九年六月二十二日）……三三八
附：奉天派于冲汉的调查书……三三九
满铁长春地方事务所关于提交中国官绅名簿事致满铁地方部的函（一九二九年六月二十四日）……三四〇
附：吉长镇守使兼步兵第八旅旅长李桂林、长春县县长马仲援的调查书……三四一
满铁四平街地方事务所关于提交中国官绅名簿事致满铁地方部的函（一九二九年十月二十四日）……三四三

附：四洮铁路管理局高级顾问马龙谭、四洮铁路管理局长周培炳、四洮铁路管理局副局长何瑞章、梨树县县长包文峻官绅名簿 …… 三四四
满铁铁路沿线警备一览表、日俄讲和条约追加条款（一九二九年十一月一日）…… 三四八
满铁奉天地方事务所涉外系关于提交附属地中国知名人士调查表事致满铁地方部庶务课的函（一九三〇年五月二日）…… 三五四
附：奉天附属地中国知名人士调查表 …… 三五五
关东军参谋部关于从德国购买奉天兵工厂所用弹药材料事致满铁的函（一九三一年一月三日）…… 三五八
奉天商工会议所关于辽宁军用粮草厂从沈海沿线购买所需高粱的情报（一九三一年一月七日）…… 三六〇
满铁奉天公所关于就满洲铁道问题与张学良谈话事致满铁资料课的函（一九三一年一月十二日）…… 三六一
奉天商工会议所关于东北陆军装甲汽车队从美国购买所需军用汽车的情报（一九三一年一月十四日）…… 三六六
奉天商工会议所关于辽宁兵工厂与山西兵工厂合并的情报（一九三一年一月二十二日）…… 三六七
日本关东厅警务局关于报告英国远东经济使节来满洲情况事致满铁资料课的函（一九三一年一月二十三日）…… 三六八
奉天商工会议所关于东北三省兵工厂与迫击炮厂合并的情报（一九三一年一月二十七日）…… 三七五
奉天商工会议所关于辽宁兵工厂的中国供货商人联合交易的情报（一九三一年一月二十八日）…… 三七六
奉天商工会议所关于辽宁兵工厂裁员的情报（一九三一年一月三十日）…… 三七七
奉天商工会议所关于沈海铁路局拟在沈海沿线常驻军队的情报（一九三一年二月三日）…… 三七八
奉天商工会议所关于汇报辽宁省财政困窘的情报（一九三一年二月三日）…… 三七九
奉天商工会议所关于辽宁外交特派员王明宇反对日军演习的情报（一九三一年二月四日）…… 三八〇
奉天商工会议所关于排日机关合并的情报（一九三一年二月六日）…… 三八一
奉天商工会议所关于汽油走私的情报（一九三一年二月七日）…… 三八三
满铁资料课关于银价暴跌中国商人开展请愿运动事的函（一九三一年二月十三日）
附：大连华商公议会会长张本政致大连市市长田中迁吉的请愿书 …… 三八六
奉天商工会议所关于汇报中国商人金融状况的情报（一九三一年二月十四日）…… 三九〇

奉天商工会议所关于汇报中国高官张志良、王明宇、陈友仁、鲁穆庭职位变动的情报（一九三一年三月三日）…………三九五
奉天商工会议所关于中国设立重炮厂的情报（一九三一年三月六日）…………………………………三九六
日本关东厅警务局关于辽宁省政府密令防范满铁实施满蒙侵略事致满铁资料课的函（一九三一年三月七日）…………三九七
奉天商工会议所关于迫击炮厂申请改组的情报（一九三一年三月十二日）……………………………四〇〇
奉天商工会议所关于排日人士陈彬和到奉天演讲的情报（一九三一年三月二十三日）…………………四〇一
满铁北京公所关于国民政府财政部部长宋子文就目前财政形势之讲话事致满铁资料课的函（一九三一年四月十六日）…四〇三
奉天商工会议所关于张学良命令奉天军队做好出动准备的情报（一九三一年五月十四日）………………四〇五
满铁调查课所调查在满日本人开展农业金融活动概况（一九三一年五月）……………………………四〇六

一、在华搜集情报

满铁奉天公所所长镰天弥助关于郭松龄与关东军司令部参谋浦澄江及顾问仪我诚也会面事致满铁社长安广伴一郎、理事大藏公望等的电报（一九二五年十月三十日）

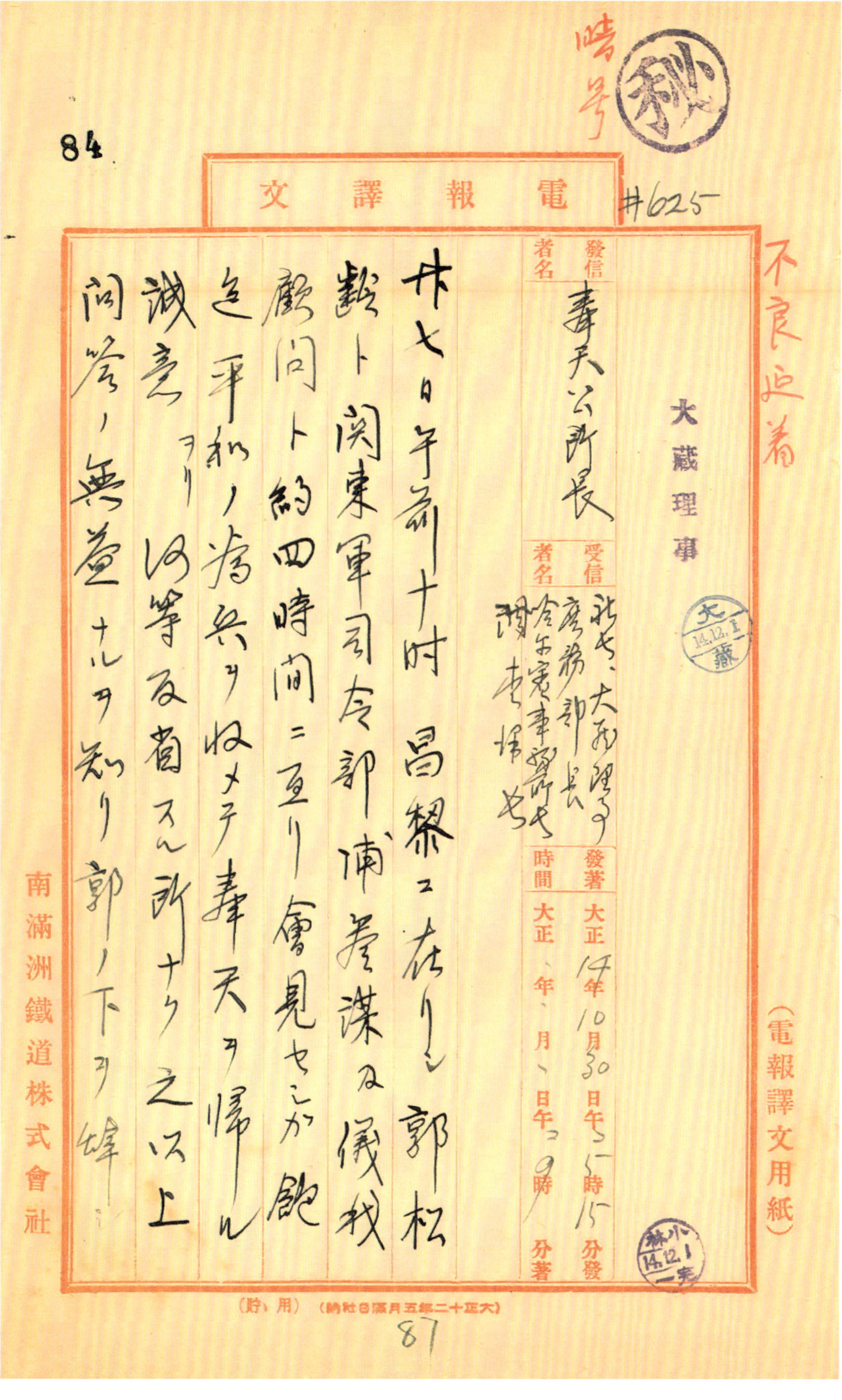

暗号　秘　84

電報譯文　#625

不良延着

發信者名：奉天公所長

大藏理事

受信者名：社長、大藏理事、庶務部長、哈爾賓事務所長、調査課長

發著時間：大正14年10月30日午5時15分發　大正　年　月　日午10時　分著

廿七日午前十時昌黎ニ於テ郭松齢ト関東軍司令部浦澄參謀及儀我顧問ト約四時間ニ亘リ會見セシカ能ク平和ノ為兵ヲ收メテ奉天ニ帰ル誠意ヨリ何等反省スル所ナク之以上問答ノ無益ナルヲ知リ郭ノ下ヨリ辞ス

南滿洲鐵道株式會社

（電報譯文用紙）

（貯、用）（大正十二年五月改訂）

87

85

電報譯文

發信者名

受信者名

發著時間 大正 年 月 日午 時 分發

大正 年 月 日午 時 分著

(2)

秦皇島ニ在リシ張学良ハ廿八日旅順ニ帰来 偶々同夜赴旅セシ楊總長議ト落合ヒ兎ニ角郭松齢ニ對シ最後ノ一戦ヲ交ユルコトニ決定シ同夜楊總長議 張学良同道帰奉 学良ハ昨夜直ニ儀我顧問及荒木顧問ヲ帯同シ綏中ニ向ヘリ 如〆

（電報譯文用紙）

南滿洲鐵道株式會社

（大正十二年五月滿日社納）（用い貯）

88

86

電報譯文

發信者名	受信者名	發著時間
		大正　年　月　日午　時　分發 大正　年　月　日午　時　分著

(3)

学良ハ張上将軍及東三省父老ニ對シ面目ナシトテ日本若クハ米國ヘ亡命セントノ意志アリシガ楊總参議ニ激勵セラレ漸ク決心スルニ至レリ

目下曖昧ノ態度ニ在ル李景林モ張宗昌ノ戰況有利ナル為幾分軟化シタルモノノ如ク現ニ郭松齡ニ拘禁サレシ

南滿洲鐵道株式會社

(電報譯文用紙)

89

87

電報譯文

發信者名

受信者名

發著時間 大正 年 月 日午 時 分發
大正 年 月 日午 時 分著

モノノ内四名ノ師團長劉継嶽、裴春生、齊恩銘、趙恩臻ヲ許蘭州ニ引渡シタリ右一行ハ一両日中帰奉ノ筈

（東京支社長スミ）

（電報譯文用紙）

南滿洲鐵道株式會社

（大正十二年五月滿日社納）（用、貯）

90

满铁理事入江海平关于请电示应对奉军内讧事件之策略事致满铁社长的电报（一九二五年十一月二十六日）

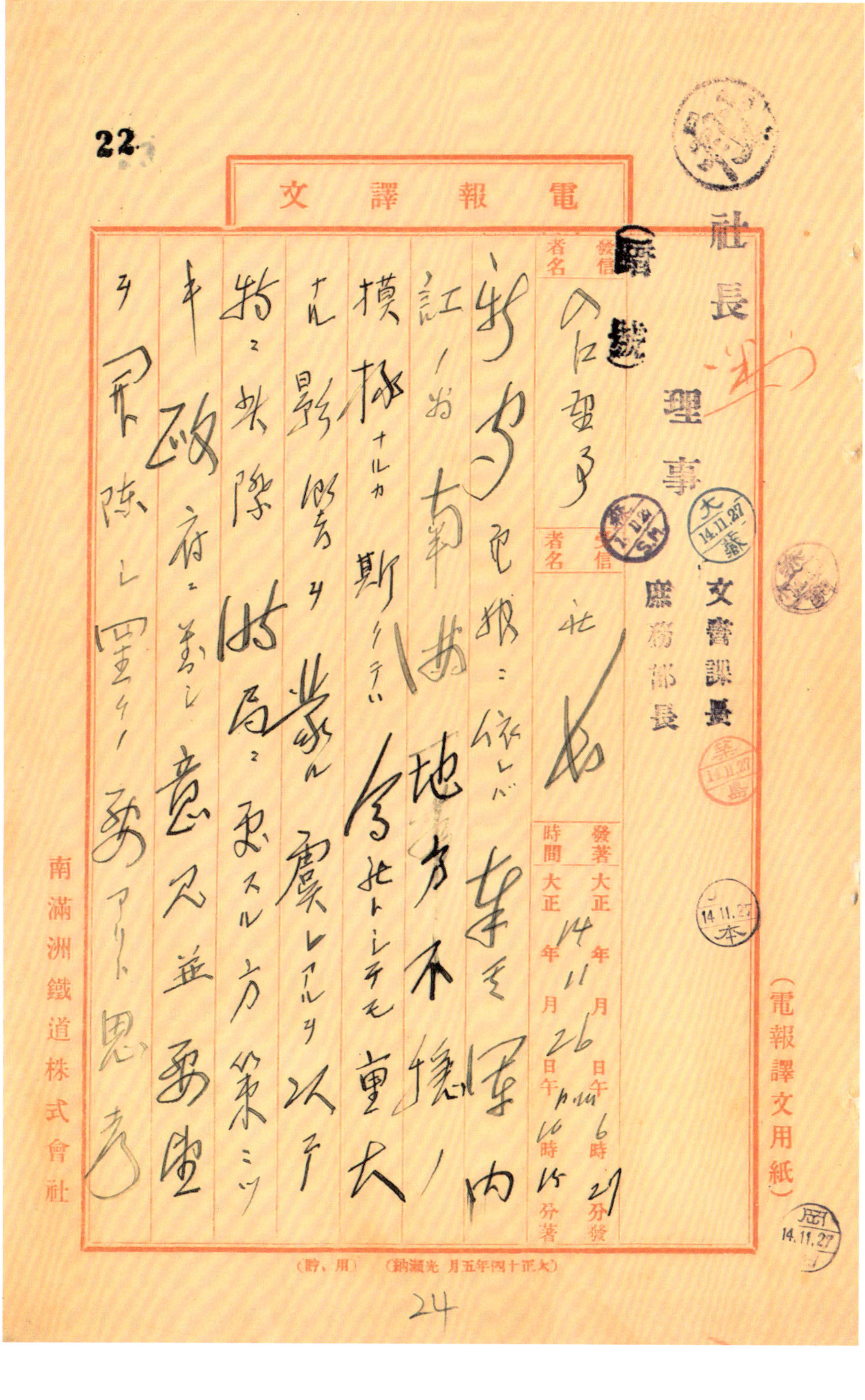
22

電報譯文

發信者名：入江理事

受信者名：社

社長　理事　文書課長　庶務部長

新聞電報ニ依レバ奉軍内訌ノ為南満地方不穏ノ模様ナルカ斯クテハ會社トシテモ重大ナル影響ヲ蒙ル虞レアルヲ以テ將ニ實際時局ニ處スル方策ニツキ政府ニ於ケル意見並要望ヲ開陳シ置クノ要アリト思考

發著　大正14年11月26日午後6時27分發

時間　大正　年　月26日午後10時15分著

南滿洲鐵道株式會社

（電報譯文用紙）

（貯、用）（大正十四年五月光瀨納）

24

23

電報譯文

發信者名

受信者名

發著時間 大正 年 月 日午 時 分發

大正 年 月 日午 時 分著

セラルルニ就テハ至急何分ノ御電
示願ヒ度シ
尚本件ニ関シ奉天公所ヨリ何等
ノ情報ナキニ付詳細御通知
乞フ

（電報譯文用紙）

南滿洲鐵道株式會社

（大正十四年五月 光瀬納）（用、貯）

25

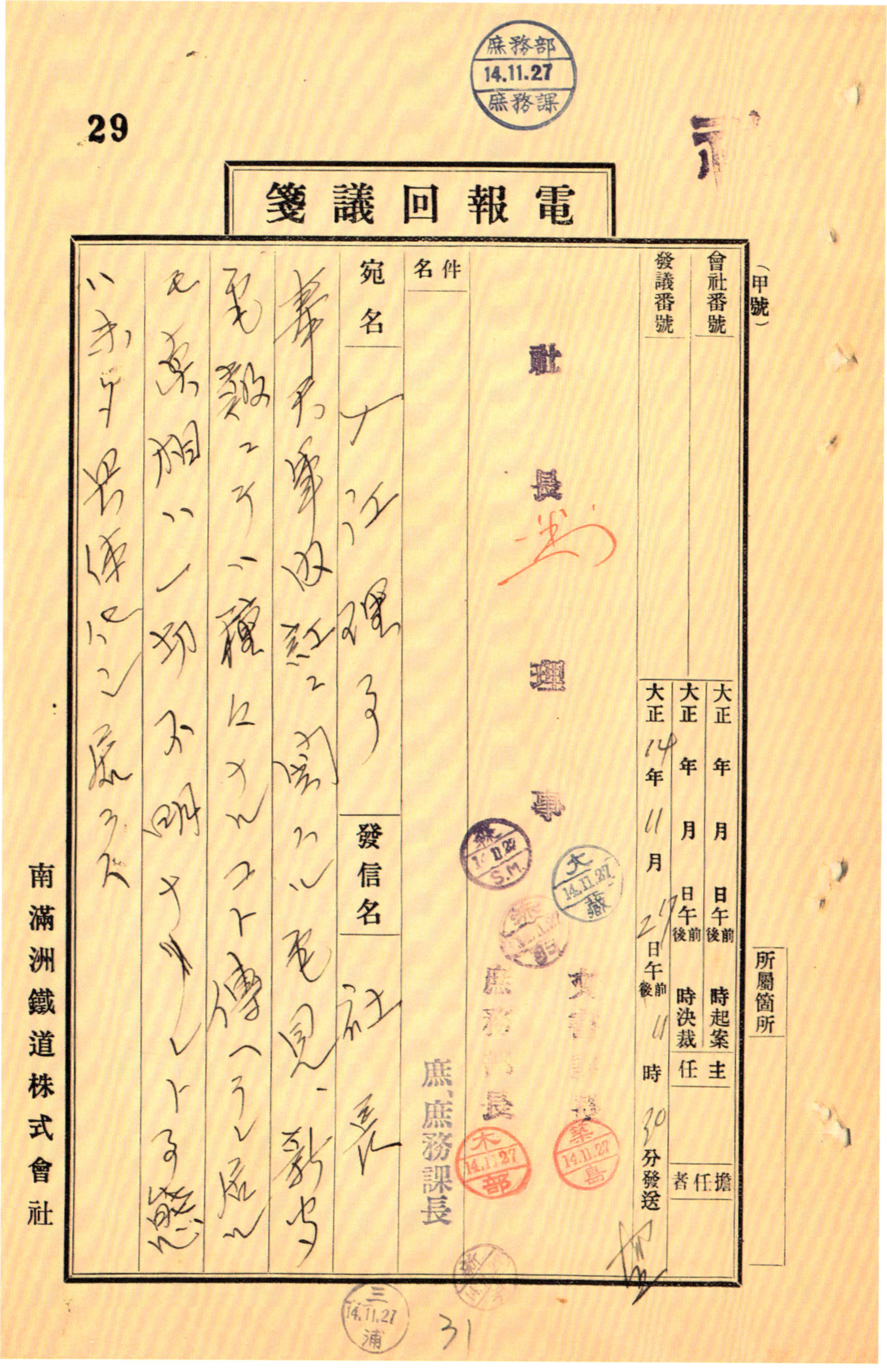

29

庶務部 14.11.27 庶務課

電報回議箋

（甲號）

會社番號

發議番號

社長 理事 文書課長 庶務部長

大正　年　月　日午前後　時起案主任

大正　年　月　日午前後　時決裁任

大正14年11月27日午前後11時30分發送

擔任者

所屬箇所

件名

宛名　入江理事

發信名　社長

奉天軍内訌ニ関スル意見ハ新聞電報ニテハ種々ナルコト傳ヘラレ居ルモ真相ハ一切不明ナリトノ態ハ未ダ[illegible]居ラズ

庶、庶務課長

南滿洲鐵道株式會社

31

满铁社长关于奉军内讧事态尚不明朗事致满铁理事入江海平的电报（一九二五年十一月二十七日）

满铁奉天公所所长镰田弥助关于郭松龄倒戈事件的报告（一九二五年十一月二十八日）

712

206

南満洲鐵道株式會社

(一)

大正十四年十一月二十八日

於大連大和ホテル
奉天公所長鎌田彌助

時局ニ關スル報告

廿三日夜郭松齢ハ灤州ニ來リ部下一同ヲ集メ年來張上將軍ニ恩顧ヲ受ケ來ツタ師長、旅長其他幹部ニ夫々因果ヲ含メ體良ク監禁シタ、ソシテ尚部下ノ一團ヲ萬家屯ニ向ハシメ張上將軍ヨリノ命令ナリト僞ハリ山海關ニアル第十五師ニ對シ兵變ノ虞アルヨリ嚴重ニ監視セヨト命令ヲ發シ一面張上將軍ニ宛テ「貴下ハ老齢其ノ任ニ非サレハ速カニ野ニ下リ東三省統治ノ權ヲ張學良氏ニ一任スヘシ」ト電報シ自身ハ直ニ天津ニ引返シ李景林ト交渉ヲ開始シタノテアル

14. 1. (納號和共)

606

南滿洲鐵道株式會社

郭自身ハ山海關以內ニアル張作相及金純ノ部下ハ完全ニ包圍シ得タツモリテアツタ。カ事實ハ期待ニ反シ現在ニテハ總テ奉軍ニ歸順シタノテアル

張上將軍ハ郭松齡ノ右ノ電報ニ對シ即時返電ヲ認メ「貴電ノ趣正ニ承知シタ余ハ老齡其任ニ堪エス野ニ下ル事ニ於テハ元ヨリ些ノ異存ハナイ唯息學良ハ年齡若冠ニシテ何等ノ經驗無ク到底其ノ責任ヲ果ス能ハサルニ依リ須ク貴下ノ歸奉ヲ待ツテ徐ニ商議スヘシ」ト架電シタ

要スルニ郭松齡ノ眞意ハ張上將軍ヲ排斥シテ張學良ヲシテ之ニ代ラシメ已實權ヲ掌握セントノ魂膽ニ外ナラス。奉天ニテハ事ノ意外ニ驚キ直ニ張學良ヲ灤州ニ急行セシメ同地一帶ニアル張學良ノ指揮スル第三方面軍（第八軍長張學良兼任、第九軍長韓

14. 1. （共和號納）

714

南滿洲鐵道株式會社

麟春、第十軍長郭松齡）ニ說ク所アラシメントセシモ前記一團ノ兵（郭松齡カ兵變ト僞リ派遣シタルモノ）カ山海關外萬家屯附近ニテ張作相ノ第十五師ト衝突ヲ生シタル爲通信機關其他鐵道破壞サレ目的地ニ達スルヲ得ス騎馬ニテ秦皇島ニ辿リ此處ヨリ郭ニ向ツテ會見ヲ申込シモ拒絕セラレ昨廿七日午前十時昌黎ニテ儀俄顧問カ面會スルコトニナツテ居ル。現在ハ張學良ハ專ラ飛行機ヲ利用シ宣傳ビラヲ撒キ各軍隊ニ事件ノ眞相ヲ知ラシメツツアリ之カ爲張上將軍ヨリ多年恩顧ヲ受ケ來ツタ連中ハ續々歸順シツツアリ且ツ昌黎ニアリシ五十餘ノ飛行機中十一機ハ已ニ綏中迄飛來シ來ツタ。初メ楊宇霆ハ郭松齡ノ電報ニ接スルヤ全ク自已ニ對スル私的反感ノ結果ナルコトヲ自覺シ張上將軍及王省長ノ諒解ヲ求メ全責任ヲ負フテ辭職シ廿四日其ノ旨各軍

14. 1. （共和號納）

608

南滿洲鐵道株式會社

長ニ通電シ當夜大連ニ避難シ來レリ。然ルニ今日ニ至ツテハ郭松齡ノ目標カ必スシモ楊宇霆排斥ノミニ非ラスシテ裏面ハ國民軍トノ默契モアリ既ニ彼ノ部下ハ東北國民軍ト編成變ヲシタ位テアルカラ彼ノ野心ノアル所自ラ明瞭トナリ王省長モ亦（目標ハ他ニアリ已レ一個ヲ屑クスル必要ナシ且上將軍ノ周圍ニ人無キヲ以テ速カニ歸奉スヘシ）ト促シ來ルモ楊宇霆ハ已ニ通電ヲ發シテ居ル以上今遽カニ歸奉スルトキハ却ツテ紛糾ヲ擴大スル虞アリ。張學良カ山海關ニアルコトヲ各部隊カ知ラハ或ハ局面ノ轉機ヲ見ルヤモ知レス今暫ク成行ヲ見極メル必要アリ若シ郭松齡ニシテ聊モ反省スル所ナク飽ク迄張上將軍ヲ排斥スル意志アラハ何日ニテモ歸奉スヘシト云ヒ居レリ此際張上將軍ヨリ書面ヲ寄越スカ或ハ人ヲ派遣スル時ハ直チニ歸奉スルモノト信ス

716

南滿洲鐵道株式會社

目下奉天城内ニハ張上將軍子飼ヒノ齊旅長部下一旅ト他ニ二千餘ノ巡警アレハ充分治安ハ維持サルヘキモ戒嚴令布カレテ以來謠言百出人心俄カニ動搖シ附屬地内ニ避難スルモノ續出スルニ至レリ。王省長ハ廿五日省議會、教育會等ノ各機關ヲ進メ連名ニテ郭松齡ニ勸告ノ電報ヲ發セシメタリ、將來事件ノ發展如何ニ依リテハ張宗昌ハ山東ヲ捨テ部下軍隊ヲ率ヒテ青島ヨリ應援シ來ルヤモ知レス、已ニ李景林トノ間ニ默契アリ又國民軍トノ間ニモ正式ニ條件サヘ協定セラレアル以上遽カニ樂觀ヲ許サス郭松齡カ現ニ有スル糧食彈藥ハ二十日ヲ支ヘ得ル丈ニテ軍資金ハ始メ張學良ノ携行セシ卅萬ト交通銀行カ奉天ニ爲替スヘキ貳百萬及闞朝璽カ奉天ニ送ルヘキ四拾萬合計貳百七拾萬抑留シ居レリトノ事ナレハ當分軍資ニ不自由ナカルヘク其他王正延ハ李

14. 1. (共和號納)

610

717

南滿洲鐵道株式會社

景林ヨリノ補助モアルヘク、仄聞スル處ニ據レハ王正延ハ廿四日芳澤公使ヲ訪問シ郭松齡ハ廿三日反旗ヲ翻シ奉天城內ハ混亂狀態ニ陥リ張作霖及楊宇霆ハ既ニ監禁セラレタリ東三省ハ日本ニ最モ深キ關係アル故御參考迄御知ラセストノ事ナリシト、又郭カ國民軍トノ調印ハ馮玉祥廿日、郭松齡廿三日ㇾ行ハレタリト云フ。主ナル條件ハ熱河、直隸、山東ヲ國民軍ノ勢力下ニ置キ東三省ヲ郭松齡ノ統治下ニ置クヘシト云フニアリ

（終）

14. 1.　（共和號納）

611

707　205

南滿洲鐵道株式會社

（二）

大正十四年十一月二十七日　於大連大和ホテル

奉天公所長鎌田彌助

楊總參議離奉ノ原因ト其後ノ經過

郭松齡ハ條蟲發生ノ爲廿一日迄天津ニアリテ治療中ノトコロ廿三日夜ニ至リ突如灤州ヨリ張上將軍ニ對シ關係斷絶ノ電報ヲ發シタ

之ヨリ先廿一日夜郭松齡ノ傳參謀長ヨリ張上將軍ニ宛左ノ意味ノ電報ヲ發シタ

自分ハ郭軍長ト意見合ハヌ爲其職ヲ辭スル、同時ニ北京陸軍大學出身ノ同窓ト今後絶縁スル

當時之ニ對シ張上將軍ハ聊カモ考慮スルコトナク周圍ノモノモ

14. 1.　（共和號納）

601

亦傳參謀長發狂セルニアラサルカト一笑ニ附シタル如キ始末ナリキ、傳參謀長ハ元張景惠ノ幕下ニシテ年來張上將軍ノ殊遇ヲ受ケ來レル人テアル、今ヨリ之ヲ考フル時ハ郭松齡ノ灤州着以前ニ於テ郭軍長ノ幕下カ集ツテ會議ヲ開キタルモノト想像サレル。廿三日頃ニハ恰モ張學良氏歸奉中ナリシ爲郭軍長ノ電報ニ接シ急據灤州ニ向ハシメタレトモ萬家屯附近ニ於テ張學良ノ率ユル部下ノ一團ノ兵カ山海關ニアル張作相ノ率ユル一團ノ兵ト衝突シ通信機關全部破壞サレ從ツテ汽車モ不通トナリタル爲張學良氏ハ目的地ニ達シ得スシテ秦皇島ニ辿リ着イタ

郭松齡ノ電報ニ接シタ楊總參議ハ全ク自己ニ對スル私的反感ノ結果茲ニ至レルモノナルコトヲ自覺シ全責任ヲ負フテ辭職ノ通電ヲ各軍長ニ發シ同時ニ時局收拾ヲ速カナラシムル爲ニ大連ニ

709

南滿洲鐵道株式會社

避難スルコトノ有利ナルコトヲ認メ張總司令及王省長ノ諒解ヲ得卽夜奉天發大連ニ來レルモノテアル

廿六日ニ至リ王省長、陳警務處長連名ノ書信ヲ以テ至急歸奉方ヲ促シ來ツタ右書信ノ內容如左

郭松齡ノ反抗ハ決シテ楊參議一人ニ對スルモノニアラス、且張上將軍ノ周圍ニ適當ノ人物ナケレハ東三省父老ヲ救フ意味ニ於テ急キ歸奉セラレタイ

之ニ對シテ楊總參議ハ直ニ書面ヲ認メ、兵工廠技師王長春ニ携帶セシメ、卽夜奉天ニ向ハシメタ、內容如左

自分ハ今少シク郭松齡ノ態度ヲ見ル必要アルニ依リ既ニ通電ヲ發シアル關係上遽カニ歸奉スルトキハ却ツテ紛糾ヲ一層大ナラシメ、且種々宣傳ノ材料ニ供セラルル恐レアル爲當分歸

14. 1. (共和號納)

603

710

南滿洲鐵道株式會社

奉セス、唯郭松齡ノ意ニシテ飽迄今後尙張上將軍ニマテ反抗スヘシト云フニアルナラハ自分ハ敢然トシテ之ニ對抗スルノ覺悟ヲナシ急遽歸奉ヲ辭スルニアラス、之ニ就テ上將軍ノ意嚮果シテ如何ナルヤモ豫メ承知シ度シ、

如此近況ナレハ若シ張上將軍ヨリ信書又ハ人ヲ派シ來ルトキハ總參議ハ喜ンテ歸奉スルモノト觀測サル、

（終）

14・1.　（共和號納）

604

711

南滿洲鐵道株式會社

（三）

余カ部下及國民ノ意志ニ從テ奉天ニ歸ルコトハ既ニ御承知ノコトト思フ此ノ目的ハ奸將ヲ除キ内爭ニ參加セス平和ヲ永遠ニスルニアリ省内ニ對シテハ勉メテ整頓ヲ致シ統一ヲ催進ス國外ニ對シテハ交誼ヲ益々厚フシ以テ共存共榮ヲ計ル居留民ノ生命財産ハ勿論保護シ今迄ノ國際條約ヲ承認、只今回出兵シテ以來ノ東三省官吏ト外國官民トノ間ニ締結シタル條約ヲ概シテ認メス余ハ夙ニ貴下カ國際ノ交誼ヲ念トシ正義ノ爲ニ盡スト欣佩ス茲ニ貴下カ貴國政府ト國民ニ對シテ内政不干涉主義ヲ採リ嚴正中立ヲ守リ何レノ黨派ニモ如何ナル援助ヲモ爲ササルヲ勸告スル様ニ願フ以テ貴我兩國民ノ感情益々圓滿ニナル

郭松齡

14. 1.（共和號納）

605

满铁野村关于报告郭松龄叛军战况事致满铁社长安广伴一郎、庶务部的电报（一九二五年十一月二十八日）

31
32

電報譯文

社長 了
理事 了
寫 文書課長 了
送付

發信者名：奉天ニテ 野村
受信者名：社長 庶ハ部長
發著時間：大正14年11月28日午后4時10分發
大正　年　月　日午后8時5分著

郭松齡ノ反軍ハ奉天軍ノ精鋭約七萬ニテ司令部ヲ灤州ニ置キ郭松齡ハ昌黎ニ在リ、反軍ノ戰闘部隊約二萬五千ハ秦皇島マデ進出リ（其ノ部隊ハ秦皇島ニテ掠奪ヲ行ヘリ）官軍ハ前所附近ニ在ル汲金純ノ率ル一箇師長ガ衛トシ編中ニ司令部ヲ置ク 張作相ノ吉林軍（三萬ニ足ラズ）

南滿洲鐵道株式會社

34

33

電報譯文

發信者名	
受信者名	
發著時間	大正　年　月　日午　時　分發 大正　年　月　日午　時　分著

ヲ主力トス、熱河方面ノ闞朝璽軍及ビ湯玉麟ハ現状維持京峰方面ニ在リ、黒龍江ノ騎兵隊（名目ハ三箇師團）ニ加ハル者治錦州ニ向ヒ行軍中ニシ三日中ニ新立屯ニ到着スヘシ反軍ハ東北民軍ト稱シ張學良ヲ總司令トシ凡テノ命令ハ張學良ノ名ヲ用ヒテ發シ居リ郭松齡ハ副司令ト

寫

送付濟

南滿洲鐵道株式會社

35

34

電報譯文

發信者名	
受信者名	
發著時間	大正　年　月　日午　時　分發 大正　年　月　日午　時　分著

繼キ居リ夜寒ノ將ナレハ昨今初メテ赦
夜ノ事態ヲ知リ逃亡スル者少カラズ浩
栗岡リタサルガ如リ張作霖ハ目下夜寒
ノ切リ崩シニ努メ居ル。形勢ガ今
轉回スルヤ否ヤ當借ルベ、王者若ガ甘眉
岩召ニ応ジタル話ハ苟少狼狽氣味ナリシ
カ如シ小孫召ガ奉天公所内ニ泊ルコトモ王
者若ノ家族ヲ附屬地ニ避難セシムルコト

寫

送付濟

南滿洲鐵道株式會社

36

35

34

電報譯文

發信者名	
受信者名	
發著時間	大正　年　月　日午　時　分發 大正　年　月　日午　時　分著

正 暫ク見合スコトニナレリ

松岡理事

了

寫

送付済

南滿洲鐵道株式會社

37

满铁社长安广伴一郎关于因发生奉军内讧事件命令严密监视中方人员事致满铁抚顺煤矿、鞍山制铁所的电报（一九二五年十一月二十九日）

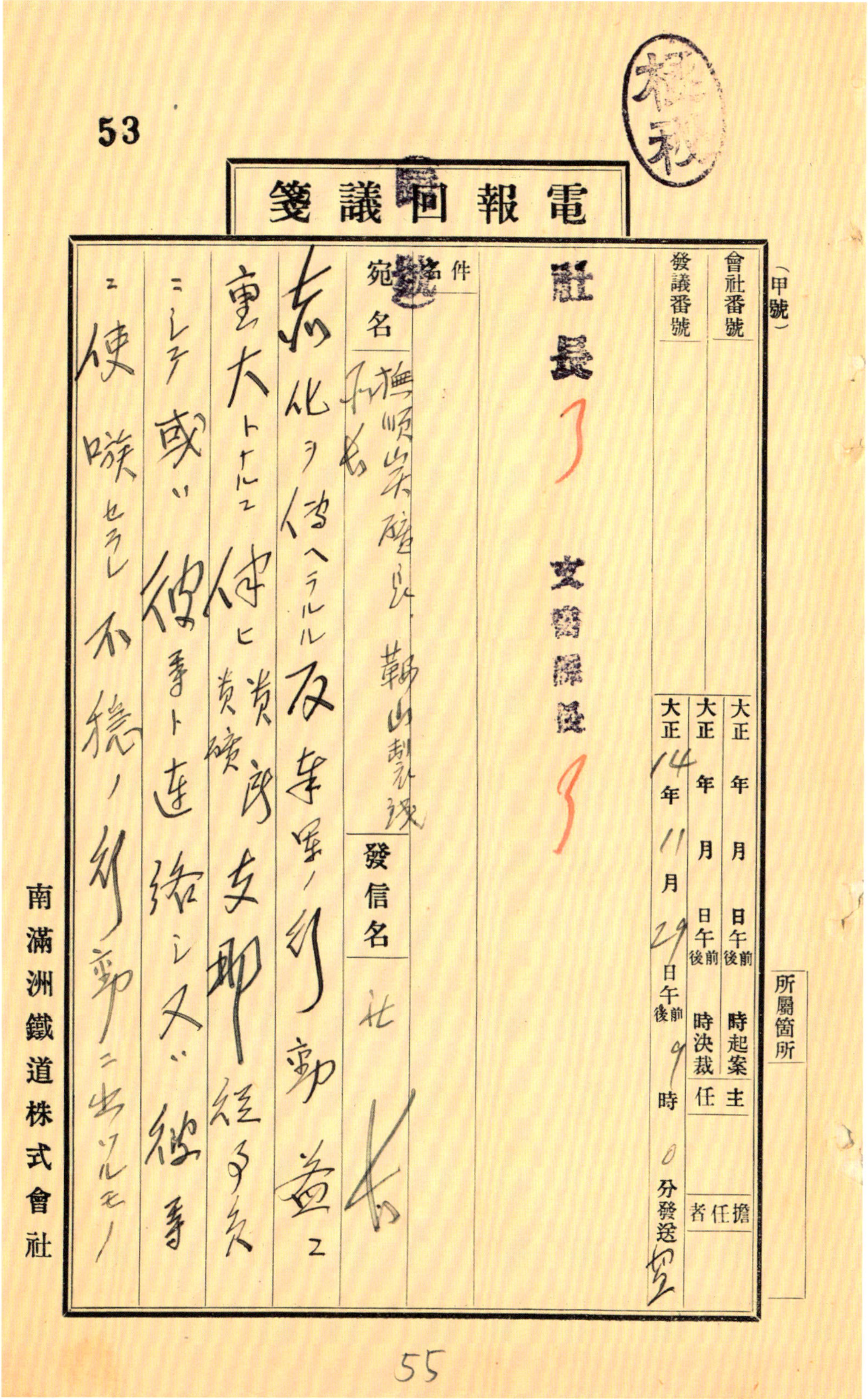
53

極秘

電報回議箋

（甲號）

會社番號

發議番號

件名

宛名 撫順炭礦長 鞍山製鐵所長

發信名 社長

社長

文書課長

大正14年11月29日午後9時0分發送

起案 主任

決裁 主任

擔任者

所屬箇所

赤化ヲ傳ヘラルル反奉軍ノ行動益々重大トナルニ付テハ貴所（貴礦）支那從業員ニシテ或ハ彼等ト連絡シ又ハ彼等ニ使嗾セラレ不穩ノ行動ニ出ヅルモノ

南滿洲鐵道株式會社

55

54

電報回議箋

（乙號）

無キヲ保シ難キヲ以テ警察及ヒ守備隊ト十分ナル連繋ヲ保チ注意人物ニ對シテハ特ニ尾行ヲ附スル等監視ヲ嚴重ニシ事端ノ發生ヲ未然ニ防止スル爲メ萬全ノ策ヲ講セラレ度シ

南滿洲鐵道株式會社

56

满铁理事梅野实、鞍山制铁所关于抚顺煤矿已实施戒严令事致满铁社长安广伴一郎的电报
（一九二五年十一月二十九日）

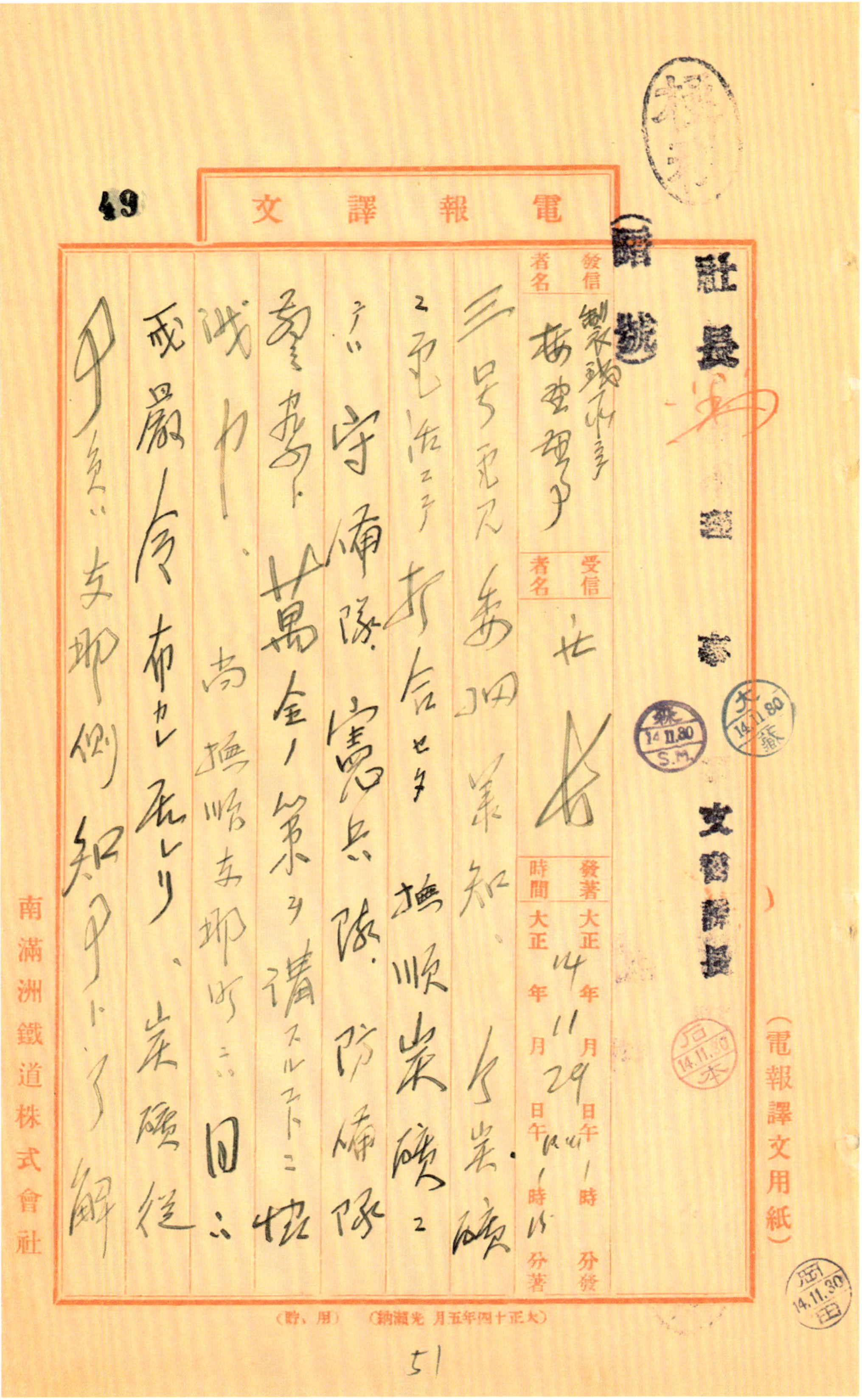
49

電報譯文

社長 理事 文書課長

發信者名：製鐵所 梅野理事
受信者名：社長
發著時間：大正14年11月29日午後1時 分發；大正 年 月 日午後1時15分著

三号電見タ 委細承知 今炭礦ニ電話ニテ打合セタ 撫順炭礦ニハ守備隊 憲兵隊 防備隊 警察等ト萬全ノ策ヲ講スルコトニ協議中、尚撫順支那町ニハ目下戒嚴令布カレ居レリ、炭礦從事員ハ支那側ト知事トノ了解

南滿洲鐵道株式會社

（大正十四年五月 光瀨納）（用、野）

51

50

電報譯文

發信者名

受信者名

ノ上炭礦自分ノ護照ヲ所持スルモノ
ハ戒嚴令地域ヲ自由ニ通行
スルコトヲ得タリ

發著時間 大正 年 月 日午 時 分發

時間 大正 年 月 日午 時 分著

(電報譯文用紙)

南滿洲鐵道株式會社

(大正十四年五月光瀬納) (用、貯)

52

满铁抚顺煤矿关于抚顺煤矿已严密警戒无须担忧事致满铁社长安广伴一郎的电报
（一九二五年十一月二十九日）

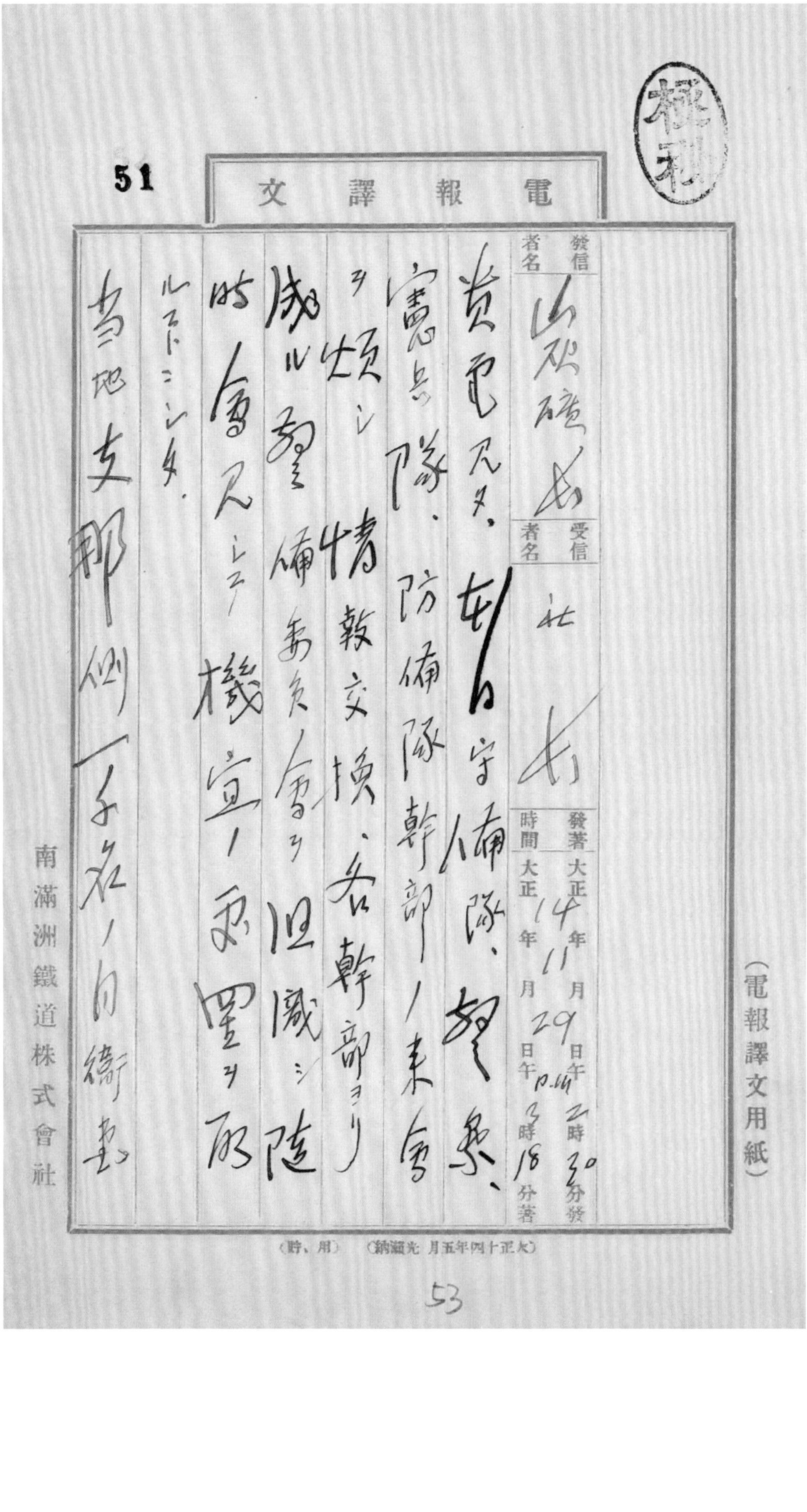
極秘
51
電報譯文
發信者名　山崎砿長
受信者名　社長
發著時間　大正14年11月29日午后2時30分發　大正14年11月29日午后3時18分著
貴電見タ、獨立守備隊、領事館、憲兵隊、防備隊幹部ノ來會ヲ煩シ情報交換、各幹部ヨリ成ル警備委員會ヲ組織シ隨時會見シテ機宜ノ處置ヲ取ルコトニシタ。
當地支那側一千名ノ自衞團
南滿洲鐵道株式會社
（電報譯文用紙）
（大正十四年五月　光灦納）（時、用）
53

52

電報譯文

發信者名

受信者名

發著時間 大正 年 月 日午 時 分發

大正 年 月 日午 時 分著

ヲ組織シ、戒嚴令ヲ發キ警戒
嚴重ヲ極ムルモ今ノ處何等憂
慮スヘキコトナシ
炭礦使用支那人ノ保護ニ關
シテモ萬全ノ策ヲ講シ萬
遺漏ナキヲ期シツヽアリ

南滿洲鐵道株式會社

（電報譯文用紙）

（大正十四年五月光灑納）（用、貯）

54

满铁社长安广伴一郎关于运送黑龙江部队事致满铁庶务课的电报（一九二五年十一月二十九日）

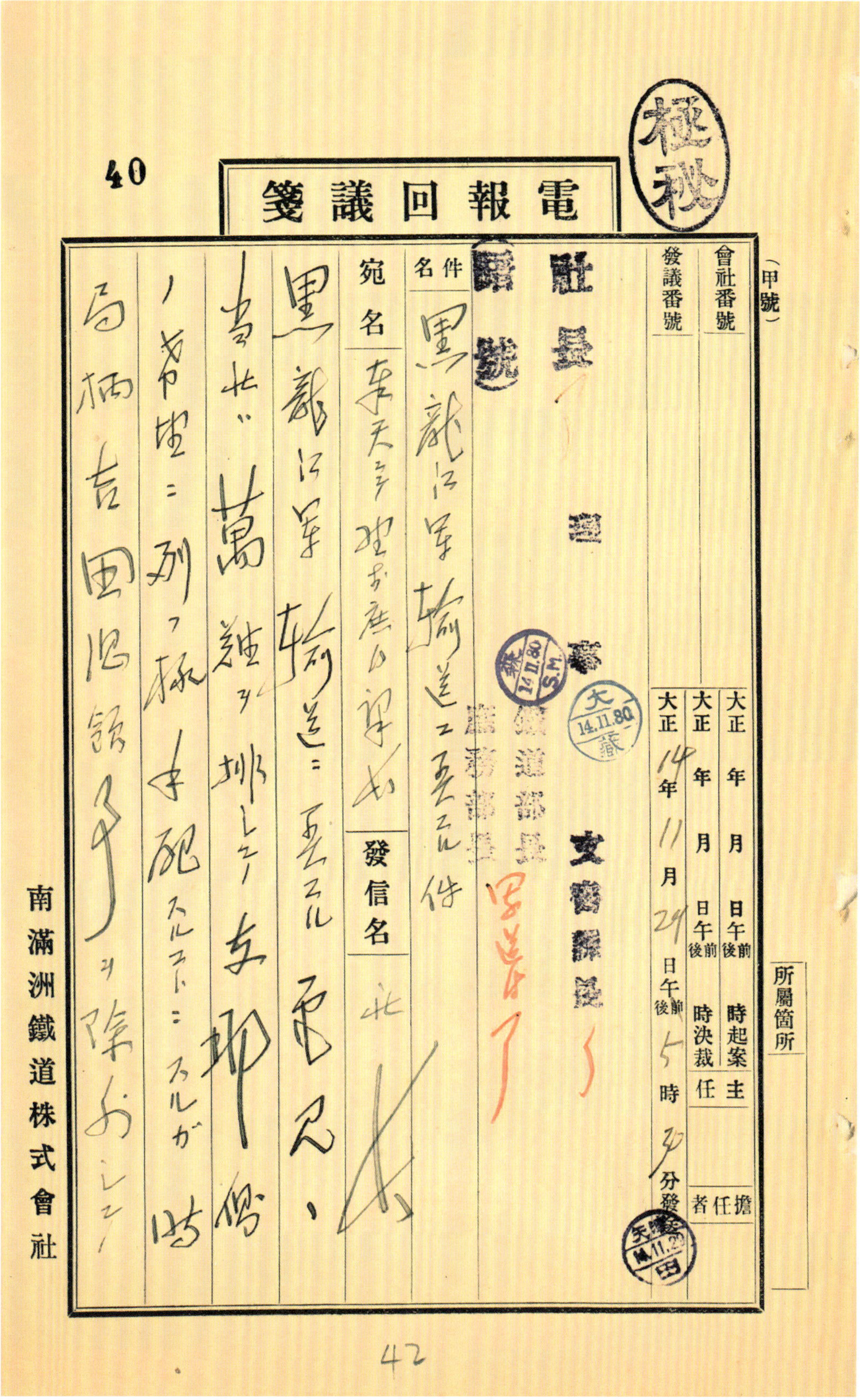
40

極秘

電報回議箋

（甲號）

社長　理事　文書課長

鐵道部長　庶務部長

會社番號

發議番號

大正14年11月29日午後5時30分發

件名　黒龍江軍輸送ニ要スル件

宛名　奉天ヌ地方庶務課長

發信名　社長

黒龍江軍輸送ニ要スル電見、當地ハ萬難ヲ排シテ支那側ノ希望ニ列ヲ極力手配スルコトニスルガ時局柄吉田總領事ヲ除外シテ

南滿洲鐵道株式會社

42

41

電報回議箋

（乙號）

直接吉林支那側ト種
ノ手段ヨリ取リ決メルコトハ将来
却テ事端ヲ紛乱セシムル虞ア
ルヲ以テ一應右吉田總領事ニ申
請ノ上貴殿又ハ總領事ヨリ
承諾ノ旨右吉長ニ傳ヘラレ度シ尚
輸送ノ日時兵数等ノ詳細ハ
貴殿ヨリ直接長春鉄道事務
所長ニ打合セラレ度シ、右鉄道部
長ニ傳ヘ置ク

南滿洲鐵道株式會社

43

昭和二 電 満鉄社長ヨリ外相宛 11/30日

支那ノ時局ハ転々悪化シテ底極スル処ヲ知ラズトハ云ヘ今次ニ起リ
タル奉天派ノ内訌ハ予想ノ外ニ影響スルモノ少シトセズ元ヨリ
満洲ヲ組織セル郭松齢ハ奉天軍ノ主力精鋭ヲ擁シ
国民軍ニ通シ之レヲ背景手足トシテ奉天派ヲクツガヘサントスル江蘇
ノ変ニ乗ジタルモノアリ而モ其ノ国民軍ハ今ヤ北京ニ在テ露国ヲ制
スルニ十分ナル中央政府ヲ樹立セントシテ段政府モ之ニ奏シ如何
トモ為シ難キ情況ニアルガ如シ、此ノ勢力ヲ以テ郭松齢
ノ奉天軍ニ乗ジ功ナルナドアラムカ総シ事ノ如ク不平ヲ除ク
豪トスル如キ機構ニヨツテ奉天軍ハ此ノ気化 動ノ
撲滅ニ努メ其ノ処ニ満洲ニ国家ヲ十年此ノ態ノ
出現セシムルヤヲ虞ル之ヲ其ノ場合ニ於テハ之レニ処スル
ノ道アルヘシト雖モ務メテ之ヲ防グノ勝レルニ如カズ本月十日ヨリ
戦将郭松齢ノ軍中ノ軍隊ノ陸東ハ為華園十六日奉天

64

66

電報回議箋

（乙號）

派ニ拠テモ遼西、及ヒ熱河方面ニ在ル軍隊ハ依然張作霖
ニ忠精ヲ表シ吉林及チチハル方面ニモ動揺ナク李京
林、及ヒ張学良両者ヲ強ヒズ張作相ニシテ擁護
ノ意志ヲ持ハ寛類ノ挽回ハ見レモ不可能ニアラズト考
ヘラル張ニ錦州ヨリ之レニ有能無能ノ支持アリヤ否ヤ
甚ノ形勢ヲ一層ニ良好ナラシムルモノハ論ヲ俟タズ錦西
ハ東三省ヲ封鎖ノ地位ヲ占メ山海関擁護ノ擁室ヲ
期シ得ル其ハノ地位ニ動揺シ来サレメサラシメバ之レカ対シ
奨出ノ賠償トナリ特ニ閣下ノ前途ヲ悟ス不少ナリ
有両好ノ意ハ断リ置キ当面ノ為ニハ張作霖

ヨレテノ張ヨリ甲ニ当テムルノ我ニ乗ナレハ

南滿洲鐵道株式會社

65

67

满铁哈尔滨事务所关于中国部队军需运输事致满铁社长安广伴一郎、奉天公所的电报
（一九二五年十一月三十日）

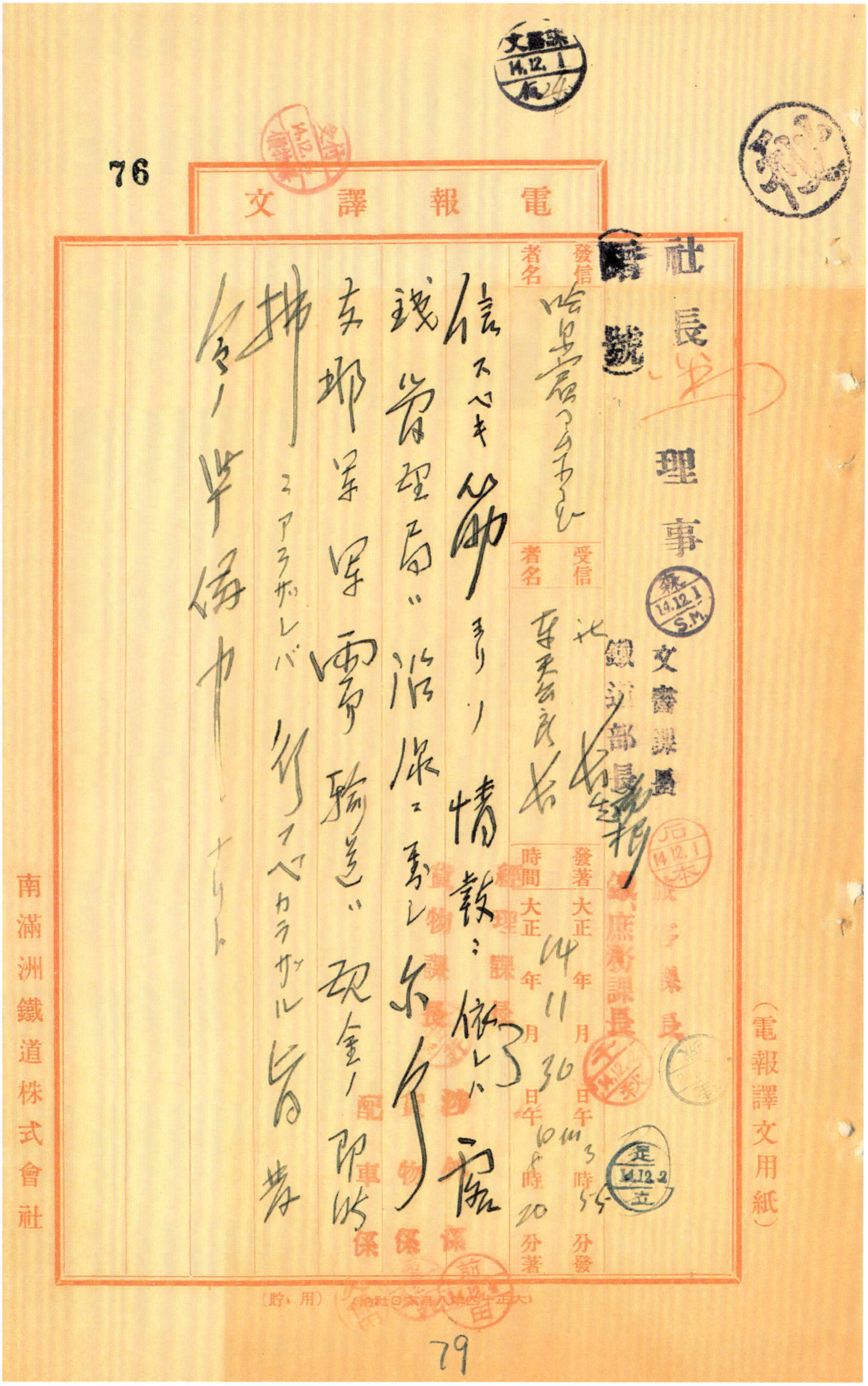
76

電報譯文

發信者名：哈爾濱事務所長

受信者名：奉天公所長　社長

發著時間：大正14年11月30日午前10時55分發　午後8時20分著

信スベキ筋ヨリノ情報ニ依レバ露鐵管理局ハ沿線ニ集レル奉天支那軍軍需輸送ハ現金ノ即拂ニアラザレバ行フベカラザル旨發令ノ準備中ナリト

(電報譯文用紙)

南滿洲鐵道株式會社

79

满铁奉天公所关于吴督办于今夜启程及部队南下事致满铁社长安广伴一郎、理事大藏公望等的电报（一九二五年十一月三十日）

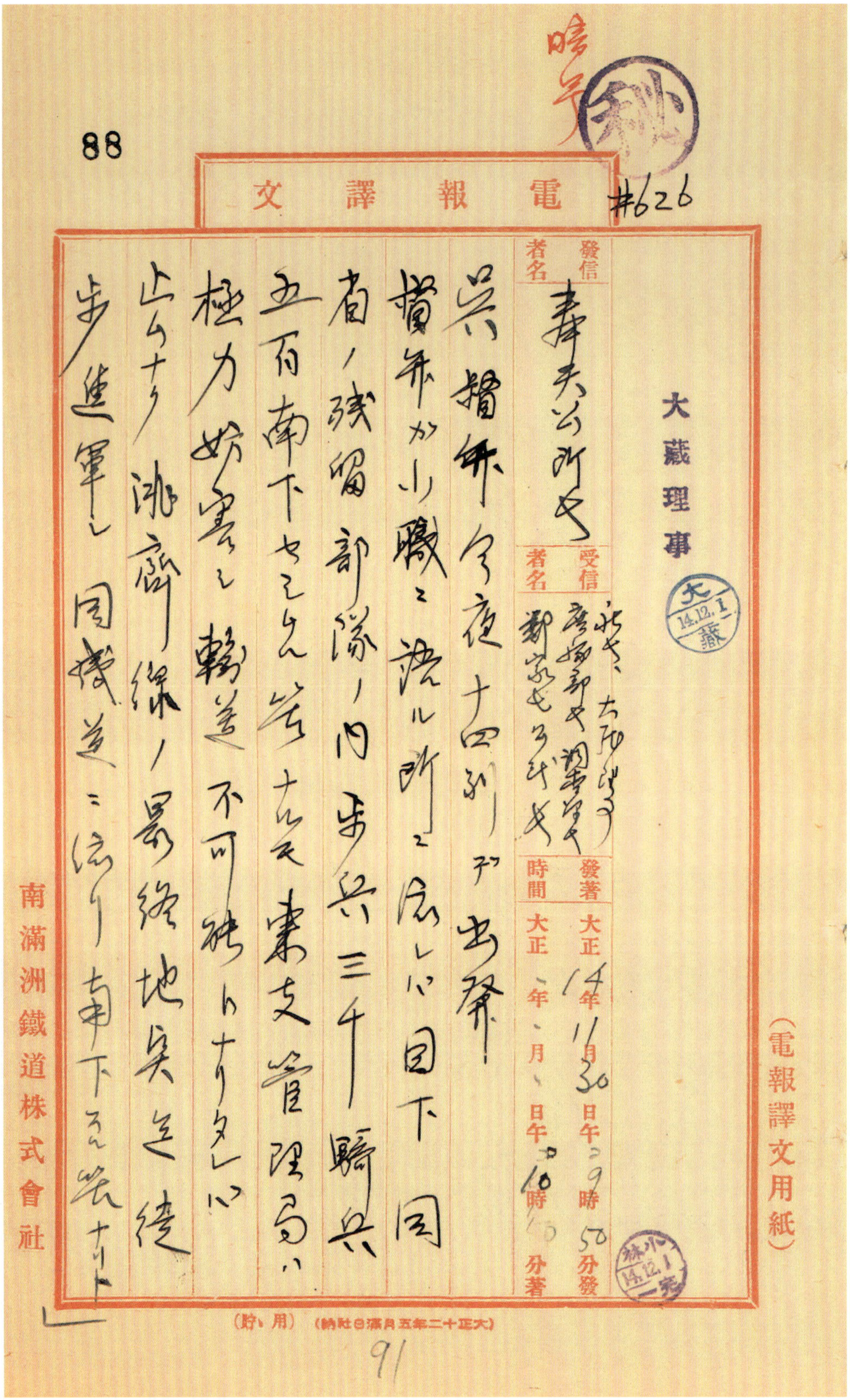

满铁庶务课关于郭松龄部队约有一个师转投奉军事致满铁社长安广伴一郎、庶务部的电报
（一九二五年十一月三十日）

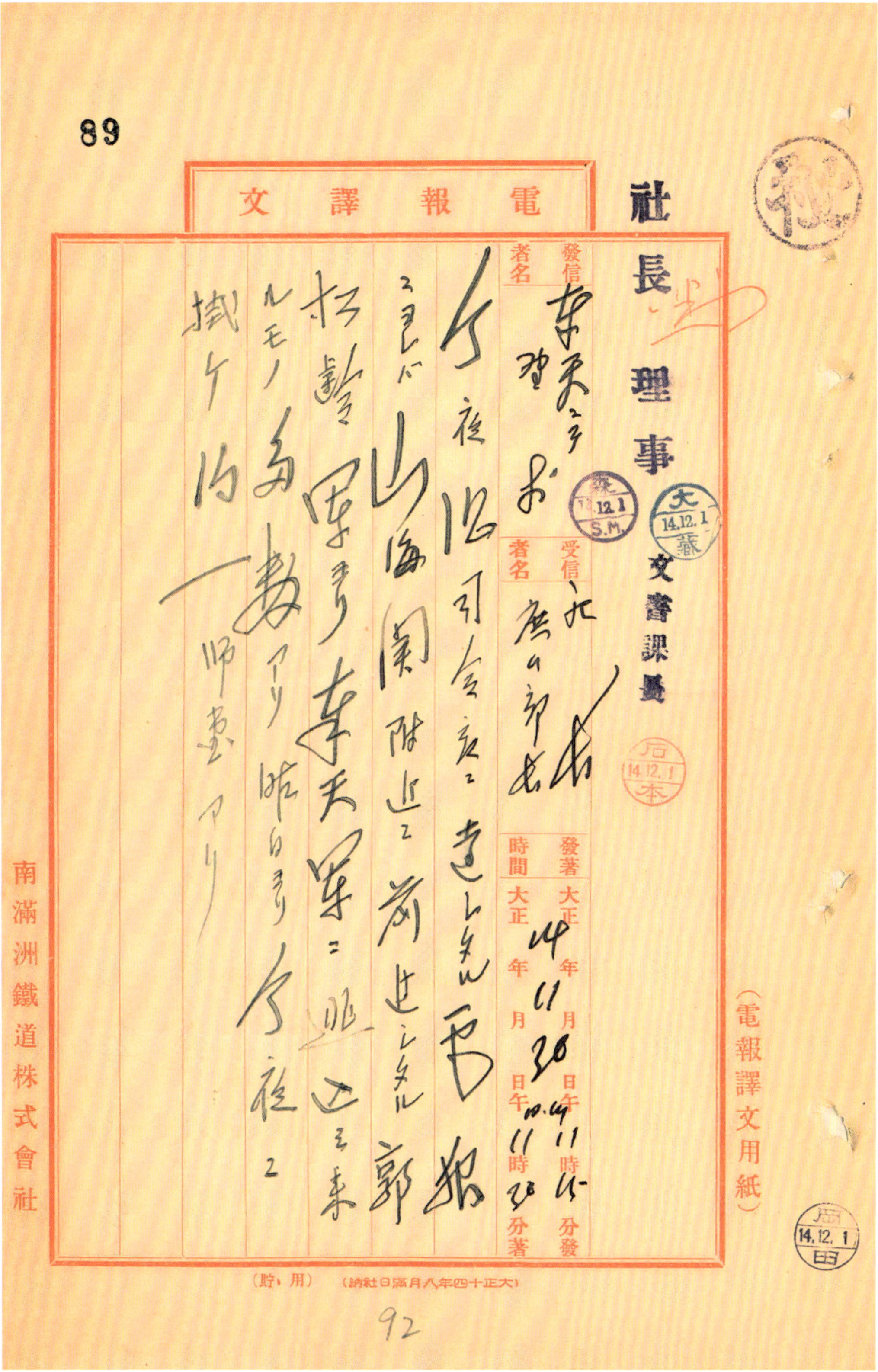
89
電報譯文
社長
理事
文書課長
發信者名
受信者名
發著時間
大正 年 月 日 午 時 分 發
大正 年 月 日 午 時 分 著
南滿洲鐵道株式會社
（電報譯文用紙）
14.12.1
92

满铁奉天公所关于杨宇霆返回奉天及前线敌军两个旅团归顺奉军事致满铁社长安广伴一郎的电报（一九二五年十一月三十日）

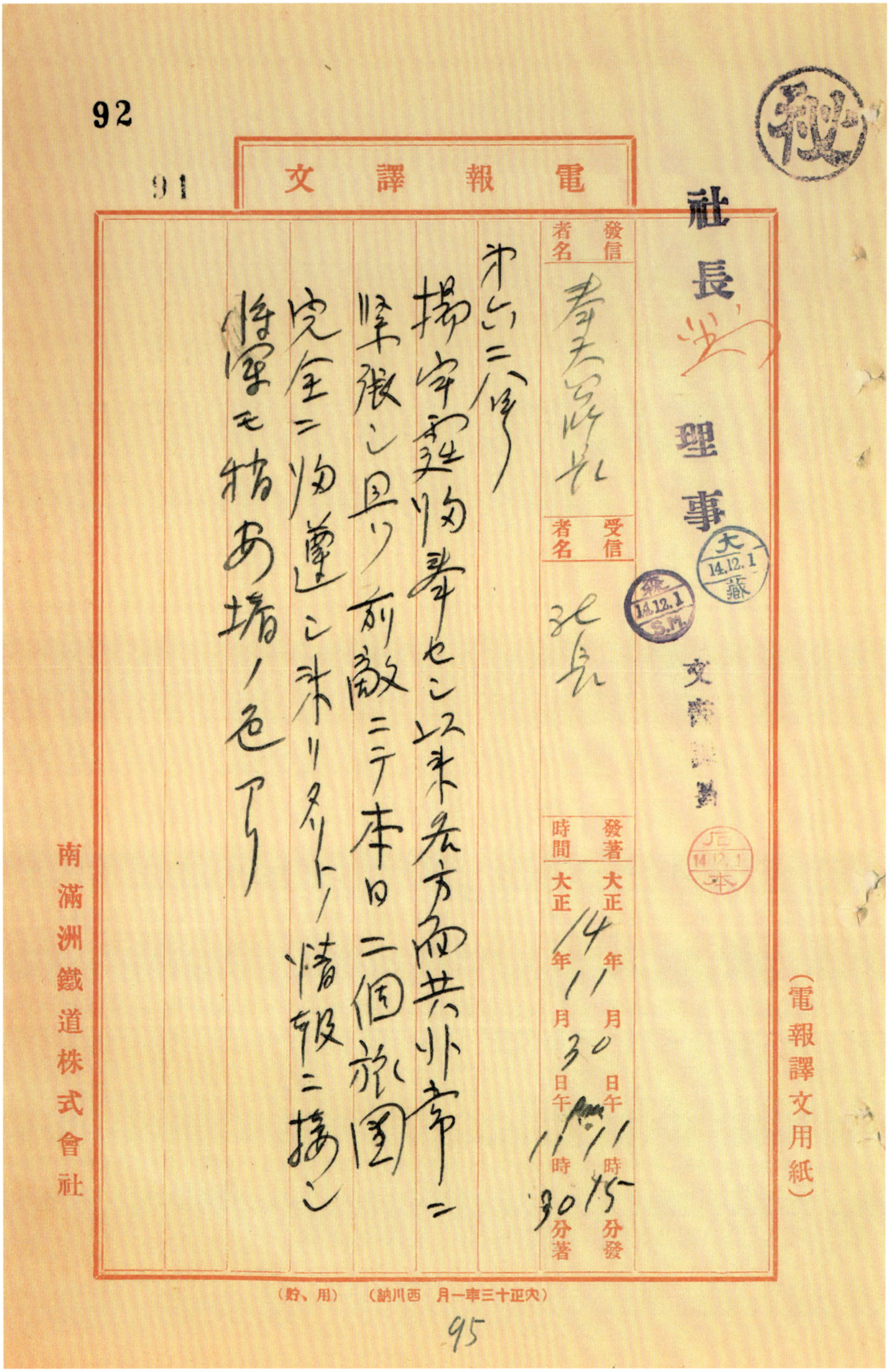

92

91

電報譯文

社長

理事

文書課

發信者名 奉天公所

受信者名 社長

發著時間 大正14年11月30日 午前11時15分發 午後11時30分著

第62号

楊宇霆昨夕帰奉セシ以来各方面共非常ニ緊張シ且ツ前敵ニテ本日二個旅團完全ニ帰順シ来リタリトノ情報ニ接シ將軍モ稍安堵ノ色アリ

南滿洲鐵道株式會社

（電報譯文用紙）

（大正十三年一月 西川納）（用、貯）

95

杨宇霆关于顺利返回奉天事致满铁社长安广伴一郎的电报（一九二五年十一月三十日）

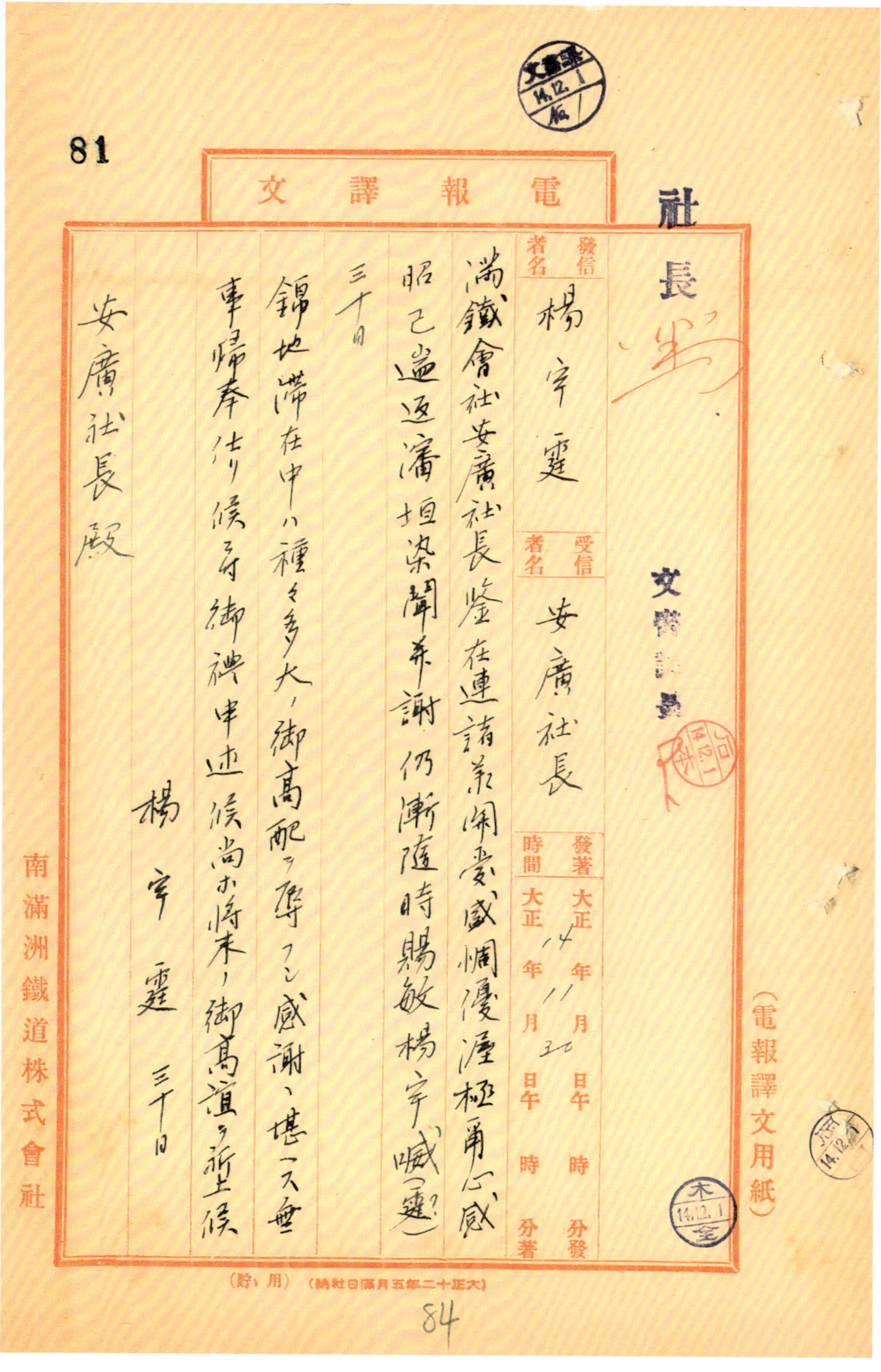

81

電報譯文

社長

文書課

發信者名：楊宇霆

受信者名：安廣社長

發著時間：大正14年11月30日

滿鐵會社安廣社長鑒在連諸蒙關愛盛情優渥極承心感昨已遄返瀋垣特聞並謝仍希隨時賜敎楊宇霆(霆?)

三十日

錦地滯在中ハ種々多大ノ御高配ヲ辱フシ感謝ノ堪ヘス無事帰奉仕リ候ニ付御禮申述候尚ホ將來ノ御高誼ヲ祈上候

楊宇霆

三十日

安廣社長殿

南滿洲鐵道株式會社

（電報譯文用紙）

（大正十二年五月滿日社納）（用ヽ貯）

84

满铁奉天公所关于报告郭松龄所派暗杀队中五人被捕事致满铁社长安广伴一郎、理事大藏公望等的电报（一九二五年十二月一日）

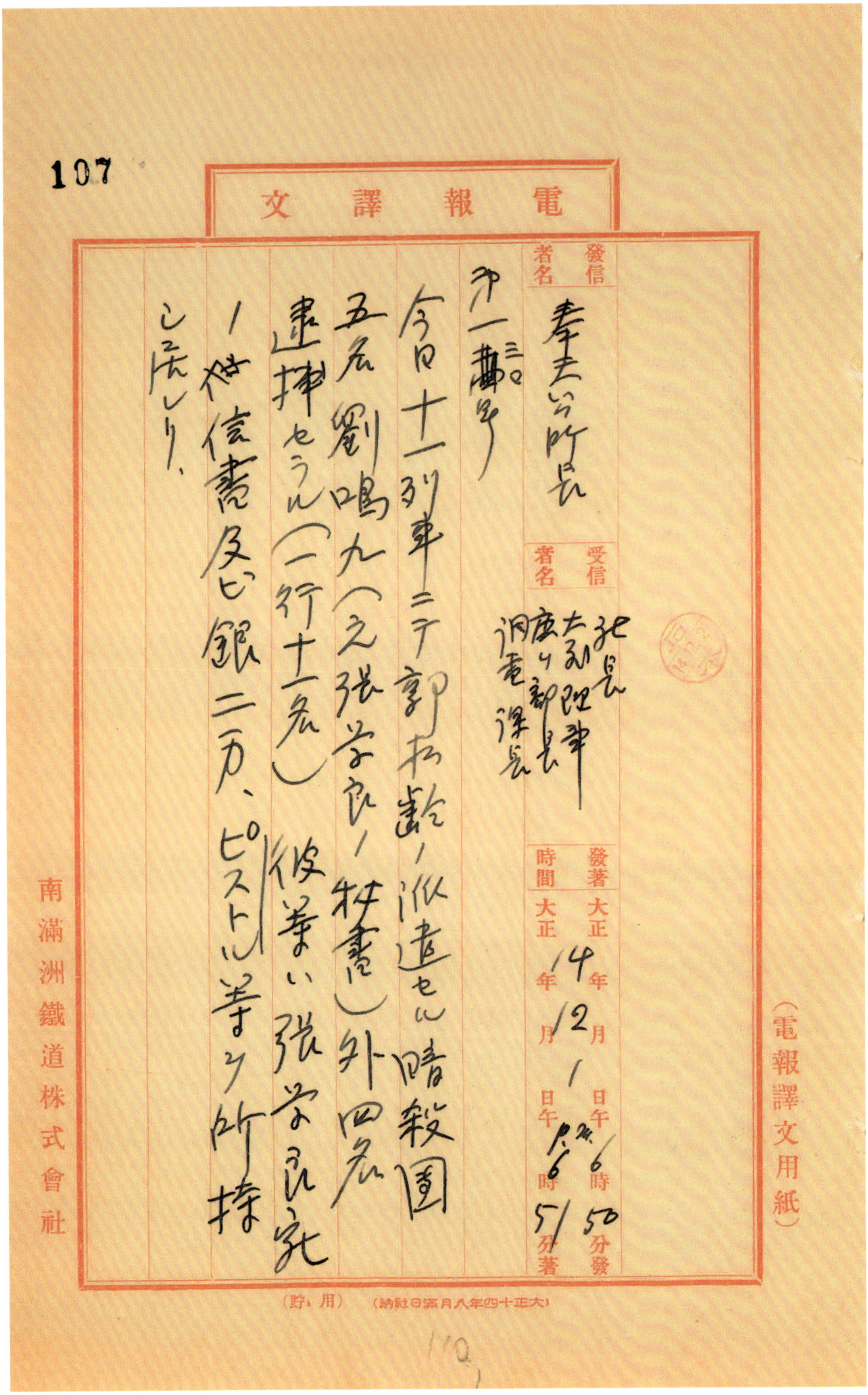
107

電報譯文

發信者名　奉天公所長

受信者名　社長　大藏理事　庶務部長　調査課長

發著時間　大正14年12月1日午后6時50分發　大正　年　月　日午后6時51分著

第一一三〇号

今日十一列車ニテ郭松齡ノ派遣セル暗殺團五名劉鳴九（之張学良ノ秘書）外四名逮捕セラル（一行十五名）彼等ハ張学良宛ノ偽信書及ビ銀二万、ピストル等ヲ所持シ居レリ、

南滿洲鐵道株式會社

（電報譯文用紙）

（貯用）（大正十四年八月滿日社納）

110

满铁野村关于报告黑龙江省军队运送状况事致满铁社长安广伴一郎、庶务部等的电报（一九二五年十二月二日）

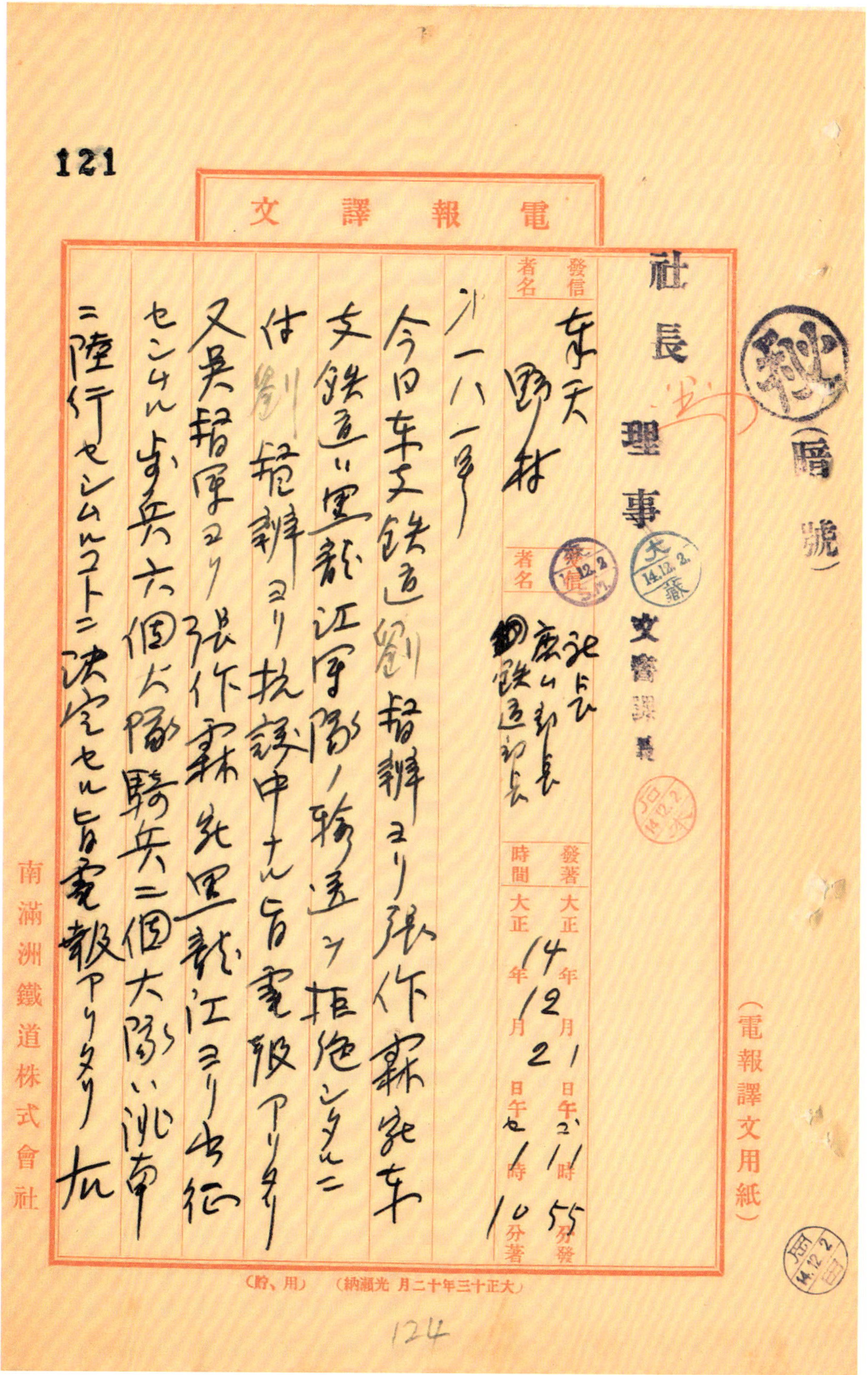

121

電報譯文

社長 理事 文書課長

發信者名：奉天 野村

着信者名：北ビ 庶務部長 鉄道部長

發著時間：大正14年12月1日午后11時55分發；大正14年12月2日午前1時10分著

ヌ一八一号

今日奉天鉄道劉督辦ヨリ張作霖ニ宛奉天鉄道ハ黒龍江軍隊ノ輸送ヲ拒絶シタルニ付劉督辦ヨリ抗議中ナル旨電報アリタリ

又呉督軍ヨリ張作霖ニ黒龍江ヨリ出征セシムル歩兵六個大隊騎兵二個大隊ハ洮南ニ陸行セシムルコトニ決定セル旨電報アリタリ　九

南滿洲鐵道株式會社

（電報譯文用紙）

秘（暗號）

（貯、用）（大正十三年十二月二十光瀬納）

124

122

電報譯文

發信者名

受信者名

發著時間 大正　年　月　日午　時　分發
大正　年　月　日午　時　分著

今夜王委員長ヨリ通シアリタルニ付左ハ四洮鉄
道ヲ満鉄線ニ乗リ換ヘル希望ナラバ満鉄ニテ
準備ノ都合アリ兵数馬匹数及四平街着
ノ日時ヲ成ルベク早ク承知シ度キ旨ヲ通シ早
速取調ヘ申込アルベキコトニ打合セタリ　〇　左
昨日総領事ニ報告致シ置ケリ

松田四平街站

(電報譯文用紙)

南滿洲鐵道株式會社

(貯、用)　(大正十三年十二月光瀨納)

125

满铁野村关于报告与王省长商议满铁通过洮昂线运送黑龙江省部队事致满铁社长安广伴一郎、庶务部等的电报（一九二五年十二月三日）

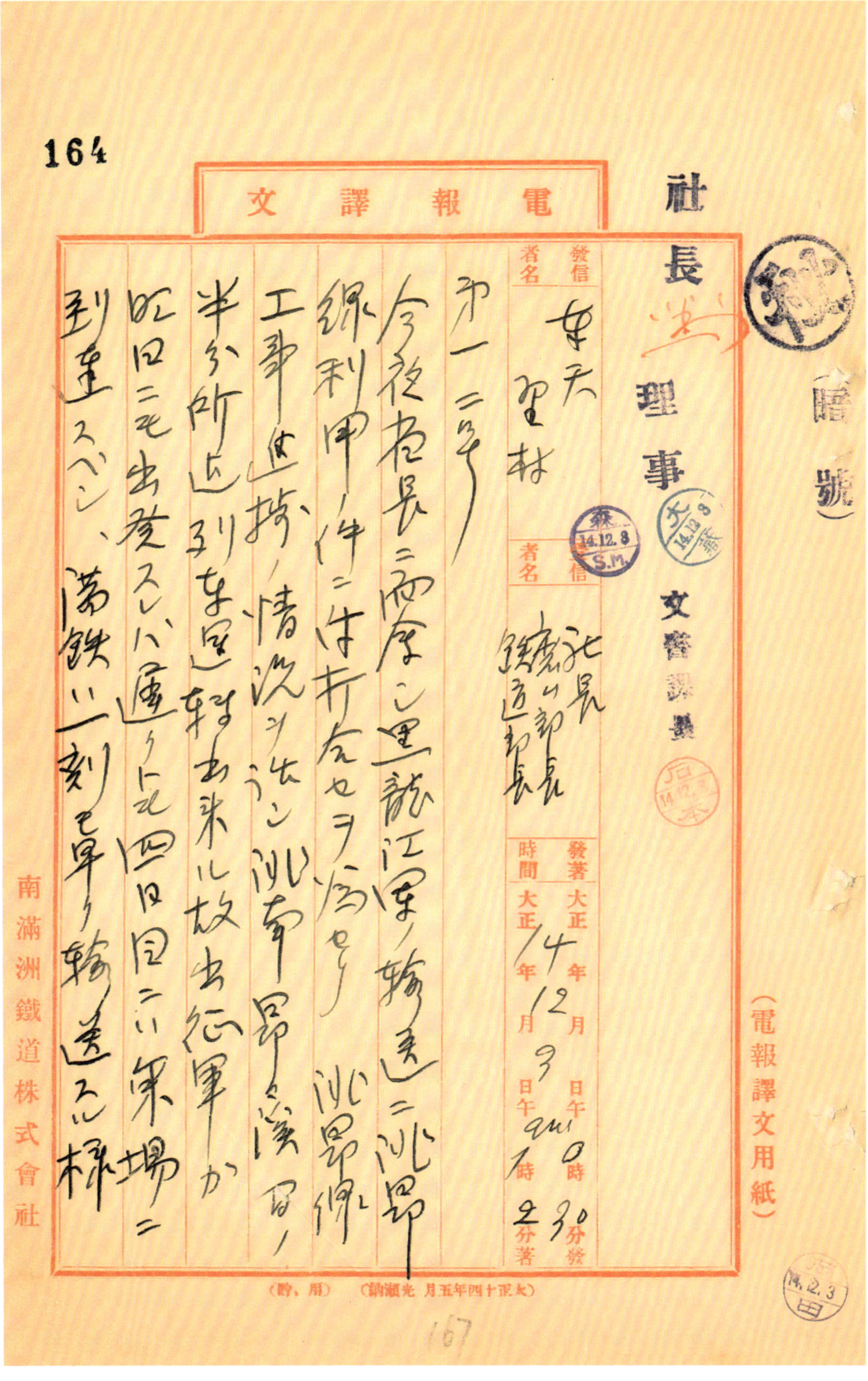
164

電報譯文

社長 理事 文書課長

發信者名：奉天 野村

受信者名：社長 庶務部長 鉄道部長

發著時間：大正14年12月3日午后10時30分發 / 大正14年12月3日午后11時2分著

第一二〇号

今夜省長ニ面会シ黒龍江軍ノ輸送ニ洮昂線利用ノ件ニ付折合セヲ為セリ 洮昂線工事進捗ノ情況ヲ説キ洮南昂々渓間ノ半分所迄列車運転出来ル故出征軍ガ明日ニモ出発スレバ遅クトモ四日目ニハ戦場ニ到達スベシ、満鉄ハ一刻モ早ク輸送スル様

(電報譯文用紙)

南滿洲鐵道株式會社

(大正十四年五月 光瀬調) (貯、用)

165

電報譯文

發信者名

受信者名

發著時間 大正　年　月　日午　時　分發

大正　年　月　日午　時　分著

平穏ナルニ付洮昂、四洮両局モ歩調ヲ合セル様
王局長ト協折合セシム為セト本社ヨリ電アリタリト
話セシ父局長ハ非常ニ喜ビ満鉄ノ
周到ナル御配慮ハ感謝ノ外ナシナド話サレ
金庫ニ保存シアル洮昂線路図ヲ自
ラ持チ出シ今度ノ如ク工事ノ進行ヲ喜ビ
洮昂線ハ既ニ軍用ノ用ヲ為シタナドト大変

南滿洲鐵道株式會社

（電報譯文用紙）

（大正十四年五月 光瀬納）（用、時）

168

166

電報譯文

發信者名

受信者名

發著時間 大正　年　月　日午　時　分發

大正　年　月　日午　時　分著

甚ダ方ナリ、此度早速両局長ニ輸送方ヲ命ジ員数日取等ハ分リ次第追テ通知スルコトニスベシ満鉄ニモ詳細ノ分ハ成ルベク早ク御知ラセスベシトノコトナリ

南滿洲鐵道株式會社

(電報譯文用紙)

(大正十四年五月光瀬納)（用、時）

164

满铁野村关于报告郭松龄军自山海关开拔将发生决战事致满铁社长安广伴一郎的电报（一九二五年十二月三日）

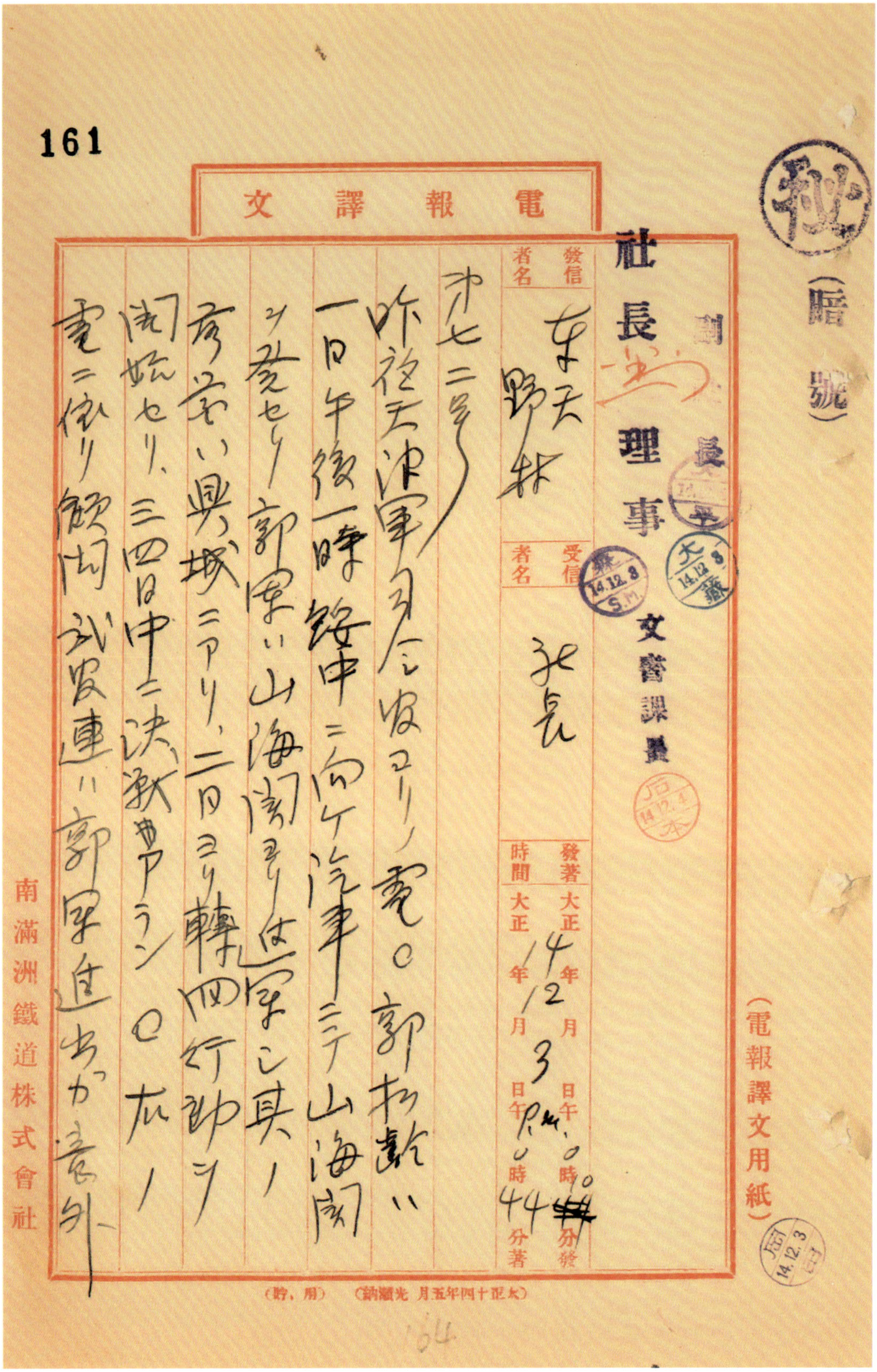

161

電報譯文

秘

（暗號）

社長 副社長 理事 文書課長

發信者名：奉天 野村

受信者名：社長

發著時間：大正14年12月3日午后0時30分發；大正　年　月　日午0時44分著

第七二号

昨夜天津軍司令官ヨリノ電。郭松齢ハ一日午後一時錦州ニ向ケ汽車ニテ山海関ヲ発セリ。郭軍ハ山海関ヨリ進軍シ其ノ主力ハ興城ニアリ、二日ヨリ轉回行動ヲ開始セリ、三四日中ニ決戦アラン。右ノ電ニ依リ錦州武官連ハ郭軍進出ガ意外

（電報譯文用紙）

南滿洲鐵道株式會社

162

電報譯文

發信者名

受信者名

發著時間　大正　年　月　日午　時　分發

大正　年　月　日午　時　分著

二早ヤリシニ驚キ狼狽気味ナリ

（極秘ニ）

南滿洲鐵道株式會社

（電報譯文用紙）

（大正十四年五月　光瀨納）　（用、貯）

165

满铁奉天公所关于报告明日有少量日本士兵赴新民屯侦查事致满铁社长安广伴一郎的电报

（一九二五年十二月三日）

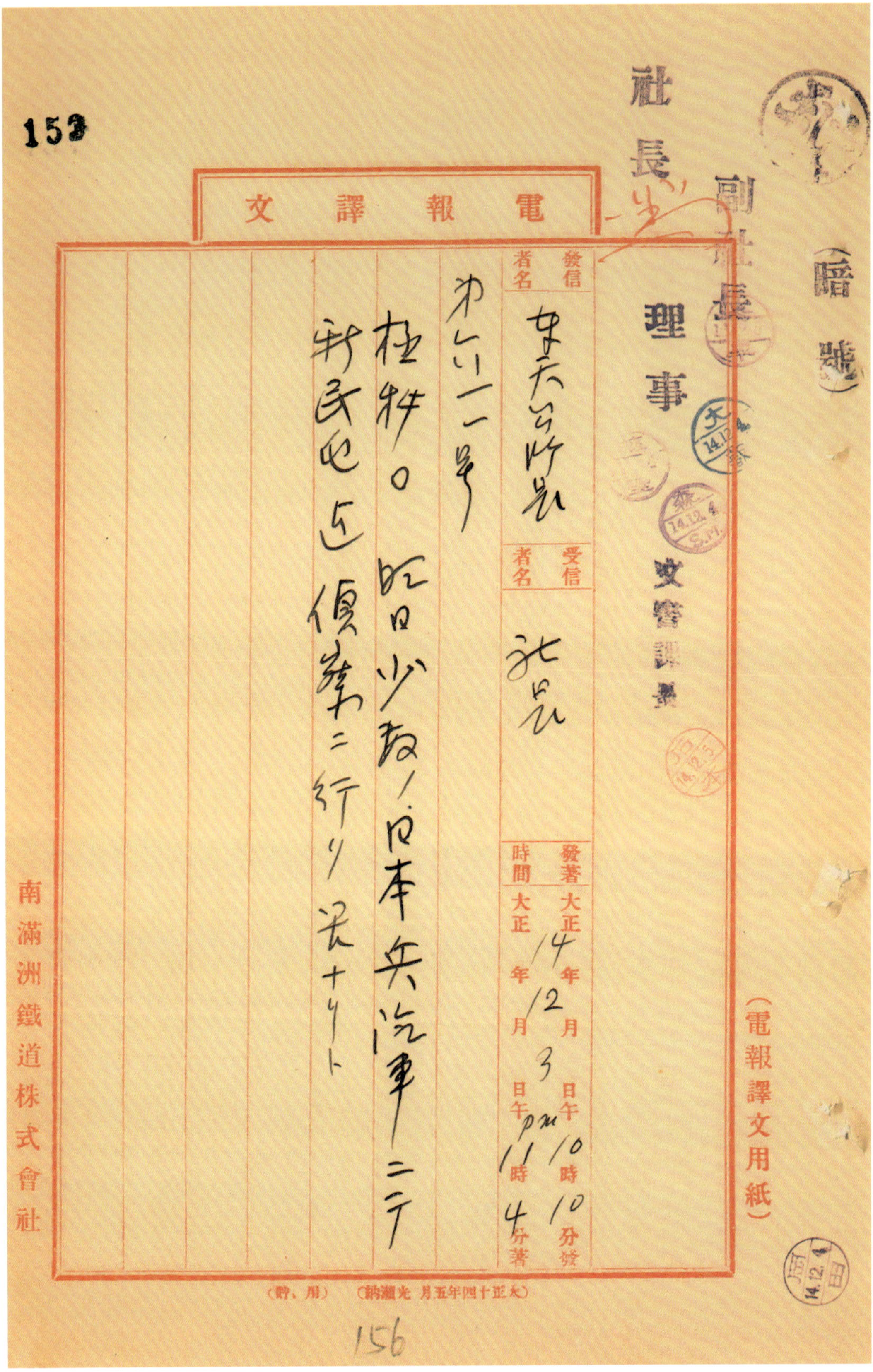
153

社長

副社長

理事

(暗號)

文書課長

電報譯文

發信者名：奉天公所長

受信者名：社長

發著時間：大正14年12月3日午10時10分發；大正 年 月 日午 pm 11時4分著

第六一一號

極秘

昨日少數ノ日本兵汽車ニテ

新民屯近傍偵察ニ行ク予定ナリト

(電報譯文用紙)

南滿洲鐵道株式會社

(時、用)（大正十四年五月 光瀬納）

156

满铁野村关于报告奉天军队内乱及郭军状况事致满铁社长安广伴一郎、庶务部的电报（一九二五年十二月五日）

198

電報譯文

社長　副社長　理事　文書課長

（暗號）

發信者名：奉天　野村

受信者名：社長　庶務部長

發：大正　年　月　日　午0時20分發

著：大正14年12月5日 am 2時1分著

極秘○郭軍ハロッキ驛附近ニ其ノ主力ヲ
興城附近ニ集中シ之ニ続リタリトノ天津
駐屯軍ヨリノ情報ニ依リ館内武官連ハ
一両日中ニ決戦アルモノト判断シ昨日ハ極メテ
不安ナリシカ今日山海関ヨリ飛來シタ日本
飛行将ノ陣地偵察ニ依リ関外ニ進出セル
郭軍ハ全軍ノ約半ハニ過ギズ其ノ主力ハ

南滿洲鐵道株式會社

（電報譯文用紙）

（大正十四年五月光灘納）（用、貯）

201

199

電報譯文

發信者名	
受信者名	
發著時間	大正　年　月　日午　時　分發 大正　年　月　日午　時　分著

綏中附近ニ在リ其ノ余ハ尚山海関附近
ニ在ルコトカ分リ又熱河方面ヨリ新線ニ
向ッテ行軍中ナリシ三個師団ト一旅団カ
錦西附近ニ到着シ居ルコトモ始メテ判明シタ
ルカ為今日ハ一安心ノ態ナリ、今夜王者長
ノ話ニ依レハ今日郭軍ノ砲兵旅団ハ猛烈
ニ左翼タル汲金純軍ヲ砲撃セシモ奉軍

(電報譯文用紙)

南滿洲鐵道株式會社

(大正十四年五月 光灝納)　(用、時)

202

200

電報譯文

發信者名	
受信者名	
發著時間	大正　年　月　日午　時　分發 / 大正　年　月　日午　時　分著

ハ全然應戰セサリキ、張作霖ハ汲金純ノ乞
ヲ容レコウパンツニ在ル砲兵旅團ヲ汲金純
軍ニ送ルコトトナレリ、今日ハ歸順兵ナシ

南滿洲鐵道株式會社

（電報譯文用紙）

（大正十四年五月光瀬納）　（用，貯）

203

满铁野村关于报告奉天军队内乱及城内外状况事致满铁社长安广伴一郎、庶务部的电报
（一九二五年十二月六日）

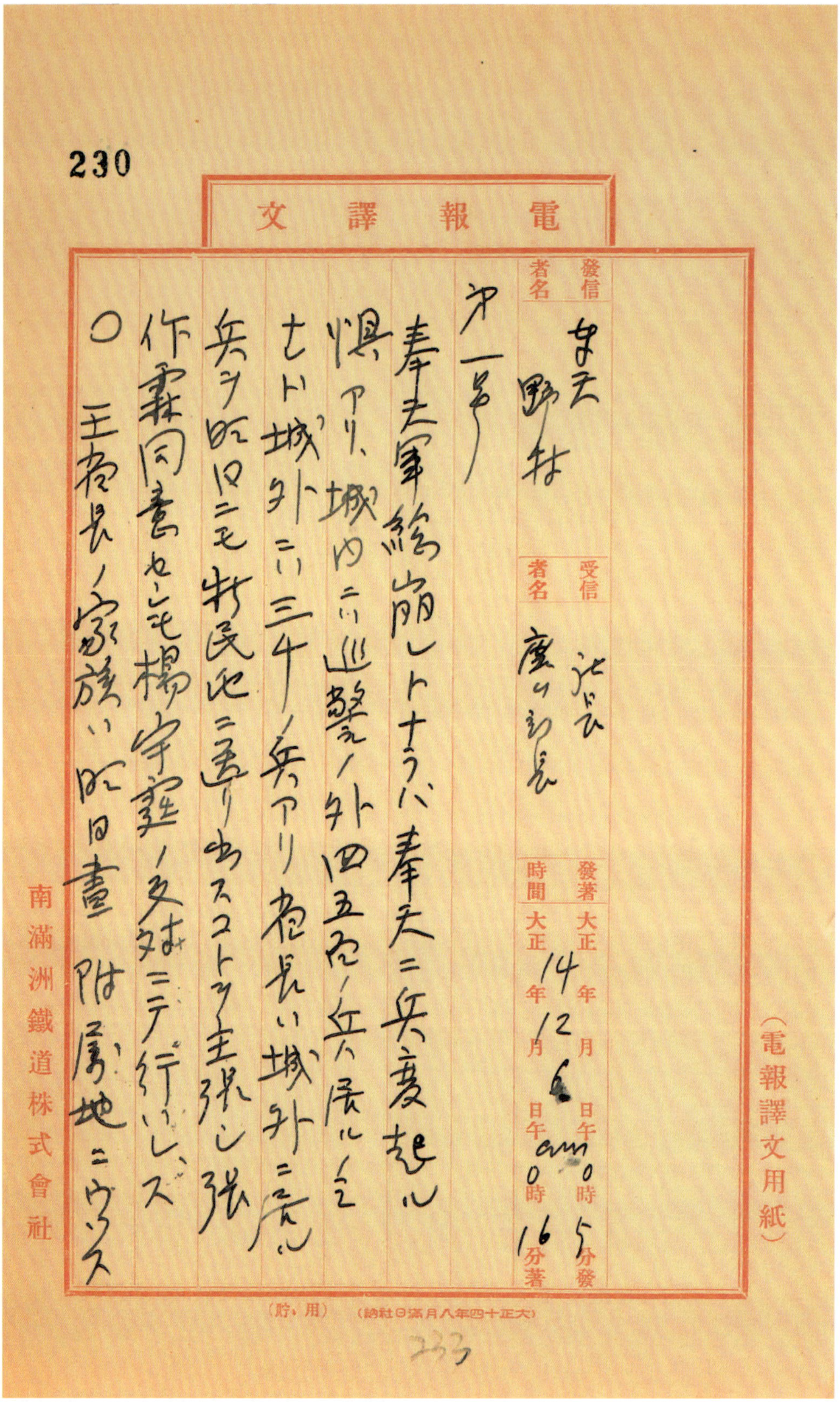

230

電報譯文

發信者名：奉天 野村

受信者名：社長 庶務部長

發著時間：大正14年12月6日午0時5分發
大正　年　月　日午 am 0時16分著

第一号

奉天軍総崩レトナラバ奉天ニ兵変起ル
惧アリ、城内ニハ巡警ノ外四五百ノ兵居ルノミ
セド城外ニハ三千ノ兵アリ旅長ハ城外ニ居ル
兵ヲ昨日ニモ新民屯ニ送リ出スコトヲ主張シ張
作霖同意セシモ楊宇霆ノ反対ニテ行ハレズ
○王旅長ノ家族ハ昨日晝附属地ニウツス

南滿洲鐵道株式會社

（電報譯文用紙）

（貯，用）（大正十四年八月滿日社給）

233

231

電報譯文

其他ハ危険ノハミアイ（場合？）ニトルベキ
手段ニ付会長ト打合セ請フ、小職ハ
岩田氏ト共ニ明朝ヨリ奉天公所内ニ出張

南滿洲鐵道株式會社

（電報譯文用紙）

（大正十四年八月滿日社納）（用ヽ貯）

234

满铁社长室文书课关于发送满铁大正十四年十二月七日（一九二五年十二月七日）董事会议决议事项致满铁理事梅野实的函（一九二五年十二月七日）

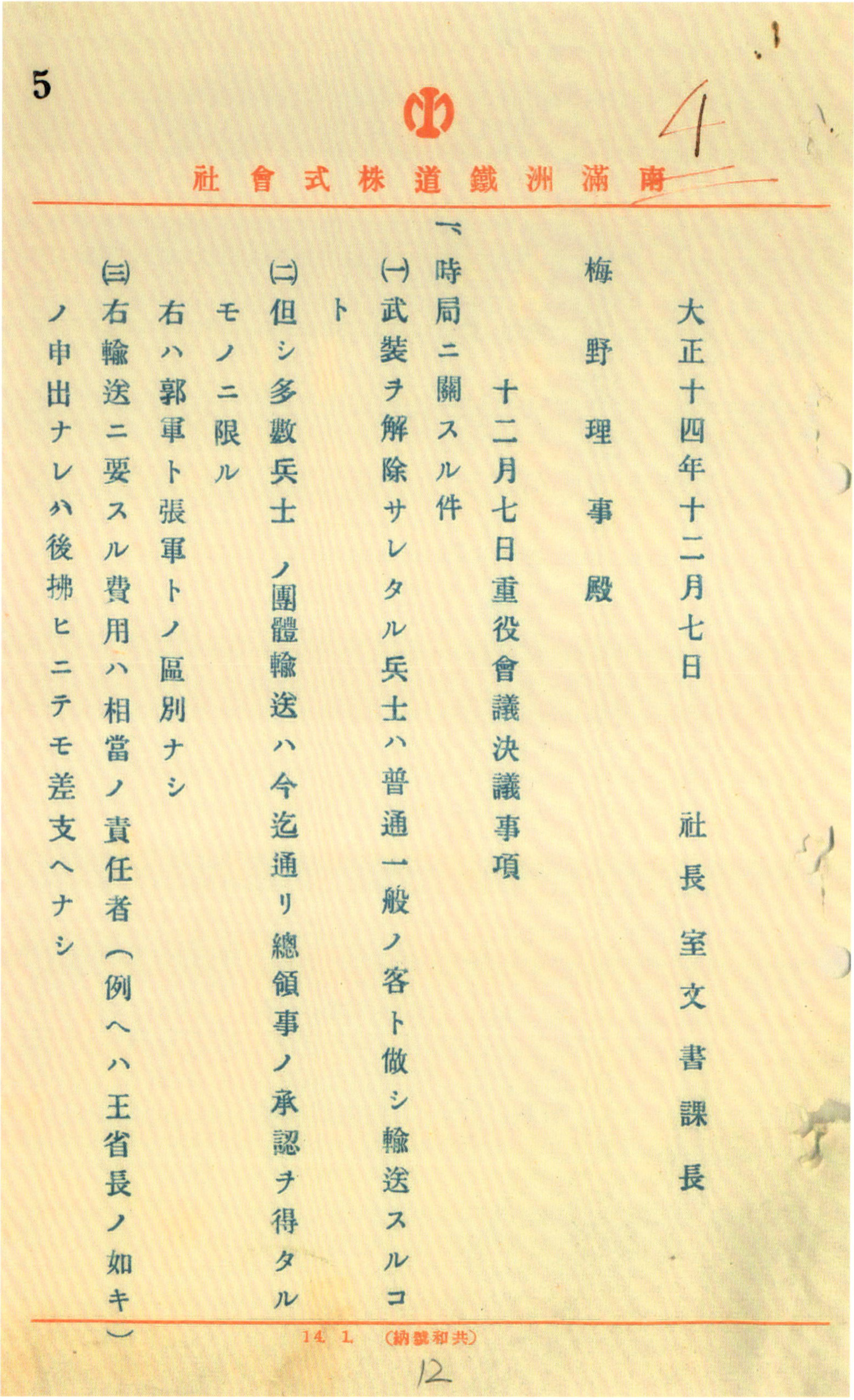
5

4

南滿洲鐵道株式會社

大正十四年十二月七日　　社長室文書課長

梅野理事殿

十二月七日重役會議決議事項

一、時局ニ關スル件

(一)武裝ヲ解除サレタル兵士ハ普通一般ノ客ト做シ輸送スルコト

(二)但シ多數兵士ノ團體輸送ハ今迄通リ總領事ノ承認ヲ得タルモノニ限ル

右ハ郭軍ト張軍トノ區別ナシ

(三)右輸送ニ要スル費用ハ相當ノ責任者（例ヘハ王省長ノ如キ）ノ申出ナレハ後拂ヒニテモ差支ヘナシ

14. 1.　（共和製納）

12

南滿洲鐵道株式會社

(四)奉天避難民ハ奉天鐵道事務所ニテ可然隨時列車ヲ出スコト
(五)張ガ公然退去ノ場合ニハ臨時列車ヲ出スハ差支ヘナキモ戰
爭ノ爲逃ゲ出ストキハ一時適當ノ處ニ避難セシメ然ル後~~風~~
普通列車ニテ輸送ノコト
(六)梅野理事ニ引キ續キ滯在ヲ願フコト
(七)旅順ホテルヲ一時レザーブセルモ右ハ解除シ普通客ノ取扱
ヲナシテモ差支ナキコト（但シ何時亦レザーブスルカモ知
レサルコト）
以上

出席者　社長　副社長　大藏、森兩理事　鐵道部長
庶務部長　地方部長　高柳囑託　經理部長代理
文書課長代理

满铁奉天火车站关于领事内山、守田福松及三十名日籍避难者已抵达奉天事致满铁铁道部的电报（一九二五年十二月七日）

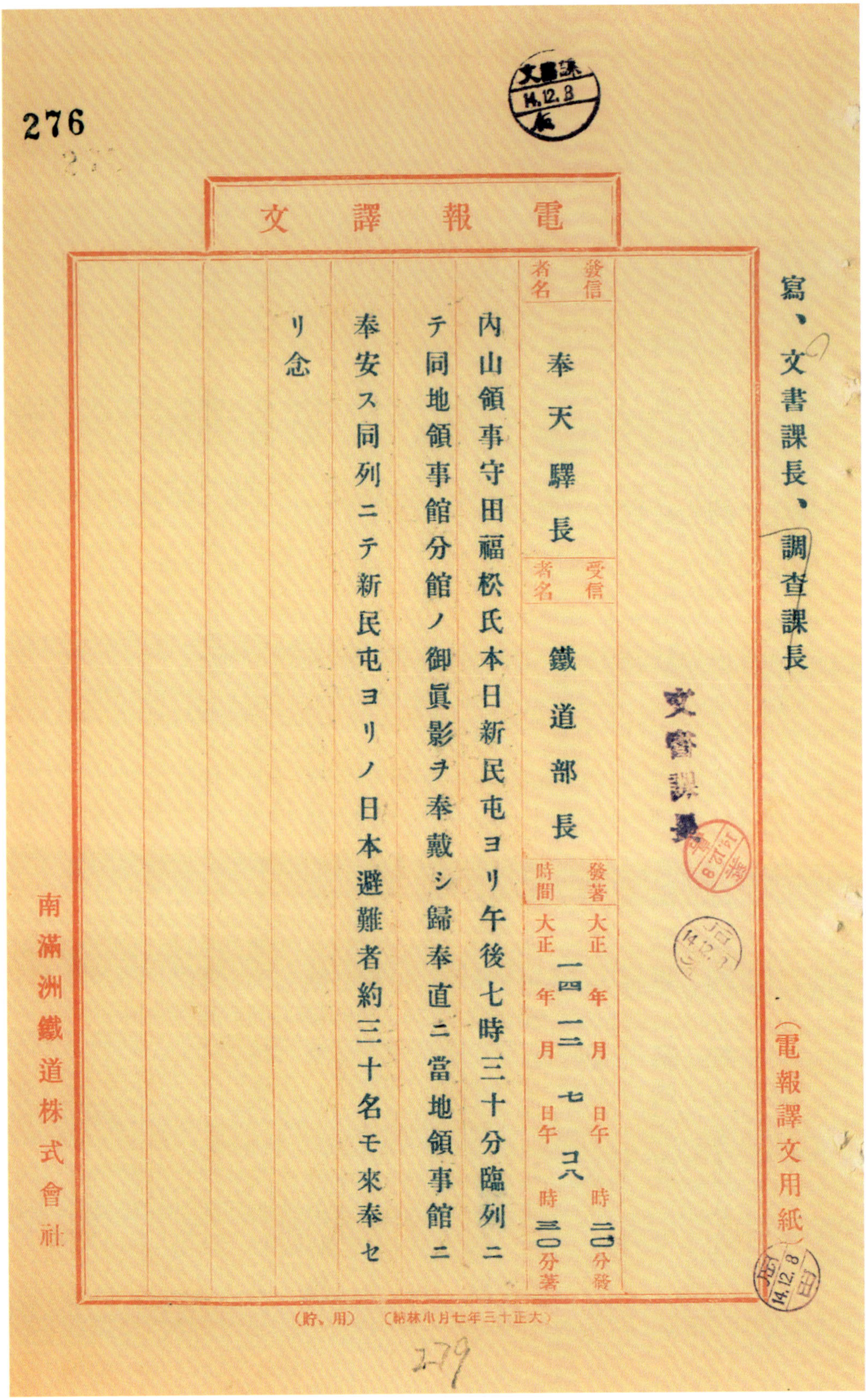
276

電報譯文

寫、文書課長、調査課長

文書課長

發信者名　奉天驛長

受信者名　鐵道部長

發著時間　大正一四年一二月七日午后八時二〇分發　大正　年　月　日午　時三〇分著

內山領事守田福松氏本日新民屯ヨリ午後七時三十分臨列ニテ同地領事館分館ノ御眞影ヲ奉戴シ歸奉直ニ當地領事館ニ奉安ス同列ニテ新民屯ヨリノ日本避難者約三十名モ來奉セリ念

南滿洲鐵道株式會社

（電報譯文用紙）

（大正十三年七月小林納）（貯、用）

279

满铁理事松冈洋右关于东三省局势的分析及意见致满铁社长安广伴一郎的电报（一九二五年十二月八日）

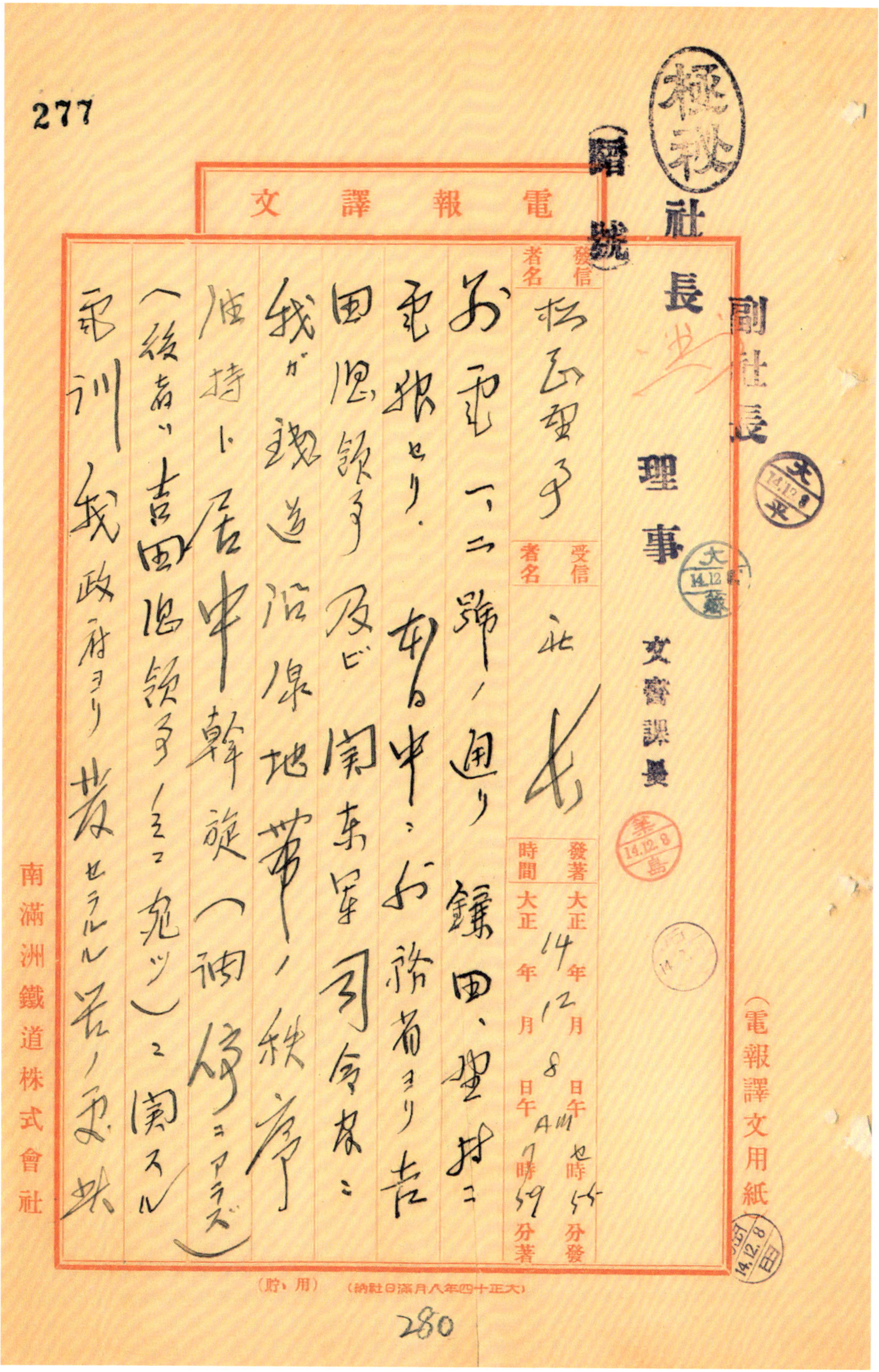
277

極秘

暗號

電報譯文

社長　副社長　理事　文書課長

發信者名：松岡理事

受信者名：社長

發著時間：大正14年12月8日午AM七時55分發　大正 年 月 日午7時59分著

安電一一二號ノ通リ鎌田、星野ニ電報セリ。右目下中ニ外務省ヨリ吉田總領事及ビ関東軍司令官ニ我ガ鐵道沿線地帯ノ秩序維持ト居中斡旋（調停ニアラズ）（後者ハ吉田總領事ノミニ𠙖ツ）ニ関スル電訓我政府ヨリ発セラルル筈ノ處然

南滿洲鐵道株式會社

（電報譯文用紙）

（貯、用）　（大正十四年八月滿日社納）

280

278

電報譯文

發信者名

受信者名

發著時間 大正　年　月　日午　時　分發
大正　年　月　日午　時　分著

際最モ憂慮ニ堪ヘサルハ張作霖氏ノ出方吉林方面ニ退キ刻壊スルコトナリ若シ如斯コトアラハ東三省ハ動乱陸續容易ニ安定ニ至ラサルノミナラズ赤露又此ノ隙ニ乗シ活躍スベシ故ニ我レトシテハ大勢已ニ挽回スヘカラストセバ而シテ

南滿洲鐵道株式會社

（電報譯文用紙）

（大正十四年八月滿日社納）（用、貯）

281

279

電報譯文

發信者名

受信者名

發著時間 大正 年 月 日午 時 分發

大正 年 月 日午 時 分著

小磯ハ挽回スベカラザルモノト思フ飽マデ張
昨年張氏ニ勧メテ暫ク我ガ
租借地ニ静養セシムル様措置ス
ルモ肝要ナリ又若シ聊カニテモ不
穏ノ性アラバ王永江氏ヲ皆ニ止マラシメ
時局収拾ノ任ニ当ラシムルコト我ガ利害
ヨリ打算シテ時局ニ善処スル所以

南満洲鐵道株式會社

（電報譯文用紙）

（用、貯）（大正十四年八月滿日社納）

282

280

電報譯文

發信者名

受信者名

發著時間 大正 年 月 日午 時 分發
大正 年 月 日午 時 分著

ナリト信ズ 總裁ハ一應児玉長官
本庄司令官及ヒ吉田總領事トモ協
議ノ上右ノ方針貫徹ノ為メ何分
ノ御措置アランコトヲ熱望ニ堪ヘズ
尚帝国政府ハ大勢已ニ決セル暁キ
在満邦人ノ保護及ヒ帝国ノ
利益擁護ノ名ノ下ニ出兵スルガ如キ

南滿洲鐵道株式會社

（電報譯文用紙）

（用、貯）（大正十四年八月滿日社納）

283

電報譯文

發信者名

受信者名

發著時間 大正　年　月　日午　時　分發 / 大正　年　月　日午　時　分著

右ハ出サカルヘシト思ハル 御命令ニ追テ申添フ

小磯ハ形勢如何ニ依リ明後日發

郷里三田尻ニ一泊ノ上陸路奉天

ニ直行ス 若

社長ハ何日頃上京ノ御豫定ナリヤ 返

南滿洲鐵道株式會社

（電報譯文用紙）

（貯、用）（大正十四年八月滿日社納）

282

電報譯文

社長　副社長　理事　文書課長

（暗號）

發信者名：松岡理事

受信者名：社長

發著時間：大正14年12月8日午後5時20分

別電一

（極秘）張作霖氏ニ左ノ通リ傳ヘ且楊宇霆氏及ビ吉田總領事儀我顧問各位等ニ御話シ置キタシ。形勢不利ナル情報ニ接シ憂慮措ク能ハズ當方ニテモ各方面ニ努メ力説シ居ルモ先日北京ヨリ帰

（電報譯文用紙）

南滿洲鐵道株式會社

（貯用）　（大正十四年八月滿日社納）

285

電報譯文

發信者名

受信者名

發著時間　大正　年　月　日午　時　分發
大正　年　月　日午　時　分著

奉シタル際御話申上タル小生ノ見込ミ
通リ容易ニ徹底セズ之レガ徹底ニ
リ局長當ノ時日ヲ要シ今急ニ
閻司令ノ立場ヲ擁護ニ左遣
憂目ニ合ハズ拙者ハ多分明後日
發奉天ニ直行スヘシ若シ
大勢遂ニ挽回出来サルトキハ此

南滿洲鐵道株式會社

（電報譯文用紙）

（貯ハ用）（大正十四年八月滿日社納）

286

284

電報譯文

發信者名

受信者名

發著時間 大正 年 月 日午 時 分發
大正 年 月 日午 時 分著

隠忍自重、旅大ノ地ニテ静養セラレ徐ニ時期ノ至ルヲ待タレンコトヲ切望ス 逆境ニ處セラレテ惑フハ小人ノコトナリ 冷静ニ勢力ノ趨リ處ヲ洞察シ沈着ニ自ラ處セラレンコトヲ希望ス 當方ノ事情ニ就テハ何レ其ノ内面陳スベシ

（電報譯文用紙）

南滿洲鐵道株式會社

（貯、用）（大正十四年八月滿日社納）

287

電報譯文

社長　副社長　理事　文書課長

（暗號）

發信者名：松岡理事

受信者名：北京

發著時間：大正14年12月7日午后11時59分發
大正14年12月8日午前7時17分著

第二四九二号ノ

（別電二）　鎌田ヨリ張作霖氏ヘノ

電（ゴン）内容ト共ニ左ノ通リ王~~□~~永江氏ニ

傳ヘテ○　東三省ノ時局収拾ガ根本問題

ナリ而シテ此ノ根本問題ノ一大要点ハ奉天

ニ於ケル実権者ノ何人タルニ関ハラズ其ノ実力

ニ依リ東三省全部ヲ取リ纏メ善ク其ノ

南滿洲鐵道株式會社

（電報譯文用紙）

（貯，用）（大正十四年五月光瀾納）

288

286

電報譯文

發信者名

受信者名

發著時間 大正 年 月 日午 時 分發
大正 年 月 日午 時 分著

威令ヲ行ヒ以テ北方露西ノ侵入ヲ防グニアリ
假令大勢不利ニシテ張総司令一時野ニ
下ラルヽノ止ムヲ得サル事アリトモ貴総長ハ
飽ク迄踏ミ止マリ時難ヲ救ハンカ為メ
極力御努力御尽瘁ヲ熱望シテ止マス
之レ独リ東三省ノ為メノミナラス実ニ極東
全局保持ノ為メナリ、貴総長ノ事ナレハ

(電報譯文用紙)

南滿洲鐵道株式會社

(大正十四年五月 光潮納) (貯、用)

289

287

電報譯文

發信者名

受信者名

申上ゲル迄モナキ事トハ存ズルモ念ノ為メ
卑見敢テ電ス

松つおりジ

發著 大正　年　月　日午　時　分發

時間 大正　年　月　日午　時　分著

南滿洲鐵道株式會社

（電報譯文用紙）

（大正十四年五月 光灘納）（用、貯）

290

满铁理事梅野实关于张作霖拟最终决战并期待第三方斡旋致满铁副社长大平驹槌的报告（一九二五年十二月八日）

513

南滿洲鐵道株式會社

大正十四年十二月八日　　梅野理事

大平副社長殿

秘密報告

各方面ノ情勢ヲ仔細ニ綜合觀察スルニ張作霖ハ自己ノ面目ヲ維持セムカ爲ニ飽ク迄モ最後ノ一戰ヲ試ミムトスル意圖益々強固トナレルモノノ如シ畢竟スルニ郭軍ノ行進案外遲鈍ナルヲ以テ優ニ陣形ヲ遼河河畔ニ立直シ得ヘキ自信ヲ得タルニ起因シ縱令最後ノ戰ニ敗ルルモ此ノ儘無爲平和ノ間ニ省城ヲ明渡シ豎子ノ名ヲ成サシムルノ不面目ニ勝ルノミナラス若郭ニ政權ヲ附與シテ他ニ亡命セハ再ヒ復活ノ機會ナキヲ以テノ故ナラム

張作霖ノ意志ハ家族及財産ヲ南方ニ送リ其ノ安全ヲ謀ルモ自己

14. 1.　（納謄和共）

492

南滿洲鐵道株式會社

ノ一身ハ北方吉林ノ方面ニ逃レテ再擧ノ機會ヲ待タムトスル決心アルカ如ク要スルニ吳佩孚カ長江筋ニ身ヲ脫シテ今日アルノ故智ニ倣ハムトスルモノナラムカ

吉林督軍張作相ノ態度ハ一旦手兵ヲ提ケテ吉林ニ歸還スル決意アリシモノノ如ク汽車輸送迄實行シナカラ今猶ホ逡巡奉天ニ在リ其ノ行動極メテ怪ムヘキモ或ハ義ヲ結ヘル弟作霖ヲ最後迄掩護支持セムトスルニ非サルナキカ

張作霖ハ若遼河ノ一戰ニ敗レ省城ヲ棄ツルノ已ムヲ得サル破目ニ陷ルモ逆賊郭ニ之ヲ明渡スヲ屑トセサルモノノ如ク恐ラクハ第三者ノ居中調停ニ由リテ平和ニ局ヲ結ヒ郭以外ノ者ニ省城ヲ引渡スコトヲ諾(若)スルナラムモ彼ハ決シテ郭逆徒ニハ政權ヲ引渡サスト揚ヶ言シ居レリ

515

南滿洲鐵道株式會社

張作霖カ俄ニ強硬ノ態度ニ立直リタルハ出來得ル限リ兵力ヲ遼河河畔ニ集中シ郭軍ヲシテ之ヲ突破スルニ容易ナラサラシメ其ノ間第三者ノ斡旋ヲ待ツテ自己ニ多少ナリトモ有利ノ解決ヲ得テ局ヲ結ハムト希圖スルモノナラムト察セラル

（本報告ハ一切他ニ發表セス）

14. 1. （共和號納）

494

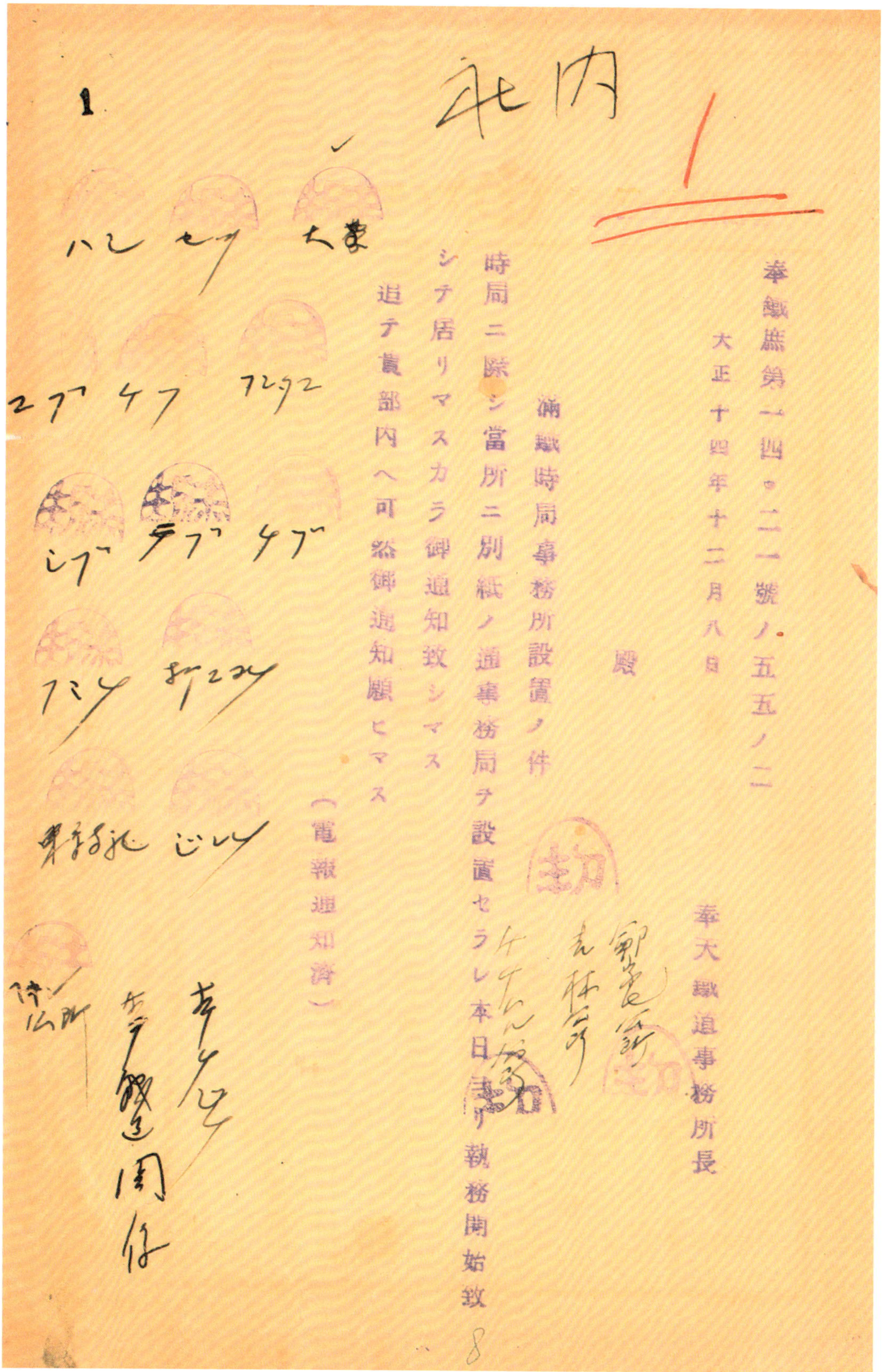
社内

奉鐵庶第一四〇二一號ノ五五ノ二

大正十四年十二月八日

奉天鐵道事務所長

殿

満鐵時局事務所設置ノ件

時局ニ際シ當所ニ別紙ノ通事務局ヲ設置セラレ本日ヨリ執務開始致シテ居リマスカラ御通知致シマス

追テ貴部内へ可然御通知願ヒマス

（電報通知済）

满铁奉天铁道事务所关于设立满铁时局事务所的函（一九二五年十二月八日）

2

南滿洲鐵道株式會社

奉鐵庶第一四・二一號ノ五五ノ一

大正十四年十二月八日

奉天鐵道事務所長

殿

時局ニ際シ當所ニ別紙ノ通事務局ヲ設置シ本日ヨリ執務開始致シ候ニ付此段御通知申上候

敬具

14. 1. (納號和共)

9

3

3

件

一、時局ニ關シ奉天ニ滿鐵時局事務所ヲ置ク（電報略號ホテジジ）

二、本所ハ時局ニ關スル情報ノ蒐集本社トノ聯絡應急所置等ノ事務ヲ掌ル

三、事務室ハ奉天鐵道事務所長室内ニ之ヲ置ク（電話番號社内二百三十番社内特別長距離加入及公衆ト連絡ス）

四、本所ノ事務ハ駐在理事之ヲ主宰ス

五、本所ニ左ノ所員ヲ配屬ス

大[illegible]鐵太郎

後宮中佐

伊藤[illegible]

細川利一

河村文三郎

梶　八九

大正拾四年十二月八日

10

满铁奉天公所关于报告张作霖打消下野想法，打算在辽河沿岸最终决战事致满铁社长安广伴一郎、满铁理事大藏公望等电报（一九二五年十二月八日）

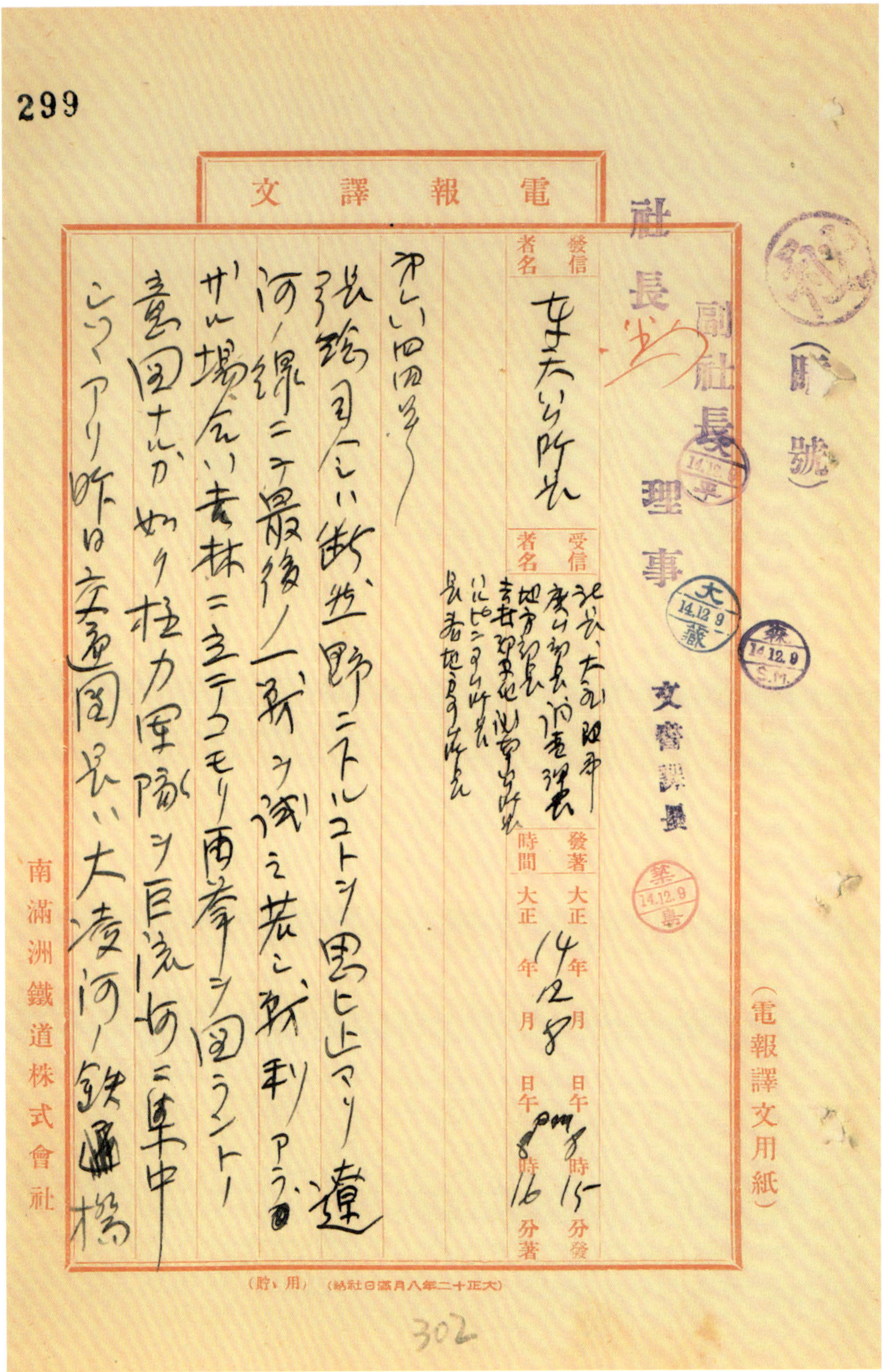
299

電報譯文

社長　副社長　理事　文書課長

發信者名　奉天公所長

受信者名　社長、大藏理事、庶務部長、附屬地長、地方部長……

發著時間　大正14年12月8日午後8時15分發　大正　年　月8日16時　分著

第四四号

張総司令ハ断然下野ニトルコトヲ思ヒ止マリ遼河ノ線ニテ最後ノ一戦ヲ試ミ若シ勝利アラザル場合ハ吉林ニ立テコモリ再挙ヲ図ラントノ意図ナルガ如ク極力軍隊ヲ巨流河ニ集中シツツアリ昨日交通局長ハ大凌河ノ鉄橋

南滿洲鐵道株式會社

（電報譯文用紙）

302

電報譯文

發信者名

受信者名

發著時間 大正 年 月 日午 時 分發
大正 年 月 日午 時 分著

破壊ノ目的ニテ前進セルカ郭軍ノ斥候ト衝
突シ其ノ目的ヲ達セズ、帰途新民屯ノ鉄
橋梁及給水タンクヲ悪リ破壊シテ引揚ゲ
タリ、サレバ郭軍カ新民屯進出スルニハカクモ
一週日以上ノ日数ヲ要スベシ。 将軍ハ李景
林、張宗昌カ国民軍ヲ相手トシ戦ヒツツ
アル今日郭ト二戦カ上戦モ交ヘズシテ歸ニ

南滿洲鐵道株式會社

(電報譯文用紙)

(大正十二年八月滿日社納)(用い貯)

301

電報譯文

發信者名	受信者名	發著時間
		大正　年　月　日午　時　分發 大正　年　月　日午　時　分著

下ルコトハ体面上忍ビザル所ナルハ何物ヲモ犠牲トシ場合ニヨリテハ渡路軍ヲモ引キ揚ゲ決戦セント言ヒ居リ稍ゝ捨鉢ノ状態ニアリ

（打切リハスミ）

（電報譯文用紙）

南滿洲鐵道株式會社

（大正十二年八月滿日社納）　（用ゝ貯）

304

628

1180

秘

南满洲铁道株式會社

奉地地第405號1/5

大正十四年十二月九日

奉天地方事務所長

梅野理事殿

支那時局ニ關スル件

本日附御下命ニ依リ時局事務所開設以前ニ於テ當所ニ於テ取扱ヒタル事項大要左記御報告申上ケマス

左記

十二月五日

時局急迫シ來リタル爲城内公所員家族ヲ避難セシムル要アルニ付公所長ヨリ避難場所ニ付協議アリ不取敢事務所三階會議室ニ之ヲ收容スルコトトシ六日早朝ヨリ外部ヨリ疊ヲ持込ミ之カ設備ヲ致シタルモ未タ公所員ヲ收容スルニ至ラス

M.U.

井 14.12.9 上

(14. 4. 500,000 滿日社納)

522

629

南滿洲鐵道株式會社

十二月六日

一、在鐵嶺旅團司令部及歩兵聯隊當地ニ移駐ニ付新築社員倶樂部ヲ之ニ提供スルコトトシ内部ニ於ケル諸般ノ設備ヲ施シ引渡シタリ旅團司令部及聯隊ハ同日六時五十分着奉倶樂部ニ入ル炊事場、便所、馬繋場ハ倶樂部境内ニ軍隊ニ於テ之ヲ建設シタリ

二、第一小學校ハ商埠地ニ在ル爲時局以來兒童ノ登校危險ヲ感シタル爲警官之ヲ護衛シ登退校シツツアリシカ時局愈々急迫セル爲本日ヨリ一週間臨時休業ヲナスコトニ決シ尚萬一ノ場合ヲ慮リ　御眞影ハ之ヲ尋常高等小學校ニ奉遷セリ猶同校ハ萬一ノ場合ハ同地附近在留日本人ノ避難箇所ニ充當シタキ旨申出アリタルニ付之ヲ承認シタリ

(14. 4. 500,000 滿鐵社納)

523

630

南滿洲鐵道株式會社

三、鎌田公所長ヨリ貴重品一時預リヲ依頼サレタルニ付事務所三階各室ニ收容スルコトヲ承諾シタル處午後二時三十分頃ヨリ馬車又ハトラツクヲ以テ地方事務所ニ運搬シ來リタルニ付之ヲ三階、二階、階下ノ各室ニ收容シタリ而シテ本物品ハ事實ハ張作霖氏ノ物ナルカ如シ收容數左ノ如シ

(イ)貨幣七〇三箱

(ロ)家財約一五〇〇個(一部分ハ事務所倉庫ニ保管ス)

本件保管ノ經緯ニ付テハ當時庶務部長、地方部長ニ直チニ報告シ置ケリ

四、當所ニ右ノ如キ物品ヲ預リタル關係モアリ警察ニ對シ相當保護ヲ依頼シタルニ對シ警察署ヨリ警官~~十~~九名ヲ當所ニ派遣セラレタリ右警官詰所ハ最初公所員避難ノ爲ニ設備シタル三階會議室ヲ之ニ充當セリ

(14. 4. 500,000 滿日社納)

524

631

南滿洲鐵道株式會社

十二月七日

一、時局ニ關シ區長ヨリノ要求ニ依リ區長會議ヲ開催シ時局ニ對シ市民一般ノ採ルヘキ方法ニ關シ協議セリ

二、午後二時領事館ヨリ新民府在留日本人引揚ケニ付收容方依賴アリ不取敢舊滿鐵俱樂部ヲ之ニ充當スルコトトシ諸種ノ手配ヲナセリ而シテ避難者ハ午後七時奉天驛ニ着シタルモ皆知人ノ家ニ散宿スルコトトナリタル爲收容スルニ至ラス

三、憲兵隊長ヨリノ要求ニ依リ時局中會社ノ費用ヲ以テ自動車一臺ヲ提供スルコトトセリ

四、居留民會ヨリ居留民會區域內在住本邦人ノ避難場所トシテ尋常高等及第二小學校使用方申出アリタルニ付承諾ス

(14. 4. 500,000 滿日社納)

525

十二月八日

一、陸軍第三次出動部隊ニ對スル設營ノ申出アリ鐵西支那人合宿所ヲ之ニ充當スルコトトシ破損セル煖房ノ修理及電燈ノ架設ヲ夫々手配セリ

二、瓦斯タンク及水源地、水道タンク、發電所其他會社重要造營物ノ保護ニ關シ圖面ヲ添ヘテ衛戍司令官及警察署長ニ依頼セリ

十二月九日

一、第三次部隊ニ對シテハ支那人合宿所ノ他細菌檢査所ノ一部及馬繋場トシテ獸疫研究所ノ畜舍ヲ一棟ヲ提供スルコトトシ內部ノ掃除其他ニ付助成セリ

(14. 4. 500,000 滿日社納)

满铁奉天地方事务所关于向抵奉部队提供住所事致庶务部、文书课等的电报

（一九二五年十二月九日）

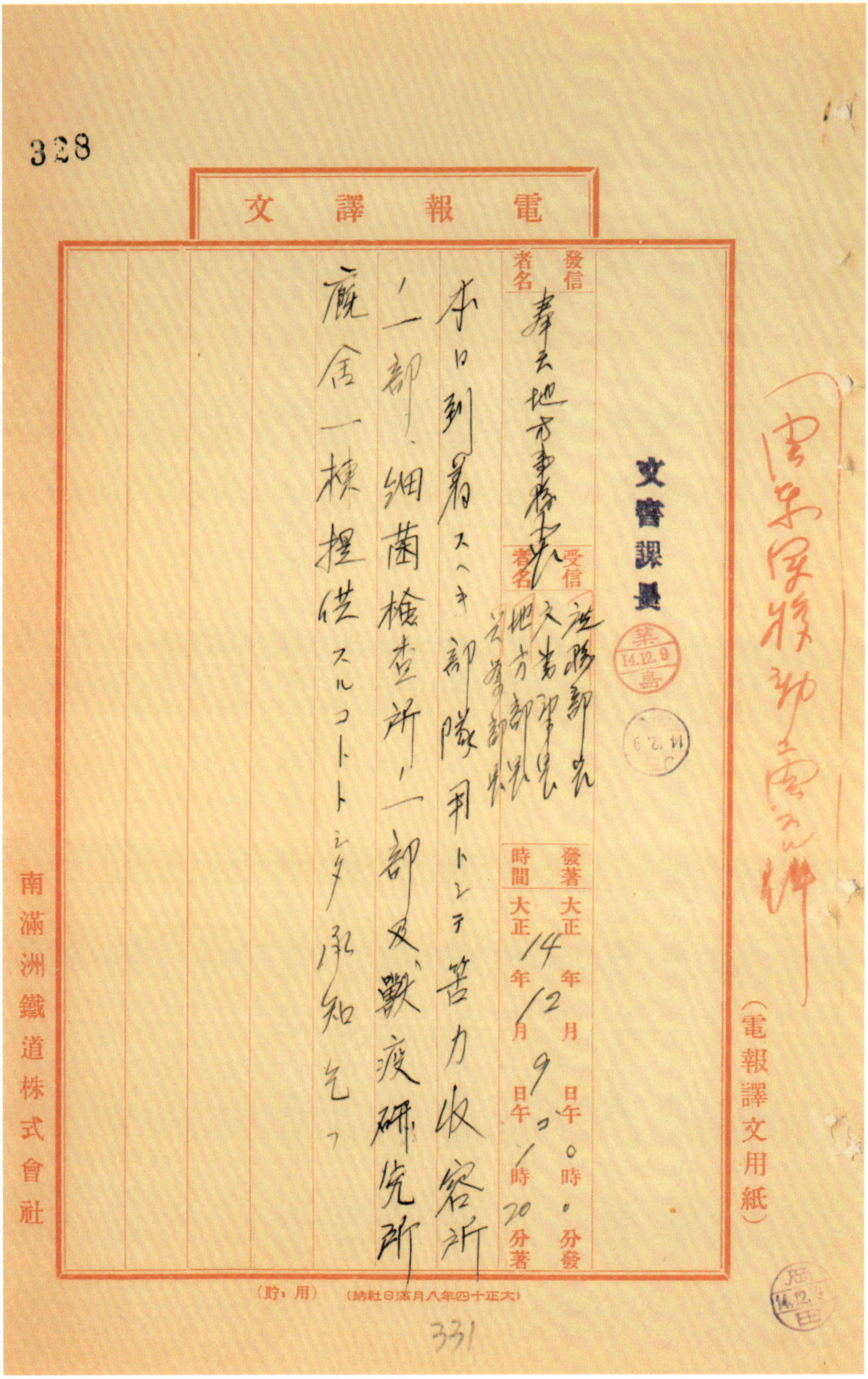
328

電報譯文

發信者名：奉天地方事務所長

受信者名：庶務部長、文書課長、地方部長、[illegible]

發著時間：大正14年12月9日午0時0分發；大正14年12月9日午1時20分著

本日到着スヘキ部隊用トシテ苦力収容所ノ一部、細菌検査所ノ一部及獣疫研究所廳舎一棟提供スルコトトシタ承知乞フ

文書課長

南滿洲鐵道株式會社

（電報譯文用紙）

（貯，用）（大正十四年八月滿日社納）

331

满铁长春地方事务所关于如郭松龄占领奉天及张作霖父子逃往吉林之对策致满铁庶务部、文书课等的电报
（一九二五年十二月九日）

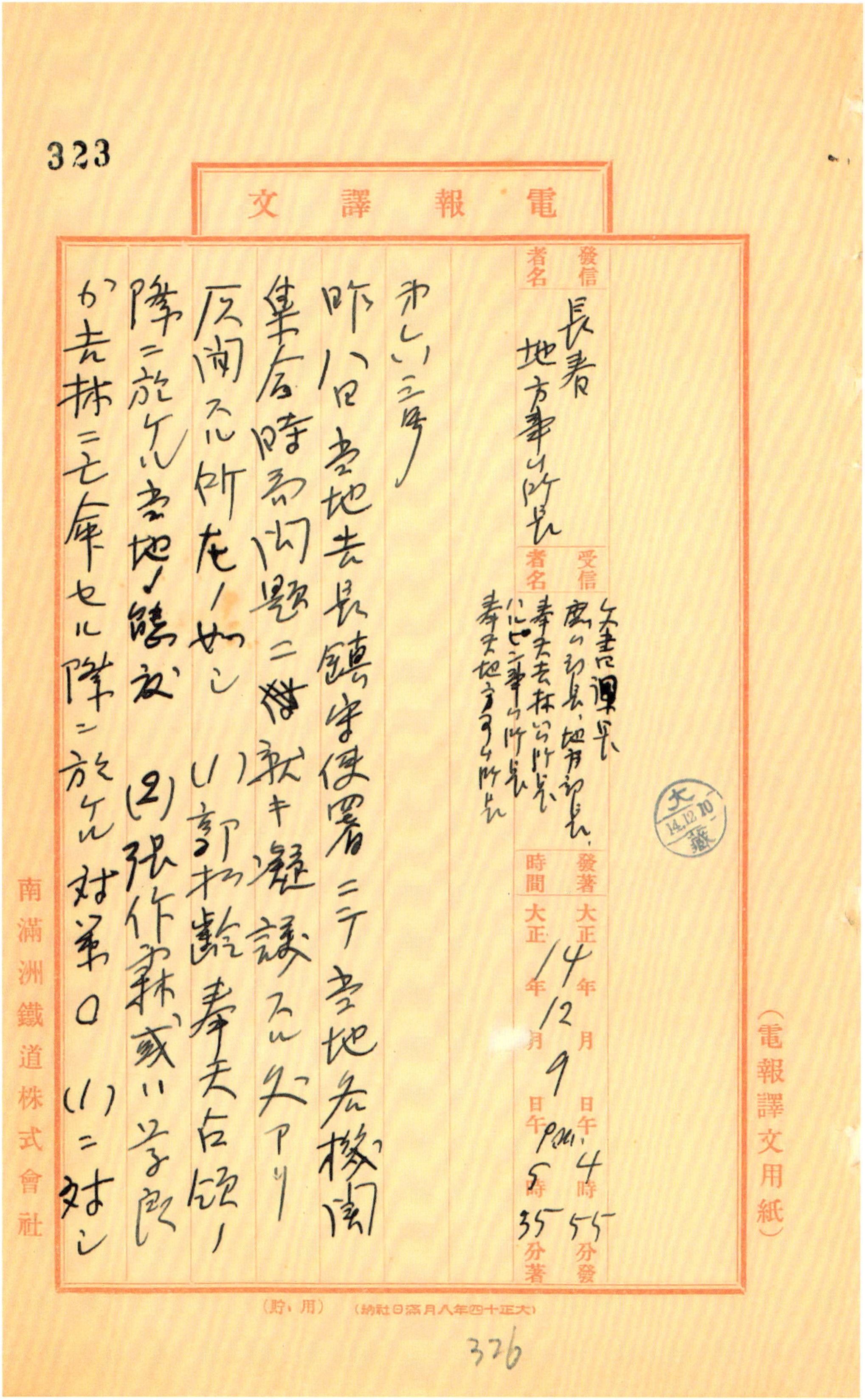

323

電報譯文

發信者名：長春地方事務所長

受信者名：文書課長、庶務部長、地方部長、ハルビン事務所長、奉天吉林公所長、奉天地方事務所長

發著時間：大正14年12月9日午後4時55分發；大正14年12月9日午後（P.M.）5時35分著

第一三号

昨八日当地吉長鎮守使署ニテ当地各機関集合時局問題ニ就キ凝議スル処アリ仄聞スル所左ノ如シ (1)郭松齢奉天占領ノ際ニ於ケル当地ノ態度 (2)張作霖或ハ学良カ吉林ニ亡命セル際ニ於ケル対策 (1)ニ対シ

南滿洲鐵道株式會社

（電報譯文用紙）

（貯、用）（大正十四年八月滿日社納）

大 14.12.10 藏

326

324

電報譯文

發信者名

受信者名

發著時間 大正　年　月　日午　時　分發

時間 大正　年　月　日午　時　分著

テハ大勢ニ順應スベク(2)ニ對シテハ彼等ヲ擁シテ吉林省ノ独立ヲ圖ルベシトノ說勝ヲ制セリト、尚本日午前十一時奉天ヨリ吉林兵千四百名、長春(借)吉林ヘ行ク筈、同時ニ彈藥十車、軍需品二十車、馬三十車輸送シ來レリ、吉林省独立準備ト取沙汰セラレ居レリ、

(電報譯文用紙)

南滿洲鐵道株式會社

(大正十四年八月滿日社納)　(用、貯)

327

满铁奉天火车站关于东北时局情况的调查报告（一九二五年十二月十日至二十日）

118

時局狀態調查　大正十四年十二月十日　奉天驛長

時局狀態調查	
京奉線列車運轉狀態	當驛ニハ十八列車モ着發セシモ皇姑屯驛ニハ[illegible]信[illegible]ヲ受ケ新民用ナルヲ以テ編成セシモ[illegible]停車シ三十一日ニテ[illegible]有スル由
中國軍輸送狀態	／
日本軍輸送狀態	一、旅順ヨリ[illegible]兵員[illegible]名馬[illegible]砲彈藥等ヲ[illegible]列車ニテ[illegible] 一、奉天ヨリ[illegible]新[illegible]ノ[illegible]ヲ[illegible] 一、[illegible]沿線警戒ノ為メ[illegible]列車ニテ[illegible]
避難民ノ狀態	一、平穩ナリ、但シ世[illegible]附近ノ鮮人農民約150名避難シ來リ大部分ハ本日列車ニテ安東ニ向フ
客車增結狀態	一、旅順ヨリ軍輸送ノ為メ[illegible]ニ[illegible] 一、[illegible]客ノ多キ為メ第20列車ニ客車一輛[illegible] 一、右ノ外第五列車安東行ハ三等一輛增結ス
大官人事往來	情報ニヨレバ大凌河橋梁ハ破壞セラレ居ル[illegible] 郭軍ハ[illegible]進軍セリ[illegible] [illegible]ハ[illegible]ト[illegible]前衛ハ新民屯[illegible] [illegible]二十[illegible]ニ[illegible]軍ヲ[illegible]アル由
一、其他	溝幫子附近ハ郭軍續々進軍シツツアル由 河北驛附近ニ奉軍敗兵相當アル由 溝幫子驛ニアル郭軍ハ河北驛ニ軍事輸送命令アルモ全部ノ橋梁[illegible] [illegible]直通輸送出來[illegible]

中 14.12.10

120

時局状態調査

大正十四年十二月十日
奉天駅長

京奉線列車運轉状態	京奉線列車ハ旅客列車一回モ運轉セズ京奉線奉天站長ノ劉氏ノ談ニヨレバ同線ニテハ新當局若カラ少キ時ハ一車貳ヘ三車ヨリ多キ時ハ四、五車聯結ノ一ヶ列車ヲ編成シ適時輸送ニツツアル由目下同線開通区間ハ新民屯迄ナレバ輸送先モ從ツテ同区間ナルヲ推知シ得現在皇姑屯駅ニ於テモ若カラ使用整頓ヲ為シツツアレバ前記若カモ貳ヘ日ニ至ルノ労役ニ服セシムルモノニアラザルカ
中国軍輸送状態	一、22列車ニ四平街ヨリ新當局兵46名来奉ト
日本軍輸送状態	一、師団及旅団司令部ハ奉天ヘ移駐ス。師団長、旅団長以下幕僚将校約二十五名来奉 一、遼陽駐在工兵第二十大隊将校ノ兵15名17列ニテ来奉 一、同部隊使用軍需品約四〇名梱39列ニテ到着 工兵七名附添三大隊ニ編入
避難民ノ状態	一、鉄嶺四〇聯隊出奉天四〇聯隊入弾薬14個兵器ハ中一車使用四〇列車ニテ着奉ト 避難民ト認ムベキ人ナシ京奉平日ト大差ナシ
客車増結状態	一、増結並ニ回転車ノ延長報ノ要ヲ認メザリシ。
大官人事往来	一、黒龍江政務庁長程廷恒氏黒竜江第十八師長呉泰来氏十六列車来、十五列車帰長 一、当地憲兵司令守田福松氏十三列車大連ヘ 一、王省長夫人令息十四列車金州ヘ
其他	一、吉長甲種勤車六二七列車新台子附近運転中車軸折レ以後ハ運転休止

113

時局狀態調査　大正十四年12月　日　奉天驛長

京奉線列車運轉狀態	平常ノ如ク運轉
中國軍輸送狀態	一、武裝ヲ解除セラレタル郭軍將校以下1560名ハ便衣ニ着換ヘ一日一二列車ニテ引分ケテ[illegible]ヘ輸送 一、右ノ内奉天ニ24日着列車ニテ將校10名外兵卒[illegible]名ヲ[illegible]ヘ輸送
日本軍輸送狀態	一、本日[illegible]部隊ハ[illegible]ヨリ[illegible]ニ向ケ輸送セラレタリ 一、[illegible]ヨリ[illegible]部隊[illegible]
避難民ノ狀態	一、本日ハ錦州ヨリ避難民ト認ムベキ約800人[illegible]大連及遼陽・鞍山・鐵嶺ニ下車
客車增結狀態	一、本日20列車ニ天津行ノ八三一、大連行五両ヲ增結ス
大官人事往來	一、楊宇霆ハ家族ト共ニ十四日午後ニテ大連ヘ 一、汲金純ハ[illegible]（[illegible]） 一、張作相[illegible]（[illegible]）[illegible]
其他	一、新民屯附近ニ於テ[illegible] [illegible] [illegible]皇姑屯及陸橋附近[illegible]使用

14

117

133

時局状態調査

大正十四年12月11日

奉天驛長

京奉線列車運轉状態	一、午前十一時瀋陽駅ニ約十輌ヨリ成ル軍用列車ノ内無蓋車七輌ニハ武器携帯ノ老若不定ノ支那兵ヲ搭載シ居ルヲ目撃ス
中国軍輸送状態	一、午前十時兵工廠引込線ニ兵器若干ヲ工廠側線ニ転ジ瀋陽駅ヨリ送リ来ル苦力約五拾人下車シ徒歩ニテ北大営ニ入レリ
日本軍輸送状態	一、第39列車ニ旅順発奉天着陸軍被服一車到着
避難民ノ状態	朝鮮人避難民約五十名ニ列車ヲ宜川及其ノ附近ニ帰リ居リ三家附近ニ住居シテ穴居ヲシツヽアルモ自己ノ危険ヲ感ジ避難シ来リタルモノナリト
客車増結状態	
大官人事往来	一、蒲益三氏十四列車連入
其他	

20

126

21

時局状態調査

大正十四年12月12日　奉天驛長

京奉線列車運轉状態	京奉車輛線ハ[illegible]ノ通リ運行シアリタリ 十二日マテ[illegible]ノ通リ[illegible] 第一列車　瀋陽発午前九時　新民着午前十時五十分 新民発午前[illegible]　瀋陽着午後[illegible] 第二列車　瀋陽発午後二時[illegible] 新民発午後[illegible]　瀋陽着午後五時三十五分
中國軍輸送状態	一、張作相[illegible]一行五千名武裝ノ儘[illegible] 一、[illegible]小銃16挺[illegible]銃2[illegible]彈丸[illegible] 一、[illegible]
日本軍輸送状態	一、[illegible] 一、營口[illegible]守備兵20名[illegible] 數十名營口ニ向ケ[illegible]14日[illegible]
避難民状態	一、昨日來鮮人避難民増加シ來リ本日モ更ニ約120名[illegible]行先ハ[illegible] 新義州及新義州附近
客車増結状態	一、張作相[illegible]14日[illegible] 一、[illegible] 一、[illegible]
大官人事往來	一、奉天兵工廠[illegible]14日[illegible] 一、張作相[illegible]14日來奉 [illegible]約100名[illegible]
其他	[illegible] 今夜郭軍[illegible]

235

時局狀態調査

大正十四年12月13日
奉天驛長

京奉線列車運轉狀態	中國軍輸送狀態	日本軍輸送狀態	避難民ノ狀態	客車増結狀態	大官人事往來	其他
一 運行セズ		5		一、四平街方面ヘ行キノ車輛18列ニ増結セリ（督軍專用）	一 吳督軍18列車ニテ一行30名	一 王省長ノ荷物ヲ大連ヘ運ブ 即チ尚德氏宅ニ送ル 同氏ハ息子ノ妻ノ実家

211

441

時局狀態調査

大正十四年12月18日 奉天驛長

京奉線列車運轉狀態	／
中國軍輸送狀態	第32ヨリ二テ吉林軍補充旅將卒1150名馬50頭（兵員ハ各自武裝）軍需品二万斤奉皇姑屯ヘ 第46ヨリニテ合旅將卒1200名馬15頭（兵員ハ各自武裝）軍需品二万五千斤奉軍皇姑屯ヘ 第四ヨリ奉軍黒龍江軍1200名（各自武裝）為軍18来
日本軍輸送狀態	奉軍皇姑屯ヘ入リ 第1ヨリニテ安東、九ノ城ヨリ新募兵420名奉軍城内ヘ 第33ヨリニテ軍隊大和房店ヨリ1500名 第37ヨリニテ奉軍城内ヘ 第37ヨリニテ206名
避難民ノ狀態	日本軍輸送狀態ナシ 本邦警要ヲ認メス
客車增結狀態	／
大官人事往來	一、南次六將沙レ去連ヘ 一、地山保ヨリ沙レ去連ヘ 一、高柳中將12日来奉
其他	本月十五日三千余ノ前鋒巨流河附近ニテ激戦アリ後退セシトノ情報アリ 宣言ニ依リ本邦警要ナシ [illegible]

129

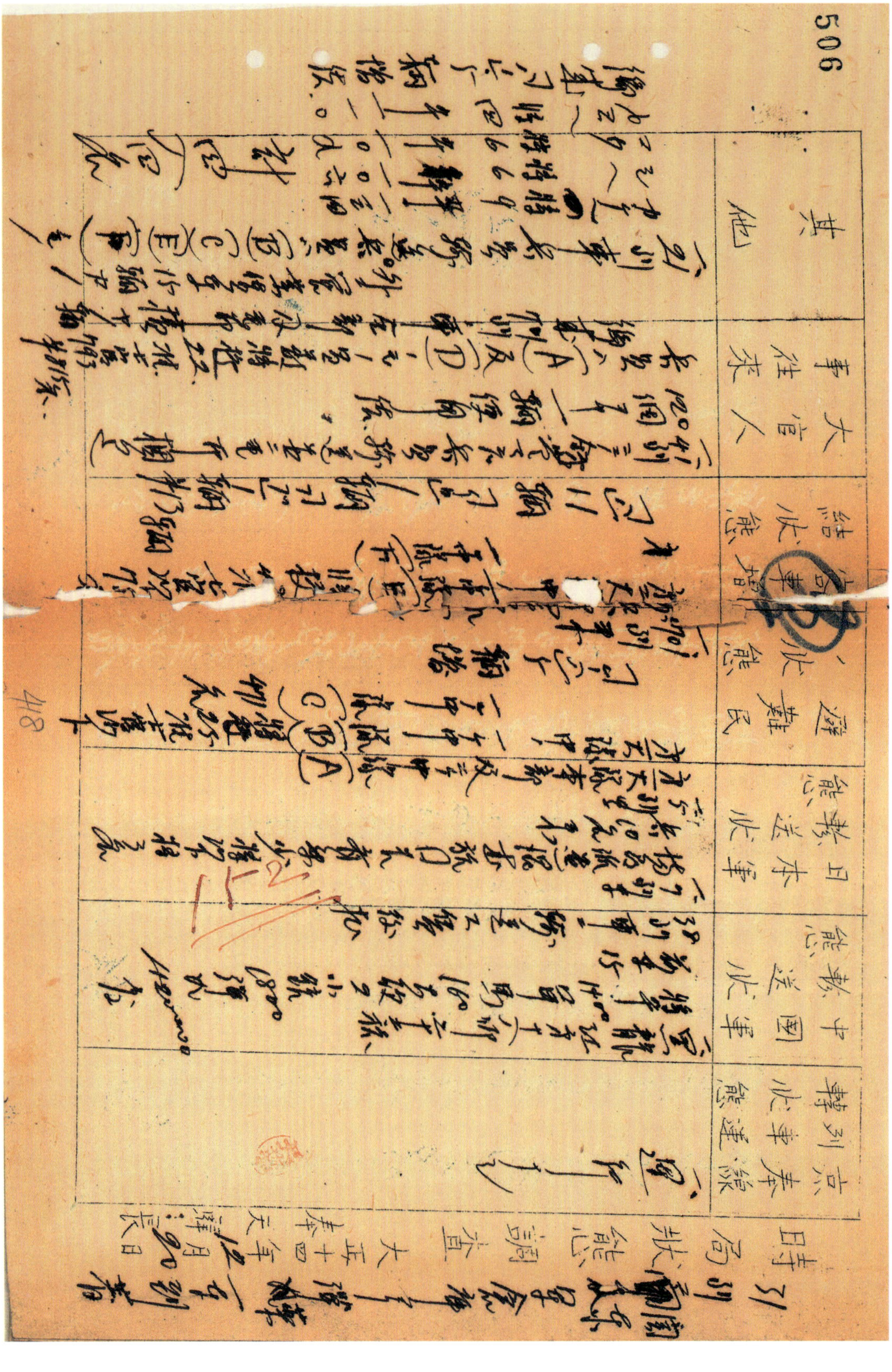

京奉線列車運轉狀態	中國軍隊狀態	日本軍隊狀態	避難民狀態	結局ノ狀態	大官人ノ往來	其他

日本驻奉天总领事吉田茂关于满铁运送中国士兵事致关东长官儿玉秀雄的函（一九二五年十二月十一日）

65

南滿洲鐵道株式會社

甲號

大正十四年十二月十一日　奉天領事發

關東長官宛

第四〇號

支那兵滿鐵鐵道輸送ニ付テハ總テノ取扱一定シ居ルモ滿鐵沿線ノ權力者タル張作霖ノ地位移動ノ今日其ノ取扱上多少ノ疑義生スヘキニ付テハ一應考慮シ置ク必要ヲ認メ當地衞戍司令官、梅野理事等ヘ協議ノ末形勢ノ變化ニ從ヒテ機宜改ムヘキモ差當リノ所左ノ通取極メタルニ付御含ミヲ乞フ

東三省ノ實權者トシテ張作霖ノ權力地位持續ノ期間其ノ所屬部隊ハ正當政府ノ正規兵ト認メ武裝ノ儘輸送ス但シ統率者ヲ有セ

14. 1.　（共和號納）

70

66

南滿洲鐵道株式會社

サルカ之ヲ有スルモ規律ナシト認メラルル部隊ハ武装解除セサレハ之ヲ輸送セス郭松齢ノ權力樹立セラレタルト認メラレタル以後ハ張作霖所屬部隊ニ對シ與ヘタルト同様ノ取扱ヲ爲ス而シテ郭松齢所屬ノ部隊ヲ正當政府ノ正規兵トシテ武装ノ儘輸送シ張作霖所屬部隊ハ武装解除スルニ非サレハ輸送セス

安東、長春、鄭家屯、牛莊、鐵嶺、遼陽ヘ轉電セリ

14. 1. (共和號納)

71

56

217

南满洲鐵道株式會社

（譯文）

十二月十二日　郭松齡拜

吉田總領事殿

謹啓只今森田院長來錦シ和平ヲ酷愛サルル貴官ノ御高見ヲ述達サレ拜承シマシタ右ハ小生ノ素志ト期セスシテ合致シタモノテアリマス左ニ鄙見ヲ申上ケマス

㈠張上將軍及張漢卿軍長ノ生命ハ小生ハ私交及道德上ノ關係ヲ以テ絕体的ニ保全シマス東三省ノ他方面モ亦此心理ニ同樣ノ筈テアリマス

㈡張上將軍ノ財產ノ處分ハ省議會各法團及本軍重要軍官會議ニ

(14. 9. 770,000 滿日社納)

61

57

南滿洲鐵道株式會社

於テ決定スヘキモノテ會議テ若シ東三省人民ニ遺愛スル功勞カ有ルコトヲ認メレハ其保全ヲ認メマスカ若シ民ノ膏血ヲ絞リ違法ノ收得テアルコトヲ認ムレハ沒收スルコトニナリマス

小生ハ民治ヲ實行スルニ方リテハ專斷ヲ敢テシナイ積リテアリマス但シ張上將軍及張軍長ハ財產ヲ沒收サレタ爲ニ經濟上ノ壓迫ヲ受クル時ハ小生ハ必ス個人ノ能力ヲ竭シ其生活ヲ維持スル事ニシマス

(三)以上ノ二條件ハ張軍カ巨流河一帶ニテ作戰抵抗ヲ爲ササル時ニ於テ始メテ有效ナノテアリマス

(四)聞ク所ニ依レハ張上將軍ハ兵工廠及市街房屋ヲ燒キ拂フトノ說カ有リマスカ右樣ノ人民ノ怨ヲ受クル事ヲ爲ササル樣若シ人民ノ結怨カ非常ニ深ケレハ自ラ自分ノ壽命ヲ縮ムル事ニナ

(14, 9, 770,000 滿日社納)

62

南滿洲鐵道株式會社

リマスカラ金錢ノ富有ヲ恃ンテハナリマセヌ。失敗後租界ニ入リ或ハ外國ニ赴キ保護ヲ賴ミ享樂シタル湯化龍之亞米利加ニ於ケル被害、譚浩明ノ上海ニ於ケル刺客ニ遇ヒタル等殷鑑ト爲スヘキモノテアリマス特ニ肺腑ヲ盡シ忠言スル次第洞喝之語トシテ視サル樣貴官ヨリ御傳言ヲ煩シ申シタイト存シマス

貴總領事ノ御斡旋ノ御厚意ハ小生深ク感謝スルモノテアリマス特ニ茲ニ御挨拶申上ケマス

(14, 9, 770,000 滿日社納)

日本关东厅长官儿玉秀雄关于用满铁列车运送中国军队事致奉天总领事吉田茂的电报（一九二五年十二月十二日）

重要
電報

42

大正十四年十二月十二日午后十時二十分着電

兒玉關東長官發

奉天　吉田總領事宛

左ノ通軍司令官トモ打合セタルニ付御心得置相成度シ

一、支那軍隊等ノ滿鐵列車輸送ニ關シテハ差當リ十月三十日長春事務官宛拙電第五六號ノ通

「兒玉長官發長春事務官宛電報第五六號

客年奉直戰爭ノ際ニ於ケル前例モアリ昨今時局柄差當リ支那軍隊及軍需品等ノ滿鐵輸送ハ貴官限リ臨機ノ措置チ取ラレ差支ナシ但シ其移動チ知悉スルノ必要アルニ付支那軍隊ノ輸送ハ四月十日附拙信輸送承認手續ニ依リ承認相成タル時ハ速ニ詳細當方ヘ電報シ追認チ求メラルル樣致度シ」

在奉天日本總領事館

47

43

貴官限リ臨機處置セラレ差支無キモ今後承認セラレタルモノハ其
都度必ス報告アレ

二、貴官取極ノ第一項ニ關シ（例ヘハ安奉線ニ依リ又ハ長春ニ向ケ
）敗退兵ノ汽車輸送ノ場合ニハ假ヘ統率者ノ許シ多少規律アリト
スルモ其ノ武裝ヲ解除セシメ各武器ハ一纏メトシテ輸送シ行先地
ニ於ケル責任アル官憲ニ之ヲ引渡スコト然ルヘシ

又張作霖カ其ノ權力ヲ持續スル間ニ於テ萬一郭松齡軍ヨリ大石橋
及營口間ノ軍隊汽車輸送方ヲ求メムトスル場合ニハ頗ル機微ノ問
題ナルヲ以テ其旨豫メ當方ヘ請訓セラレ度シ（客年十二月二日貴
電第九六號外務大臣發北京公使宛第六〇二號轉電參照）

三、貴方取極第二項ニ關シ西軍カ勝利ヲ得タル場合ニ其如何ナル時機
ニ於テ其ノ權力ヲ樹立セルモノト認ムヘキカハ頗ル考慮ヲ要スル

在奉天日本總領事館

48

44

次第ニシテ郭松齢軍ヲ正當ナル政府ノ正規兵トシテ之ヲ認ムル迄ハ暫ク兩軍トモ一律ニ之カ汽車輸送ヲ差止ムルヲ必要トスル場合モ生スヘク右ハ外務大臣ヘ請訓セラルヘシ

四、將來事態稍重大ナリト認メラレタル場合ハ更ニ請訓セラルル樣致度シ

在奉天日本總領事館

49

日本驻奉天总领事吉田茂关于拒绝用火车运送郭松龄部队事致关东长官儿玉秀雄的电报（一九二五年十二月十三日）

21

45

大正十四年十二月十三日午后　時　分發電

在奉天　吉田總領事發電

兒玉關東長官宛

貴電第二項ニ關シ郭軍カ營口ヨリ汽車輸送ヲ求メタル場合ト雖モ張作霖ノ奉天根據覆サレ若クハ覆サレントスル至ラサル間ハ沿線治安秩序ヲ亂ス虞アリトシテ斷然之ヲ拒絶スルコトト致シタシ

郭軍ヲ正當政府ノ正規軍隊ト認ムヘキ時期ハ張作霖下野シ奉天省城ノ陥落ヲ見ルカ若クハ之ニ近キ時期ニ立至リタル時トスルヲ相當ト思考ス

在奉天日本總領事館

50

附：外务大臣关于拒绝满铁运送中国部队事致北京公使的电报（一九二四年十月一日）

46

（参考）

外務大臣發北京公使宛第六〇二號（大正十三年十月一日）

先般滿鐵ニ於テ奉軍輸送ハ前例モアルコトニテ滿鐵會社ノ普通一般ノ業務トシテ之ヲ取計ヒタルニ過キス又奉天支那官憲カ其ノ管内ニ於ケル一地點ヨリ他ノ地點ヘノ軍隊輸送ヲ同會社ニ求メタルニ際シ我方トシテハ滿鐵沿線地方ノ治安ニ妨ケ無キ限リ濫リニ故障ヲ挾ムヘキ謂モ無ク且又右輸送ニ對スル本件ハ一方ニ對スル軍事的便宜ヲ供與セントスルカ如キ主旨ニ出テタルモノニ非サルハ申ス迄モ無キ次第ナルカ今後滿鐵沿線地方ノ治安維持上必要ト認メラルル場合ニハ同會社ヲシテ一律ニ其輸送ヲ拒絶セシムル様命令スルコトアルヘシ從テ直隷軍ノ輸送ハ將來時局ノ推移ニ應シテ適宜處置スルノ外無カルヘク今ヨリ豫メ之カ拒否ヲ決スルコト不可能事タリ就テハ貴官ハ先方ヨリ本問題ニ關シ交渉アリ

在奉天日本總領事館

47

タル場合ハ以上ノ趣旨ヲ諭シ可然應酬セラルル樣致度シ

在奉天日本總領事館

52

满铁哈尔滨事务所关于中东铁路停止运送中国军队事致满铁社长安广伴一郎的函（一九二五年十二月十五日）

194

14

南滿洲鐵道株式會社

哈調情第八三二號

大正十四年十二月十五日　哈爾賓事務所長

社長殿

東鐵支那軍隊輸送停止

既報奉天政變勃發ニ際シ東支鐵道イワノフ管理局長ニヨリテ發セラレタ同鐵道上支那軍事輸送現金制ノ命令ハ北京カラハン氏ノ命ヲ受ケタルモノニテ其ノ第一目的ハ東支鐵道沿線ニ散在スル奉天側軍隊ノ南下ヲ阻止セムトセルモノテアル又第二目的ハ輸送停止ニヨリテ支那軍隊ヲ激昂セシメ以テ支那側ヨリ奉露協定ノ破棄ノ武力ヲ以テスル軍隊輸送、露國側驛長

（共和鐵納）

198

195

南滿洲鐵道株式會社

ノ職權侵害、鐵道運行ノ妨害及各驛ニ於ケル支那兵ノ暴行等ヲ誘導セシメ之ヲ口實ニ警備ヲ名トシテ蘇聯軍隊ヲ移入セムトスルニ在ツタ。然ルニ此ノ企劃ハ盡ク豫期ニ反シ支那側カ何等右ノ如キ行動ニ出テナイ爲偏ホイワノフ局長ハ「ドルコム」職業同盟會ニ命シ支那兵ト從事員トノ衝突事件ヲ月報トシテ報告セシムルコトトシタ。

寫發送先　支社長　奉、吉、齊各公長　奉天特事

社外　總領事　陸軍

199

日本驻奉天总领事吉田茂关于转发陆军大臣给关东军司令官电报事致奉天铁道事务所理事梅野实的函（一九二五年十二月十五日）

極秘

46

M.W.

103

大正十四年十二月十五日

吉田總領事

奉天鐵道事務所

梅野理事殿

拜啓陳者昨十四日陸軍大臣ヨリ關東軍司令官宛ノ電訓別紙寫御參考迄及送付候處右ハ絶對極秘トシテ貴殿限リ御取扱ノ上他ニ漏レサル樣特ニ御注意相成度爲念此段申添候也

在奉天日本總領事館

106

附：外务大臣币原关于禁止张郭两军在满铁附属地的一切军事行动事致奉天总领事吉田茂的电报（一九二五年十二月十四日）

104

極秘

大正十四年十二月十五日午前着電

〃　十四日午后十時三十分發

幣原外務大臣

吉田總領事宛

曩ニ軍司令官ヨリ張郭兩軍ニ對スル警告ニ關シ同司令官ハ郭軍側ノ質問ニ對シ第二ノ警告ヲ發スル爲メ滿鐵附屬地ノ兩側三十キロ以內ニ於テ一切ノ軍事行動ヲ禁止スル主旨ノ案ヲ具シ上申アリタル次第ナルカ當方ニテ協議ヲ遂ケタル結果陸軍大臣ヨリ今十四日夜軍司令官ニ電訓ヲ發シ鐵道附屬地兩側及終端ヨリ着彈距離（二十支里）以內ニ於テ直接戰鬪行爲ハ之ヲ禁止シ且鐵道附屬地ノ治安ヲ紊亂スル虞アル一切ノ軍事行動ヲモ之ヲ禁止スル旨兩軍ニ對シ通知スヘキ樣命令セラレタルト同時ニ軍參謀長ニ對シテモ陸軍次官ヨリ右通知ノ基礎觀念ニ關シ左ノ如ク內訓アリタリ

在奉天日本總領事館

107

105

（一）軍事行動トハ退却又ハ追撃等ヲ指シ直接戰闘行爲トハ武器砲彈ニ依ル爭闘ヲ意味ス

（二）又禁止區域ノ問題ニ關スル法理上ノ議論ハ外交上ノ正當ノ道ヲ通シテ例ヘハ支那公使ヨリ照會ニ接シタル場合外務次官ニ於テ之ニ對シ説明ヲ與フヘキモノニシテ直接戰闘部隊トノ間ニ於ケル問答ハ之ヲ避クル事トノ意味ナル次第ナリ

（三）軍司令官ヨリ指定許可セル通過地域外ニ於テ前項（一）ノ禁止ニ背反シ若クハ本項ノ指定ニ背反セルトキ必要ト認ムル場合ハ武裝ヲ解除セシムルコトアルヘシ

（四）戰闘禁止區域トハ軍ノ警備區域ヲ擴張スル意味ニアラス從テ鐵道附屬地外在住ノ帝國臣民保護ノ問題ハ前記守備ノ範圍外ニ屬ス

軍用品ノ徵發又ハ鐵道附屬地内外ニ於ケル軍用品ノ賣買ハ之レヲ

在奉天日本總領事館

108

106

禁止セス又武力ニ依ラサル限リ人員ノ徴用モ亦之ヲ禁止セス但シ本邦人ノ募兵ハ別問題ナリ

右ノ結果自然禁止區域内ト雖前記ノ各項ニ抵觸セサル限リ兩軍ノ部隊ノ存在通過ハ之ヲ默許スルノ趣旨ナリ

就テハ營口領事代理宛電報ノ通郭松齡軍ニ對スル營口入市禁止モ之ヲ解除スルコトトナレルニ付右御含ノ上軍ト協力シテ可然處置相成度シ

在奉天日本總領事館

109

日本关东军司令官白川义则致张作霖、郭松龄的第二次警告书（一九二五年十二月十五日）

82

35

白川軍司令官ノ第二警告文

本司令官ハ帝國政府ノ方針ヲ體シ茲ニ重ネテ兩軍司令官ニ對シ警告スルノ光榮ヲ有ス

日本軍ハ南滿鐵道附屬地兩側及該鐵道終末點ヨリ約二十支里（約十二吉米）以内ニ於テ兩軍ノ直接戰鬪動作ハ勿論我附屬地ノ治安ヲ亂スノ惧レアル軍事行動ハ之ヲ禁止ス

爾後本警告ニ對スル交渉アラハ貴國政府ヲ經テ正式ニ帝國政府ニ交渉セラルヘシ

大正十四年十二月十五日

86

83

關東軍司令官白川義則

鎮威上將軍張作霖閣下

陸軍中將郭松齡閣下

满铁社长室文书课关于满铁副社长来奉慰问军队警官事的电话记录（一九二五年十二月二十一日）

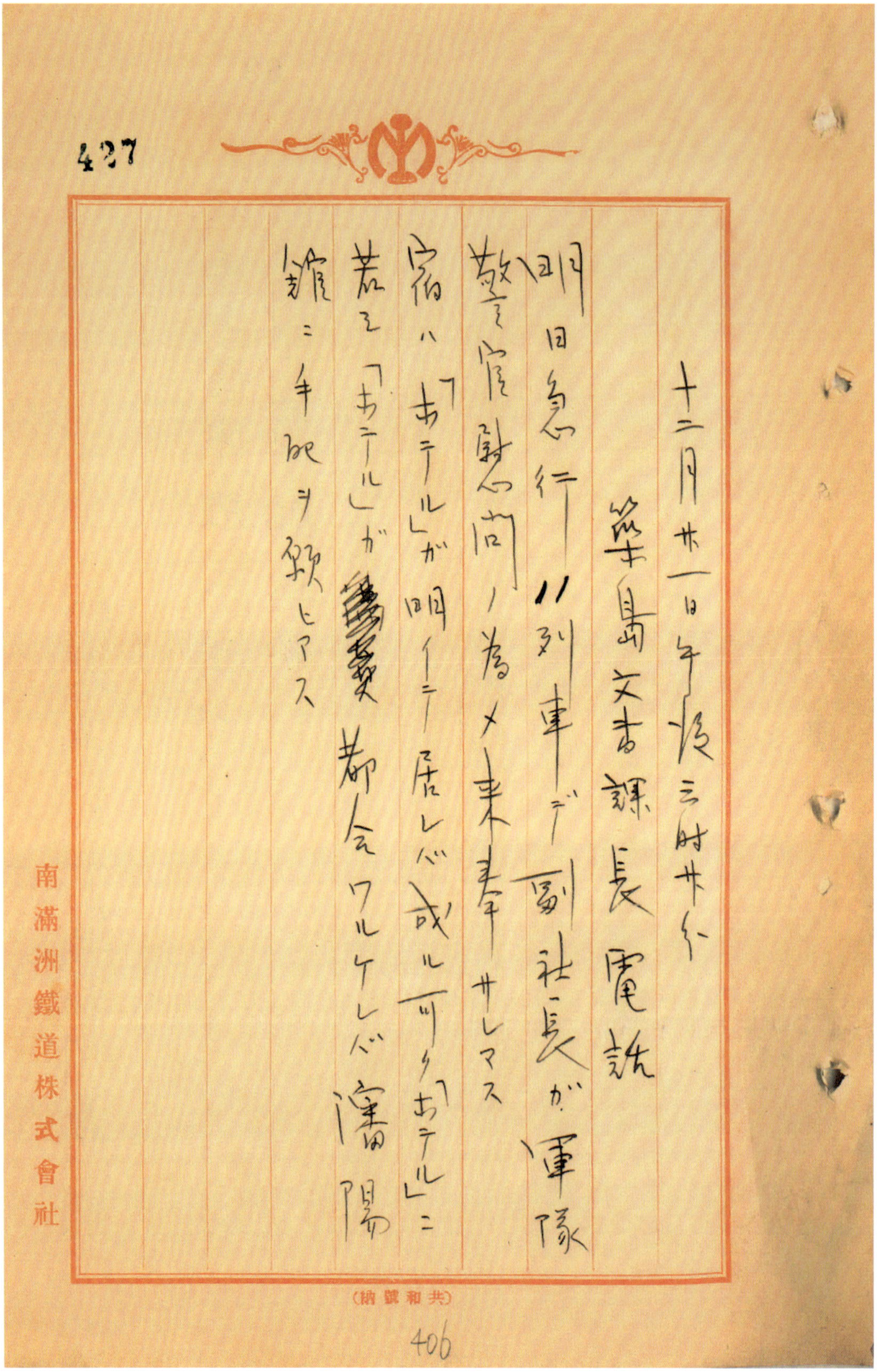
427

十二月廿一日午後三時廿分
築島文書課長電話
明日急行11列車デ副社長ガ軍隊
警官慰問ノ為メ来奉サレマス
宿ハ「ホテル」ガ明イテ居レバ成ル可ク「ホテル」ニ
若シ「ホテル」ガ都合ワルケレバ瀋陽
館ニ手配ヲ願ヒマス

南滿洲鐵道株式會社
（共和號納）
406

满铁哈尔滨事务所关于张焕相对时局之态度事致满铁社长安广伴一郎的函（一九二五年十二月二十八日）

332

南滿洲鐵道株式會社

哈調情第八七六號
大正十四年十二月二十八日

社長殿

哈爾賓事務所長

時局ニ於ケル張煥相ノ態度

張煥相ノ態度ニ關シテハ十二月二十四日哈調情第八五九號ヲ以テ報告セシ處ナルモ尚本件ニ關シ探査セル處左ノ如シ

郭松齡ノ進軍カ手間取リ張作霖カ最後ノ決戰ヲスル爲ニ遼河左岸ニ防禦ノ準備ヲシテ居ル際漸次奉天側カ優勢ニナッテテ來タコトヲ好意ヲ以テ張煥相ニ話シタ時ニ彼ハ愕然トシ

(共和號納)

318

333

南滿洲鐵道株式會社

テ色ヲ失ヒ眉宇ノ間ニ言フヘカラサル苦悶ノ樣子ノ現ハレタノカ如何ニモ奇怪テアツタカラ其ノ實情調査ノ歩ヲ進メテ見ルト色々ナ不思議ナ事カ出テ來タ例ヘハ十二月六日（奉天城內人心ノ動搖最モ甚シカリシ日）ノ晩ニ兩商會長ヲ呼ヒ出シテ話シタ言葉ノ中ニ張作霖ハ既ニ下野シ大連ニ亡命セリト言ヘルカ如キ兩商會長其他ノ紳商ニ其旨ヲ含メテ郭松齡歡迎ニ迄カシメタルカ如キ護路軍附少佐參謀孫某ヲ自己ノ代表トシテ郭ノ許ニ遣シタルカ如キ張作相宛ノ電報ニ探呈ト記シテ張作相ノ行衛不明ナルヲ表示シ一般支那人テ驚異セシメタルカ如キ英米領事カ彼ノ態度ニ付日本總領事ニ質問シタルカ如キ東鐵劉督辦カ彼ノ心情調査ニ關シ吉

（共和號納）

319

334

林省長ニ照會セシカ如キ勞農露國カ日本ノ出兵ニ對シ抗議セリト宣傳セルカ如キ疑ヲ容レル點カ澤山アルノテ張作霖ト張煥相乃至郭松齡ト張煥相ノ相互關係ニ就テ調ヘ得タル結果ハ下ノ通リテアル

一、張煥相ノ兄（實ハ從兄）張煥榮ハ往年革命ノ際張作霖ノ爲ニ捕ヘラレテ銃殺セラレ煥相ハ作霖ヲ仇敵視シ居ルコト

二、煥相ノ姊妹婿趙某ヲ通シ郭松齡ト姻戚關係アルコト

三、第二奉直戰後于仙洲其他二三ノ旅長カ師長ニ昇進セルニ拘ハラス彼自身ハ今日迄其恩典ニ浴セス且ツ護路軍總司令ニモ任命サレサル爲悶々ノ情禁スル能ハサルコト

320

南滿洲鐵道株式會社

四、楊宇霆ト張煥相トハ犬猿ノ間柄ナルコト
以上ノ諸原因ニ依リ張煥相カ内心郭松齡ト氣脈ヲ通シ内外人ヲシテ彼ノ態度ニ疑念ヲ抱カシムルニ至ツタコトハ掩フヘカラサル事實テアル、假ニ張煥相ノ態度ヲ最モ善意ニ解釋スルトシテモ支那人ニアリ勝ノ首鼠兩端主義テアツタコトハ確カテアル。更ニ惡意ニ解釋スルナラハ張作霖ノ滅亡ヲ喜ヒ郭松齡ヲ迎ヘテ自己ノ榮達ヲ圖ラントスル下心テアツタトモ言ヒ得ルテアラウ元來張煥相ハ上ニ諂ヒ下ニ驕ルノ風アル爲内外人何レヲ問ハス彼ヲ嫌忌スル者カ多イカラ時局平定ノ曉ハ辭職スル外ナカルヘキト思ハルルモ豹變ニ巧ナル彼ハ心機一轉シテ再ヒ張作霖ニ媚ヲ呈スルヤモ計ラ

336

レス。

寫發送先

支社長　奉公長　齊公長　奉天時事

社外

總領事　陸軍　內務事

满铁哈尔滨事务所关于对张作霖、郭松龄、吴俊升之观察事致满铁社长安广伴一郎的函（一九二五年十二月二十八日）

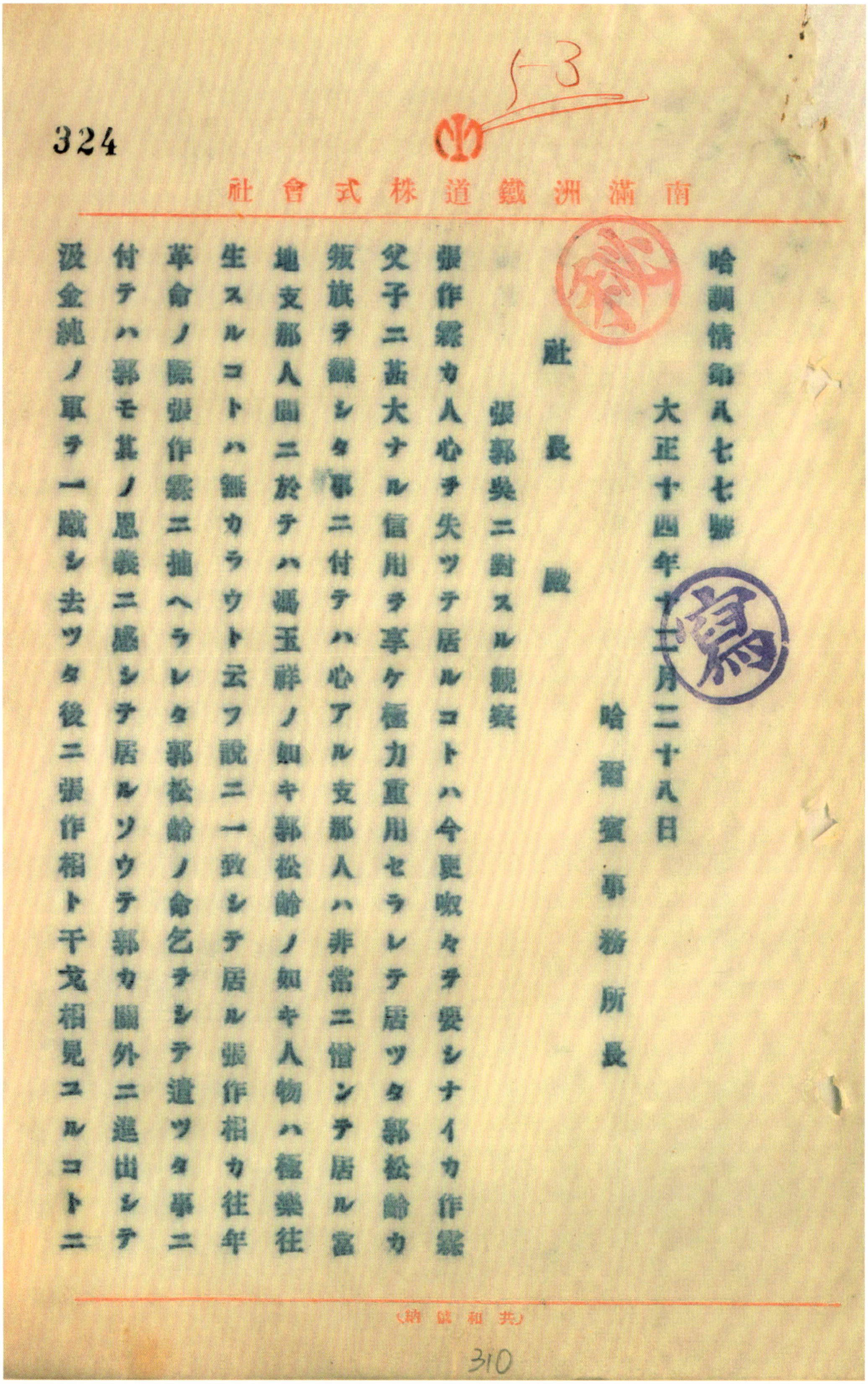

324

5-3

南滿洲鐵道株式會社

哈調情第八七七號

大正十四年十二月二十八日

哈爾濱事務所長

社長殿

張郭呉ニ對スル觀察

張作霖カ人心ヲ失ツテ居ルコトハ今更喋々ヲ要シナイカ作霖父子ニ甚大ナル信用ヲ寄ケ極力重用セラレテ居ツタ郭松齢カ叛旗ヲ飜シタ事ニ付テハ心アル支那人ハ非常ニ憎ンテ居ル當地支那人間ニ於テハ馮玉祥ノ如キ郭松齢ノ如キ人物ハ極樂往生スルコトハ無カラウト云フ説ニ一致シテ居ル張作相カ往年革命ノ際張作霖ニ捕ヘラレタ郭松齢ノ命乞ヲシテ遣ツタ事ニ付テハ郭モ其ノ恩義ニ感シテ居ルソウテ郭カ關外ニ進出シテ汲金純ノ軍ヲ一蹴シ去ツタ後ニ張作相ト干戈相見ユルコトニ

（共和儀納）

310

325

南滿洲鐵道株式會社

ナツタカ其ノ際郭ハ砲手ニ命シ斷シテ作相ノ軍ヲ撃ツヘカラスト言ヘルカ如キハ個中ノ消息ヲ窺フコトカ出來ルカラ萬一部松齡軍カ作霖軍ヲ破ツテ三省ノ政權ヲ握ルコトニナツテモ作相ハ依然トシテ吉林ニ督辦タルヲ得テアラウト云フ支那側有識者ノ觀察テアツタ但シ作相カ任ニ留ルカ否カハ別問題テアル。

吳俊陞ハ從來郭ト好クナカツタカラ現位置ニ留ルコトカ出來ナイ計リテナク恐ラクハ彼ノ私有財產迄モ沒收サレルテアラウト想像サレテ居タ吳カ今度ノ決戰ニ非常ナ働キヲシタト云フ情報カ誤リナイナラハ夫ハ恐ラク此種ノ意味モ含マレテ居ルノテハアルマイカ黑龍江省テハ獨リ吳ハカリテナク其他ノ要人中ニモ吳ト運命ヲ共ニシナケレハナラヌ人カ澤山居ルト云フコトテアル。

（寫發送先　支社長　奉公長　吉公長　齊公長
奉時事　總領事　陸軍　內務事

满铁奉天公所关于郭松龄倒戈事件的日志（一九二五年十一月二十三日至十二月八日）

665

201

南滿洲鐵道株式會社

奉公第三一六號

大正十四年十二月十四日

奉天公所長鎌田彌助

時局事務所

梅野理事殿

支那時局ニ關スル件

本月九日附貴信ヲ以テ御照會ニナリマシタ首題ノ件ニ關スル當所日誌（客月廿三日ヨリ本月八日ニ至ル）別紙御送付致シマス

14. 1. （共和號納）

559

南滿洲鐵道株式會社

十一月廿三日（月）

〃郭松齢ハ張學良ノ不在ヲ機會ニ灤州ニ於テ自己及張學良ノ率ル奉軍ノ精鋭第~~廿~~二、六旅ヲ中心ニ兵變ヲ起シタリ

〃右入電ハ當地官場ニ一大衝動ヲ與ヘ將軍府ハ異常ノ緊張ヲナセリ

廿四日（火）

〃本朝所長ハ直接電話ニテ郭軍兵變ノ件ヲ社長ニ報告セリ

〃郭松齢今回ノ兵變ハ表面楊宇霆等排斥ヲ口實トシタルニ付楊總參議ハ一時身ヲ引クコトトナリ所長同道折シモ來奉中ノ白川司令官ト同列車ニテ赴連セリ

〃一氣ニ奉天ヲ衝カントシタル郭軍ノ先頭部隊カ本朝十時半山海關ヲ通過奉天ニ向ハントシタル際山海關駐劄張作相軍ノ爲

667

南満洲鐵道株式會社

ニ萬家屯附近ニテ阻止セラレ省城ハ一時戰禍ヲ免レタリ

十一月廿五日（水）

〃郭軍ノ計畫通リ奉天省城カ彼ノ手ニ歸シ張上將軍ハ抑留セラレ楊總參議ハ逃走城内混亂ノ噂流布セラレタル爲各所ヨリ右ニ關スル照會電殺到夫々返電ヲ發シ置ケリ

〃城内居留民ハ倶樂部ニ集合警備及避難方法ヲ協議セリ

〃當地支那側各機關連名ニテ時局安定ニ付郭松齡ニ勸告電ヲ發シタリ

廿六日（木）

〃正式ニ戒嚴令布カル

〃京奉線ハ奉天ヨリ綏中迄普通列車ヲ前所迄軍運用列車ヲ運轉

〃張學良ハ秦皇島船舶中ニアリテ郭ニ面接ヲ求メタルモ果サス

14. 1. （共和號納）

561

南滿洲鐵道株式會社

〃城内ヨリ附屬地ニ避難スルモノ増加シツツアリ

十一月廿七日（金）

〃北戴河ニ於テ郭軍ノ先頭部隊ト張作相軍ト對峙中

〃官銀號ヨリ預金ヲ引出スモノ著シク増加セリ

〃城内人心日ニ動搖シツツアリ

〃松井顧問ハ楊總參議ニ張上將軍ノ意ヲ傳ヘ歸奉ヲ促ス爲赴連セリ

〃大連滯在中ノ所長ヨリ時局ニ關スル報告ヲ本社ニナセリ

（別紙其一）

廿八日（土）

〃大連 滯在中ノ所長ヨリ今日迄ノ經過ヲ詳細本社ニ報告セリ

（別紙其二）

669

南满洲铁道株式会社

一、秦皇島ヨリ旅順ニ來リタル張學良師長ハ偶々白川軍司令官訪問ノ爲同地ニ赴キタル楊總參議ニ邂逅兩名ハ松井、儀俄顧問ト同道午後十時半十三列車ニテ大連發歸奉ノ途ニツケリ

一、在大連楊總參議ヨリ依託サレタル信書ヲ張上將軍ニ手交ス

十一月廿九日（日）

一、時局切迫ニ付平常通リ所員一同出勤ス

一、張學良師長楊總參議一行今朝六時半着奉

一、綏中ニアル奉軍ノ主力ハ興城ニ引揚ケノ準備中

一、張學良師長ハ儀俄、荒木兩顧問帶同綏中ニ向ヘリ

卅日（月）

一、大連出張中ノ所長今朝歸任

一、郭軍ハ山海關ヲ進出中ナリ

14. 1. （納號和共）

563

670

南滿洲鐵道株式會社

〃城內居留民保護ノ爲警察官五十名增派當所ニ東警部補外十名宿泊スルコトニナレリ

〃官銀號彭總辦ヨリ荷物保管方依賴アリ

〃郭松齡ニ監禁サレシ師長高進嶽外三名歸奉

十二月一日（火）

〃山海關ヲ進出シタル郭軍ノ先頭部隊ハ綏中ヲ通過興城ニ向テ進出中

〃于（冲漢）長官袁（金凱）前東支理事ハ談（國桓）秘書長ヨリ荷物保管方依賴アリ

〃葫芦島ニアル奉軍ノ海軍根據地撤退

二日（水）

〃奉軍ハ興城ニ斬壕ヲ設ケ郭軍ト迎戰ノ準備ナル此一戰ニ於テ

671

南滿洲鐵道株式會社

ハ略決定スルモノト觀察セラル 大勢カ

十二月三日(木)

〃今朝興城ニ於テ小衝突アリ奉軍ニ投降セシモノ二百名、其後

引續投降シ來リ合計一箇旅ニ達ス

〃當所重要書類ヲ取纒メ行李ニ塡入萬一ノ用意ヲナス

〃當所員家族避難方法ヲ協議ス

四日(金)

〃奉軍ニ投降スルモノ續出スルニ付之カ豫防ノ爲郭松齡ハ急據前線

ニ向フ

五日(土)

〃當所詰警察官四名増員合計十五名トナル

〃興城附近ニアル郭軍ハ本朝來砲五〇門歩兵約十一箇聯隊ニテ砲

14. 1. (共和號納)

565

672

南滿洲鐵道株式會社

擊ヲ開始セリ奉軍ハ砲五門歩兵八箇聯隊ニテ應戰シタルモ左翼（汲九師長ノ率フル部隊）ヨリ敗レ遂ニ總退却ノ已ムナキニ至レリ

〃張作相督辦衛隊旅兵八百ヲ引連レ戰線ヨリ歸奉

〃當所詰警察官中四名ヲ城内俱樂部ニ轉宿

〃補助憲兵三枝中尉外三十名警備ノ爲當所ニ宿泊

〃張學良師長ハ新民府ニ下車ス

十二月六日（日）

〃張作相督辦歸奉各方面ト協議ノ結果大勢既ニ定リ且ツ双方共戰意ナク此上人民ヲシテ兵火ノ苦ヲナメサシムルハ無意味ナリトノ說勝ヲ制シ平和ノ内ニ政權ヲ授受スルコトニ決シ省議會及商務會ヨリ代表派遣ノ準備中

14. 1.（共和號納）

566

673

南滿洲鐵道株式會社

〃奉軍ハ遼河附近ニ向テ退却セリ
〃興城ノ戰ニ敗レ張將軍ハ愈々下野ノ決心ヲナシ本朝十一時ヨリ動産全部ヲ附屬地ニ搬入シ始メタリ
〃城内ノ人心極度ニ動搖附屬地ニ避難スルモノ堵ヲナス
〃吉田總領事ハ郭ノ意ヲ確ムル爲内山領事ヲ派遣ス内山領事ハ守田氏ト同道溝幇子ニ向ヘリ
〃在大連周培炳氏ニ飛行機附屬品送付ヲ一時見合ス様打電セリ
〃政權授受ノ結果張、郭兩軍ノ異動ヲ生スル場合ノ軍隊輸送取扱方ニ付本社ニ照會ス
〃郭松齡ヨリ嚴正中立ニ關シ來電アリ（別紙其三）

十二月七日（月）

〃本夕郭軍ハ錦州ニ入城

14. 1. （共和號納）

567

674

南滿洲鐵道株式會社

〃奉軍ハ日本ノ出兵聲明ヲ待チツツアリ
〃張將軍ハ野ニ下ルコトヲ思ヒ止リ遼河ノ線ニ戰備ヲ整ヘツツアリ
〃張將軍、吳督辦、楊督辦、家族避難ニ付依賴アリ
〃時局ニ關シ社長ニ報告（省略）
〃吉田總領事ノ使者トシテ郭松齡ニ面會ノ爲溝帮子ニ向ヒタル內山領事及守田醫師ハ鐵道不通ノ爲中途ヨリ引返セリ
十二月八日（火）
〃當所詰憲兵四名增員
〃京津間汽車不通ノ入電アリ
〃國民軍ハ李景林軍總攻擊命令ヲ發セリトノ入電アリ
〃態度頗ル曖昧ノ吉林張督辦ハ昨夜ノ豫定ヲ變更本夕奉天發歸任セリ

满铁奉天铁道事务所关于郭松龄倒戈事件的日志（一九二五年十一月二十八日至十二月二十八日）

718

南滿洲鐵道株式會社

文書課長、鐵道部長
長春、大連鐵事
奉地、奉公
本書發送先

奉鐵庶第一四・二九號ノ五ノ二
大正十四年十二月十二日　奉天鐵道事務所長

滿鐵時局事務所内
梅野理事殿

支那時局ニ關シ滿鐵時局事務所開設以前ニ當所ニ於テ扱ヒタル件

十二月九日附御來示ニナリマシタ首題ノ件別紙ノ通報告致シマス

（光明洋行納）

613

南滿洲鐵道株式會社

大正十四年秋支那事變ニ關シ十一月二十三日張作霖ノ部下郭松齢反逆以後十二月八日滿鐵時局事務所開設迄奉天ヲ中心トスル奉天鐵道事務所取扱時局情報

大正十四年十月十六日孫傳芳蘇州ニ兵ヲ進メ討張ヲ聲明スルヤ呉佩孚亦岳州ニ立チ孫軍徐州ニ入ル頃ヨリ馮玉祥モ亦討張ノ色アリ李景林此ニ對抗セントセシモ時正ニ關税會議開會中ニテ和平ノ中ニ諸星權衡ヲ維持スルヲ希望シ張馮ハ互ニ京畿ノ兵ヲ退ケタルモ内心各自勢力ヲ支持セントシ退兵意ノ如クナラス北京ヲ中心ニ兩兵對持中十一月二十三日灤州ニ駐屯中ノ張軍驍將郭松齢反旗ヲ飜シ楊宇霆ヲ除キ張督軍ヲ退官セシメントシ山海關ニ向ツテ進軍シ張作相汲金純ノ軍ヲ破リ長驅奉天ヲ衝カントスルノ勢ヲ示セシヲ以テ奉天ニ於ケル人心動

(光明洋行納)

635

南滿洲鐵道株式會社

播シ城内ノ支那人附屬地其他ニ逃避スルモノ多ク邦人ノ城内及居留地ニ在留スル者ハ最モ危險ヲ感シ附屬地モ亦匪賊ノ跋扈ヲ慮リ當局之ニ備フル爲メ

十一月廿八日（土曜日）

一、時局ノ推移ニ伴ヒ奉天警備ノ爲遼陽ヨリ兵力ノ移動アリ

遼陽步兵第三十九聯隊兵三六〇名、馬二一頭、狙擊砲二門迫擊砲二門、機關銃八門午後二時四十五分着

二、遼陽步兵第三十九聯隊奉天ニ移動スルヤ聯隊長鎌田大佐奉天衛戍司令官ニ任ス

十一月二十九日（日曜日）

午後一時ヨリ奉天警察署樓上ニ於テ第一回警備會議ヲ開催ス其ノ情況次ノ如シ

（光明洋行納）

529

一、重ナル出席者

内山領事、坂内警記生、鎌田聯隊長、原田守備隊長、藤井憲兵隊長、藤原警察署長、立川警部、川本民會長、木下在郷軍人會長、服部國粹會長、野原郵便局長、秋山驛長、永尾地方事務所長代理、河南鐵道事務所庶務長

城内在住民代表五名

二、城内警戒決定

在住民六百名ハ萬一騒亂ノ勃發ニ際シテハ滿鐵公所外四ケ所ニ避難シ警官ノ保護ヲ待ツ而城内警察官ハ現在十名ナルヲ以テ更ニ二十名ヲ增員シ三十名トナス

三、附屬地警戒決定

派出所十一ケ所アリ巡査六十七名ヲ分駐セシメ頻繁ニ巡回

637

南滿洲鐵道株式會社

警戒セシム其ノ巡回間数ヲ定ムルコト大略次ノ如シ。
午後五時ヨリ十時迄二名ヲ一班トセル警戒班十班乃至二十
班
午後十時ヨリ翌午前一時迄同上十班
午前一時ヨリ六時迄同上　五班
猶ホ巡捕十四名ハ市街重要地點五ケ所ニ立番警戒セシム
憲兵隊ニ在リテハ警察ト連絡ヲ取リ騎馬ニテ警戒巡邏ヲナ
シ必要ニ應シテ補助憲兵ヲモ使用シ重要地點ニ派遣駐在セ
シム
前二項警備ニ對シテハ巡査五十三名、憲兵二十名、補助憲
兵三十名ノ増援ヲ得テ之レヲ實施ス

四、警報

531

638

南滿洲鐵道株式會社

城內及居留地ニ動亂勃發ノ時ハ警察署長ヨリ驛長ニ通知シ短急汽笛ヲ鳴ラサシメ地方事務所長ニ號砲五發ヲ發砲セシム警報發砲ト共ニ附屬地ノ警備ハ衛戍司令官ノ責任ニ移ル

右ヲ以テ第一回警備會議ハ終了シタリ

十一月三十日（月曜日）

鐵道部長ヨリ左ノ通達アリ

今後時局ニ關シ支那軍人車輛輸送ニツキ必要ト認ムルモノハ其都度列車名輸送數量等守備隊司令官及關係大隊本部ニ連絡通報セラレタシ

十二月三日（木曜日）

「郭軍ハ奉軍ノ戰備未了ニ先チ此ヲ擊破セントシ十二月一日兵ヲ關外ニ進メ綏中ニ達シ連山ニアル奉軍ト對持ス三日午

639

南滿洲鐵道株式會社

後奉軍旗色悪シク四日早朝連山附近ニテ決戰アルヘシトノ情報アリ

三、奉天警察署ハ奉天軍破退城内動亂ノ際避難民附屬地殺到ノ場合ヲ豫想シ鞍山ニアル空屋ヲ調査シ中流以上支那人ニ借家セシムルノ計畫ヲ爲セリ而シテ避難民ノ輸送ニ對シテハ鐵道事務所之ニ當リ諸般ノ手配ヲ了シタリ

十二月四日（金曜日）

一、午後郭軍連山總攻撃ノ情報アリ

二、時局應急所置ニ關シ地方事務所々長室ニ於テ田中警部、末光地方委員、伊藤鐵事参事、永尾地事参事、阿南庶務長、會合シ左記打合セヲ爲ス

（イ）鞍山ニ在ル空屋百七十二戸ニ對シ一戸當リ三家族ノ中流

（光明洋行納）

533

以上支那人收容ノ豫定

(ロ)奉天驛ニ於テ避難者乘車ノ際混雜ヲ豫想シ警察及憲兵隊ノ助力ヲ俟テ「プラットホーム」ニ避難民ノ行先豫想タル鞍山、遼陽、鐵嶺、開原等ノ札ヲ立テ群集ヲ整理乘車セシムルコト

(ハ)附屬地ハ日本兵士ヲ以テ警戒シ支那兵ハ一歩モ侵入セシメサルコト

(ニ)城內日本人六百名ハ附屬地ニ收容出來ル見込ミトス

(ホ)鐵道關係ノ在鄉軍人ハ義勇隊組織ノ場合モ運輸本來ノ業務ニ從事スルヲ以テ除外セラルルコト

三、午後六時ヨリ奉天公會堂樓上ニ於テ時局ニ關スル有志者會合開催セラル出席者七十名ニシテ當局ニ對シ軍隊增加ノ電

641

南滿洲鐵道株式會社

請ヲ決議セリ

四、避難民輸送ノ爲使用ス可キ客車不足ニ付キ三等客車ヲ奉天ニ集中スルコトトナレリ

十二月五日（土曜日）

一、前日來興城ニ進出セル郭軍ハ此ノ日連山ヨリ錦西ニ展開セル張作相汲金純ノ軍ニ向ヒ砲兵援後ノ下ニ總攻擊ヲ爲シ一擧ニ之ヲ屠リ潰走セシメタルヲ以テ錦州ニテ指揮ヲ取リ居タル張學良亦戰ハスシテ敗走セリ

二、午後六時半公所長ヨリ支那大官数名ノ家族約百名旅順ニ避難スルモノトシテ客車增結方申出アリ其手配ヲ爲ス又同時ニ張上將軍ノ荷物約百立方米預リ方申出アリタルモ倉庫其他ニ餘積ヲ有セサルヲ以テ之ヲ斷リ地方事務所ニ於テ預ル

（光明洋行納）

535

642

南滿洲鐵道株式會社

コトトナレリ

本件ハ單ナル家族其他ノ避難申出ナルモ之ヲ以テ張軍ノ末期ヲ窺ツニ足ルモノアリ

三、午後九時京奉線特別列車（客車二輌貨車三輌編成）ニテ張軍ノ最高顧問張景惠及旅長張九卿連山戰線ヨリ戰敗歸奉シ其後五、六個列車着奉ス

四、午後十一時半守備隊ヨリ裝甲列車組成準備ノ申出アリ翌朝一時準備完了ス

十二月六日（日曜日）

一、午前三時張作相連山戰線ヨリ戰敗歸奉ス

二、昨朝張學良皇姑屯驛ノ西二ツ目驛興隆店ニ退却此處ニ踏ミ止マリ遼河東岸ニ陣地ヲ築造スト云フ

643

南滿洲鐵道株式會社

三、張作霖ハ連山敗戰ノ報ニ接シ昨夕來全ク失望落膽シ下野ヲ決意セルモノノ如ク本日ハ一日中家財貴重品ヲ附屬地内地方事務所其他ニ移動セシメ其ノ一部ハ此ヲ公所内ニ移セリ

四、午前八時公所長ヨリ張上將軍敗走スルモノト豫想シ旅順行臨時列車準備ノ申出アリ直チニ臨時列車豫想ダイヤ三本ヲ計畫シ午前六時午后六時午前一時ノ三時期何時ニナモ直チニ奉天發南行差支ナキ樣車輛其他手配セリ

五、午後三時半内山領事ハ特務機關將校一名、警察署員一名及日本兵数名並ニ森田福松氏ヲ伴ヒ京奉特別列車ヲ仕立テ戰線ヲ突破シ郭軍ニ至リ張郭兩軍ノ平和的政權授受ヲ爲サシムル爲調停ノ勞ヲ取ルコトトナリ出發シタルモ歸奉列車ニ妨ケラレ午後八時半漸ク皇姑屯驛ヲ出發シ新民府ニ到着シ

（光明洋行納）

537

タリ然ルニ其以西ハ新民屯ノ西十六粁ニアル白旗堡驛附近
線路破壊ノ為前進不可能トナレリ

六午後九時四十分關東軍黒田参謀旅順ヨリ着奉直チニ驛長室
ニテ警備會議ヲ開催ス
警備會議ノ状況左ノ通

(イ)出席者
衛戍司令官柴山少將、黒田参謀大佐、第八第三十九聯隊
長、原田守備第二大隊長、藤原警察署長、藤井憲兵隊長
佐藤鐵道事務所長、井上地方事務所長、瀧山領事、
柴崎副領事、川本民會長、木下在郷軍人分會長、
舊菊地特務機關少佐、後宮滿鐵囑託中佐、其他青年團長
等各種團体長

645

南滿洲鐵道株式會社

(ロ)關東軍司令官ノ旨意事事項 達

支那事變ノ為奉天ハ漸次危險ノ度ヲ加ヘツツアルヲ以テ軍ハ其ノ主力ヲ奉天ニ集注シ滿鐵附屬地ノ守備ヲ嚴ニシ居住者ノ絶對安全ヲ計リ附屬地外日本人居住者ニ對シテハ警察憲兵ノ力ヲ以テ保護ヲ加ヘ要スレハ兵員ヲ派シ補助憲兵トシテ警備ノ任ニ當ラシムヘシ

日本ハ張郭兩軍ニ對シ公平無私ノ態度ヲ支持ス

(ハ)決定事項

A、武裝セル支那軍隊及兵員ハ絶對ニ附屬地内ニ入レサルコト

B、支那ノ敗兵皇姑屯驛ニ歸還スルトキハ此ヲ北方新民屯街道ニ迂回シ入城セシムルコト若シ滿鐵線ニヨリ

(光明洋行納)

539

南滿洲鐵道株式會社

各方面ニ歸營セントスルモノニ對シテハ彼等ヲシテ
武裝解除セシメ兵員ト武器トハ別個ニ輸送スルコト
此等ハ皇姑屯ニ憲兵数名ヲ派シ之ヲ行ハシム

一此ノ日城内ヨリノ避難者附屬地及停車場ニ殺到シ相當雜沓セルモ各自皆知己ヲ便リ避難スルモノニシテ荷物ノ如キモ馬車人車又ハ自動車ニヨリ悉ク運搬サレタレハ混雜ニ至ラス從ツテ地方事務所ニテ住宅ヲ世話シ又炊キ出シヲ爲ス等ノ必要ナカリシハ幸トスル所ナリ

支那大官ノ家族ハ数日前ヨリ竊カニ附屬地ニ進入セルモノ多キモ此ノ日始メテ城外移住ノ禁ヲ解カレタルヲ以テ家族ハ勿論荷物モ亦全部附屬地内ニ移サレタリ勿論張ノ家族モ附屬地某氏宅ヘ移住セリ

647

南満洲鐵道株式會社

八、此ノ日氣車ニテ運ヒタル避難民ハ約三千名ニシテ平素ノ乗客一日約三千名ヲ加ヘ六千名ノ乗客ヲ運送セルヲ以テ列車満員ニテ客車増結四輛ナリ

九、此ノ日ヨリ日本軍隊各方面ニ於テ移動行ハレ其ノ多クハ奉天ニ集注サレタリ

(イ)鐵嶺步兵隊兵二九七名、將校三九名、其他

午後六時五十分奉天着

(ロ)海城砲兵隊兵二一六名、將校三二名、砲一二門、其他

午後十一時五十分奉天着

十、鐵嶺旅團奉天ニ移動シ旅團長柴山少將奉天衛戍司令官ニ任ス

十二月七日(月曜日)

(光明洋行納)

541

648

南滿洲鐵道株式會社

一、昨夜十二時ヨリ守備隊兵十名驛警備ノ爲配備セラル

二、午前六時四十五分梅野理事時局ニ關シ應急處置ニ從事スル爲來奉朝食後直チニ鐵道事務所ニ至リ佐藤所長ヨリ時局ニ關スル狀況ヲ聞キ取リ次テ守備隊、衛戍司令部、領事館ヲ訪問シ正午公所ニ至リ更ニ夕刻菊地公館ヲ訪問セラル

三、總領事訪問中顧問松井少將來會曰ク張上將軍ハ六日午後ヨリ漸次態度一變シ此ノママ下野スルヲ欲セス遼河々畔ニ於テ全力ヲ擧ゲ防戰シ力盡キテ後或ハ下野セント此處ニ於テ吾人ハ張上將軍ノ心事急變ニ驚キタルモ其後鎌田公所長ノ言ヲ參酌スルトキハ彼ノ~~神經~~心機一轉セルモ亦故ナシトセス即チ連山ノ敗戰ニ驚キ遂ニ救フヘカラストシ部下ニ於テハ元ヨリ彼自身ニ於テモ身邊ノ係累及要品ハ悉ク之ヲ安全地域

649

南滿洲鐵道株式會社

ニ移シ終リ今ハ復思ヒ殘スモノナキニ至リタルトキ長驅直チニ奉天城ヲ衝クナラント豫想セル郭軍ハ容易ニ動カス此處ニ漫然逆賊郭ノ來ルヲ待ツテ十年住ミ馴レタル堅城ハ勿論偉大ナル諸施設並ニ無數ノ兵器彈藥ニ至ル迄空シク之ヲ交付スルニ忍ヒス最後ノ一戰ヲ決意セル眞ニ當然ト爲スヘシ

更ニ遼河ニ蒐集中ノ兵ハ張學良、張作相、湯玉麟、闞朝璽吳俊陞ノ部下ニシテ其ノ數約五萬ニ上ルト云フモ張作相ノ部下ハ吉林ニ歸還セルモノ多シト云フ砲ハ百門ニ達ス

四、午前九時吉林張作相顧問林少佐ヨリ吉林軍衛兵二百名其他六百名、兵器彈藥行李等十五車分奉天長春間輸送申出アリ武裝解除運賃前拂ニテ輸送承諾ヲ爲ス

(光明洋行納)

543

南滿洲鐵道株式會社

五、午後三時鐵道部長ヨリ電話ニテ左ノ通達アリ
敗兵輸送ハ前拂トシ個人ニ對シテハ普通運賃ヲ徴シ團隊ニ對シテハ相當割引運賃ヲ徴スヘシ所長ニ於テ必要ニシテ確實ナル保證アリト認ムル場合ハ後拂トナスコトヲ得

六、此ノ日夕刻ヨリ蘇家屯新城子間裝甲軌道車ノ運轉ヲ開始シ一日四回運轉ス

七、奉天及蘇家屯保線區ニ於テ前項同區間ニ對シ今夕ヨリ第三種警備ヲ實施ス

八、午後五時菊地少將ヨリ關東軍司令官代理トシテ戰線ニ至リ郭ニ面會ノ爲京奉線ヲ突進スヘク滿鐵裝甲列車運轉ノ申出アリ衛戍司令官モ承知ニ付キ承諾シ手配ス但シ機關車ハ輛重ノ關係上京奉用ノモノヲ使用シ尙用意ノ爲石炭車及水槽

（光明洋行納）

544

南滿洲鐵道株式會社

車各一輛ヲ連結スルコトニ決ス
菊地少將ノ任務ハ日本軍ハ奉天ニ集注シ附屬地ヲ嚴重守備シ居ル故附屬地附近ニテノ戰鬪ヲ避ケラレ度可成平和解決ヲ希望スル旨傳達ニアリトス

九、夕刻錦州知事ヨリ報アリ只今郭軍ノ先頭部隊約一箇旅團錦州城內ニ到着スト

十、此ノ日湯玉麟、闞朝璽ノ軍義縣ニ到着セリトノ報アリ

十一、午後九時半煙臺張臺子間房身保線丁場附近ニ於テ馬賊民家ヲ襲ヘリトノ報アリシモ鐵道ニ危害ナシト認メ守備隊出動セス

十二、此ノ日午後十時ヨリ裝甲列車用機關車ニ對シ裝甲工事ニ着手シ翌朝午前三時完了ス

(光明洋行納)

545

十三、此ノ日午後ヨリ衛戍各隊配備ニ着ク

十四、此ノ日城内ヨリ附屬地ニ避難スル者昨日ニ劣ラス又氣車ニテ他地方ニ避難スル者約三千八百名ニ登リ平素一日分ノ乘客ヲ合シ總数六千八百名ニ達ス毎列車滿員ニシテ客車總計四輛ヲ増結セリ

張上將軍ノ荷物ハ此ノ日モ尙附屬地ヘ搬出セラレタリ

十五、午後七時三十分内山領事一行新民屯ヨリ歸奉ス御眞影ヲ奉戴シ避難日本人三十五名ヲ伴フ

此ノ日日本軍隊ノ移動セラレタルモノ左ノ如シ

(イ)柳樹屯歩兵隊兵三一〇名其他

午後七時十五分遼陽着

(ロ)公主嶺騎兵隊兵三九名、將校八名、馬四四頭

653

南滿洲鐵道株式會社

午前六時〇分奉天着

十二月八日（火曜日）

「午前十時奉天ニ滿鐵時局事務所ヲ設ケ駐在理事之ヲ主宰シ

左ノ覚書ニヨリ執務ス

覚

㈠時局ニ關シ奉天ニ滿鐵時局事務所ヲ置ク（電報略號ホテジジ）

㈡本所ハ時局ニ關スル情報ノ蒐集本社トノ聯絡應急處置等ノ事務ヲ掌ル

㈢事務室ハ奉天鐵道事務所所長室内ニ之ヲ置ク（電話番號社内二百三十番社内特別長距離加入及公衆ト連絡ス）

㈣本所ノ事務ハ駐在理事之ヲ主宰ス

（光明洋行納）

547

南滿洲鐵道株式會社

(五)本所ニ左ノ所員ヲ配屬ス

大藪鉦太郎
後宮中佐
伊藤[illegible]
稲川利一
河村文三郎
梶 ハル

二、昨秋梅野理事着奉以來奉天鐵道事務所ニ於テ時局ニ關シ同理事ノ執務セラレタルモノハ一切之ヲ新設ノ滿鐵時局事務所ニ引繼完了セリ

以上

655

200

南滿洲鐵道株式會社

寫

本書發送先　時局事務所、文書課長、奉天地方事務所長、長春、大連鐵事、奉天公所

奉鐵庶第一四•二九號ノ五ノ三

大正十四年十二月十三日

奉天鐵道事務所長

鐵道部長殿

奉天鐵道事務所時局日誌送附ノ件

十二月十二日附御送附シマシタ「大正十四年秋支那事變ニ關シ十一月二十三日張作霖ノ部下郭松齡反逆以後十二月八日滿鐵時局事務所開設迄奉天ヲ中心トスル奉天鐵道事務所取扱時局情報」ヲ第一報トシ茲ニ八日ヨリ十二日迄ノ分ヲ第二報トシテ御送リ致シマス

（光明洋行納）

549

656

南滿洲鐵道株式會社

奉天鐵道事務所時局日誌

十二月八日　火曜日

一、奉天鐵道事務所内ニ滿鐵時局事務所ヲ設置セラレシニツキ事務用机消耗品類ヲ貸與ス

二、昨夜來施行中ノ裝甲列車牽引用機關車第四五二號裝甲假設備今朝三時完了ス

三、奉天新城子蘇家屯間裝甲軌道車運轉ダイヤ一部變更ス

四、奉天發第五七列車第三一列ニテ長春迄吉林軍一四〇〇名及ヒ兵器三十五輛ヲ輸送ス

五、張作相一行四〇名第一五列ニテ北行ス

十二月九日　水曜日

一、遼陽第一〇師團司令部十一列車ニテ奉天ニ移ル

（光明洋行納）

550

657

南滿洲鐵道株式會社

二、鐵道部長達ニヨル支部軍隊輸送ハ原則トシテ現拂ニヨリ日
本領事館及公所長後拂證明アルモノ並ニ事情止ムヲ得サル
モノニ限リ後拂ヲ認ム此ノ場合ハ本部ニ報告ス可キ旨ニツ
キ其ノ要旨ヲ管内奉天、遼陽、鳳凰城、安東驛長ニ通知ス
三、王永江家族第一四列ニテ金州ニ行ク
四、裝甲軌道車午後八時過新城子入驛前車輪折損ス直チニ修理
ノ手配ヲナス

十二月十日　木曜日

一、本軍糧秣貯藏ノ爲メ京奉連絡倉庫一部~~十三~~去年第二次奉直戰
ノ例ニ傚ヒ借用方再三申出アリ北端一區劃一五〇坪ヲ貸與
ス
二、關東軍經理部派出所長増田主計ヨリ七號倉庫北寄一五〇坪

（光明洋行納）

551

658

南滿洲鐵道株式會社

借用方申出アリ右ハ内地師團出兵ノ暁必要トスルモノニテ決定的ニハアラサルモ豫メ承諾シ置ケリ

三、軌道車修理ハ折損車軸チ取外シノ上鐵道ニ持チ行キ鐵道車隊ニテ修理ノ上新娘子ニ折返シ廻送ス可ク十一日午後四時完成ノ見込ミナリ

四、午後二時檢車區長ヨリ電話報告アリ[illegible]車屯居住檢車區使用支那人徴發セラルル恐レアリ避難シ來リシヲ以テ車庫ノ一部ニ收容セリトノコトニテ承認セリ

五、獨立守備第四大隊ニ有刺鐵線其他貸與ス

六、午後一時七列車ニテ京城ヨリ巡査八十名奉天着

十二月十一日　金曜日

一、黒龍江軍輸送ノ爲メ客車一〇輛長春ニ廻送方承認

（光明洋行納）

552

659

南滿洲鐵道株式會社

二、張作霖託送旅順航警署軍艦行武器彈藥一〇貨車輸送中出アリ公所長ヨリモ話シアリ部ト打合セテナス

三、新城子留置中ノ裝甲軌道車ハ鐵嶺兵[illegible][illegible]器部ニテ車輛修理ヲ告ケ第二〇列車ニテ送リ来リシモジャツキ取寄ノ為メ時間ヲ要シ漸ク十二日午前一時一〇分完了シ臨列第六二〇列車ニテ奉天方面ヘ逆轉ナシタルニ虎石臺文官屯間四一一粁附近ニテハンドル落失タンク漏洩シ運轉不能ニ陥リタルニツキ手推シニテ漸ク文官屯ニ収容セリ

四、京奉鐵路局山領氏ニ工事用トシテ

パール　一〇挺

ビーダー　三〇[illegible]挺

ショベル　三〇挺

（光明洋行納）

553

スパーナ　六挺

ハンマー　六挺

ヲ貸與ス

五、奉天守備隊第四~~四~~中隊シ左記貸與ス

國旗　一

同竿　一

六、原田守備隊長及鈴木工務長ハ鐵道警備ニツキ打合セス其ノ要領左ノ如シ

イ現狀ニ於ケル警備ノ程度ハ平時ヨリ巡察ヲ増ス程度ニ止ム

時局ノ~~[illegible]~~變化ニ伴ヒ必要ニ依リ警備ノ度ヲ加減ス

ロ守備隊警備現狀

現狀ニ在リテハ兵員其他ノ關係上主トシテ驛舍次ニ橋工物

南滿洲鐵道株式會社

線路ノ順序ニ警備ス

ハ會社ノ警備現狀

巡回主トシテ夜巡回ヲ増加シ（一夜二回以上）警戒ス

（シシーソカ間）

七、京奉線ハ目下ノ所奉天新民屯間運轉セルノミナリ此處ニハ同鐵路本局ナキ爲メ運轉材料供給ニ窮シ居リ山領氏ヨリ多少ノ材料一時貸與方申出アリ梅野理事ト協議シ保證金ヲ積マセテ此ニ應スルコトトセリ

但シ山領氏トシテハ右現金引キ出シノ都合上滿鐵ヨリ買ヒ取ル形トスルコトヲ要シ鐵道事務所長ト同局トノ間ニ賣リ渡シノ

（光明洋行納）

形トシ現金ハ鐵道事務所長ニ保管ス半相トナラハ現品ニテ返戻セシメ代金返却ノコトトスル旨御承知乞フ

八、（秘）奉天ニ於テ治安維持ニ當リツツアルモノハ警察官五百名、憲兵（補助憲兵共）百五十名ニシテ師團ノ兵員ハ歩兵一、〇六六名、騎兵四四騎、砲兵二四八名、砲二二門、重砲兵九〇名重砲四門ナリ

九、洮南張海鵬ノ兵一大隊ハ十一日夜通遼ニ移レリ今後二個大隊モ亦不日移動スト云フ

十二日　土曜日

一、張作相ハ隨員五十名ヲ伴ヒ十二日午後十時半長春ヨリ着奉ス

二、第十師團吉田經理部長來所セラレ梅野理事、後宮駐吉中佐、佐藤奉天鐵道事務所長及奉天地方事務所庶務、經理兩係長立

556

6663

南滿洲鐵道株式會社

會ノ上防禦工事用材料ニ關スル件ヲ左ノ通協定セリ

奉天警備ノ防禦工事ニ要スル材料ハ師團ノ要求ニ依リ會社ニ於テ成ルヘク之ヲ提供スルモノトシ其ノ代價ハ軍部ニ於テ補償スルヲ本旨トシ細項ニ就テハ臨機ノ協議ニ依ルモノトス

三、洮南公所長ヨリ左ノ電報アリ

黑龍江軍十三日ヨリ十五日マテノ間五回ニ渉リ兵四千三百八十名馬匹八百四十八頭四洮鐵路經由南下ノ旨通知アリタリ本日歩兵二百名騎兵五百名吳警軍ト共ニ洮南着ノ豫定

十三日　日曜日

一、吳俊陞ハ隨員三十名ヲ件ヒ十三日午後四時半洮南ヨリ四平街ヲ經テ奉天着

（光明洋行納）

557

664

南滿洲鐵道株式會社

二、鐵道破壞ニ對スル萬一ノ場合ヲ考慮シ修理列車編製ヲ爲ス
其ノ車輛數及積載材料ハ別ニ報ス

（光明洋行納）

558

675

202

南滿洲鐵道株式會社

本書發送先
時局事務所、文書課長、奉地事、長春、大連鐵事
奉天公所

奉鐵庶第一四・二九號ノ五ノ四
大正十四年十二月十六日
奉天鐵道事務所長

鐵道部長殿

奉天鐵道事務所時局日誌送附ニ關スル件

首題十四日ヨリ十五日迄ノ分第三報御送附致シマス

14. 1. （納號和共）

569

奉天鐵道事務所時局日誌

十二月十四日（月曜日）

一、守備隊司令官南保少將一二列車ニテ來奉セラル

二、獨立守備隊司令部ト奉天第二大隊トノ連絡ヲ密接ニシ鐵道警備ニ遺漏ナカラシムル爲今後毎日午後六時鐵道電話ヲ使用スルコトトナス

三、獨立守備隊司令部トノ打合セ及沿線警備狀況視察ノ爲十二日午後公主嶺ニ向ヒタル後宮囑託將校ハ本日歸奉セリ其談話ニヨレハ鐵嶺以北ハ概ネ平靜ナリト云フ

四、總領事ノ發議ニヨリ時局ノ進展ニ伴ヒ情報交換連絡ヲ取ル爲ニ毎日午前九時ヨリ衛戍司令部特務機關、滿鐵、憲兵隊警察署ノ責任者總領事館ニ參集協議ヲナスコトニ定メラレ

677

No. 2

南满洲铁道株式会社

鐵道事務所ヨリハ伊藤所長代理ヲ列席セシムルコトニシ本日其ノ第一回ヲ開催セリ
列席者次ノ如シ

總領事館　內山領事
衛戍司令部　淺野師團參謀
特務機關　苫米地少佐
憲兵隊　藤井少佐
滿鐵　後宮中佐
鐵道事務所　伊藤參事
警察署　藤原署長

五、午後三時所長室ニ於テ避難列車及避難民乘車ノ際ノ取扱方中間社員家族避難ノ場合ノ收容所等ニツキ會議ヲナス

（光明洋行納）

571

No. 3

南滿洲鐵道株式會社

六、蘇家屯保線區ヨリ撫順守備隊カ古城子河防禦用材料トシテ
新枕木五〇本請求アリトノ電話アリ交附方返答セリ

七、六三聯隊ニ左記材料交附ス

古枕木　六、七〇〇挺

有刺鐵線　二〇、〇〇〇米突

八番線　一〇、五〇〇米突

八、裝甲軌道車奉天文官屯間四〇二粁附近ニテ聯動機不良ノ爲
運轉不能トナリモーターカーニテ奉天ニ收容ス

十二月十五日（火曜日）

一、昨日ノ中間社員避難打合セニ基キ郭軍奉天城ニ肉迫スルト
キ其ノ連絡ニ當ルト想像セラルル
新臺子ー奉天間

679

No. 4

南滿洲鐵道株式會社

煙臺 ― 蘇家屯間
深井子 ― 蘇家屯間
蘇家屯 ― 姚千戶屯間
ノ中間社員家族ハ其ノ社宅所在地ヲ支那兵ノ通過スルトキ之ヲ避クルノ必要アルヤモ計ラレスト思意セラルルヲ以テ若原所員ヲ派遣シ避難ノ場合ハ奉天ハ若葉寮、青雲寮ニ撫順ハ倶樂部ニ遼陽ハ舊獨身宿舍ヘ避難場所ヲ豫定セルコトヲ通知シ又其ノ時期ハ現場ニ於テ守備隊、警務署等ト打合セ適當ノ時ヲ各自ニ於テ判斷シ善處スル樣一ヲ一ヲ口頭ニテ通知セシメタリ

三、第二大隊裝甲軌道車ハ不良ナルヲ以テ第四大隊所屬ノ裝甲軌道車ヲ以テ配置替ヲナス明日三八列車ニテ輸送ノ豫定ナ

(光明洋行納)

573

680

No. 5

南滿洲鐵道株式會社

リ

三、今日避難輸送方法案作成濟ミ

四、吉林軍輸送ノ爲長鐵事ニ客車一〇輛廻送ノコトニス

五、撫順警察署長ヨリ深井子、孤家子、楡樹臺在住者ニ對シ「避難シタル方好クハナキヤ」トノ通知アリ居住民ハ相談ノ上何時ニテモ避難シ得ル樣準備中ノ由ナリ

六、鐵嶺遼陽間撫順線、蘇家屯陳相屯間ハ鐵道線路ノ夜間巡回チ二回トシ嚴重巡廻ノコトトス

七、步兵三九聯隊ニ左記交附ス

古枕木　二〇〇挺

雜丸太　三〇〇本

有刺鐵線　八〇〇米突

(光明洋行納)

574

681

No. 6　南滿洲鐵道株式會社

八番鐵線　二〇〇米突

八、獨立重砲兵中隊ニ左記交附ス

新枕木　七五挺

九、步兵第四〇聯隊ニ左記交附ス

八番鐵線　六五貫

一〇、修理列車ニ編成セラルル可キ假橋用材料左記貨車積込ヲナセリ

枕木並新品　六〇〇挺

軌條 III 長一〇米突　七二本

一一、奉天警察署立川警部ヨリ夜間ノ警護用トシテ信號燈五個ノ借用申込ミアリ列車區ヨリ貸與ノコトニ取計ヘリ

一二、奉天市民ニ於テ自警團組織セラルルル事アルモ鐵道關係ノ滿

（光明洋行納）

575

682

No. 7　南滿洲鐵道株式會社

鐵社員ハ之ニ參加セサルコトニ奉天警察署ノ了解ヲ得置ケリ夫ハ交通本來ノ使命ニ從事スルカ爲ニシテ忌避ニハ非サルナリ

(光明洋行納)

576

683

203

南滿洲鐵道株式會社

本書發送先　時局事務所、文書課長、奉地事長春、大連鐵事、奉天公所

奉鐵庶第一四・二九號ノ五ノ五

大正十四年十二月十九日

奉天鐵道事務所長

鐵道部長殿

奉天鐵道事務所時局日誌送附ニ關スル件

首題十六日ヨリ十八日迄ノ分第四報送附シマス

（光明洋行納）

577

684

南滿洲鐵道株式會社

十二月十六日　水曜日

一、黒田關東軍參謀一三列車ニテ來奉張作霖、師團長、守備隊長ニ軍司令官ノ意圖ヲ傳達ス

二、補充裝甲軌道車橋頭ヨリ到着ス

三、時局ノ為急用アリ中央倉庫開始ニツキ打合會議列席中ノ鈴木工務長ニ夜ノ列車ニテ歸奉ヲ命ス

四、師團司令部ヨリ豫備隊移動用臨時列車準備ノ申出アリ兵四〇〇、馬一〇、機關銃四、ヲ一組トスル兵員乘込用列車二組ヲ編製シ一時間以内ニ出發ナシ得ル樣準備ス

所要車客車八、有蓋車二、無蓋車二、トス

(光明洋行納)

578

684
685

南滿洲鐵道株式會社

五、第二回吉林軍補充一二〇〇名及軍馬軍用品本日長春發西六列車ニテ奉天迄輸送ス
(イ)(ロ)一、(ハ)(ニ)九、(ヤ)(ろ)四、(ツ)三、計一八

六、本日朝鮮駐屯軍安東發五列車ニテ將校二四、兵士二六九、全一列車ニテ客車西輛増結（乘車兵數不明）輸送ス

七、朝鮮駐屯軍及軍需品輸送ノ為一七日安東發變二六一列車ニテ輸送手配ス所要車二七輛奉天着一八日午後一一時五分ナリ

八、安東ニ於テ朝鮮内地ヨリスル軍隊輸送ニ關スル通關ハ鐵道警備隊輸送トシテ通關手續ヲ為ス

（光明洋行納）

579

南滿洲鐵道株式會社

九、黑龍江軍將卒三〇〇名三八列ニテ到着

一〇、安東驛長ヨリ支那官憲ノ要求ニヨリ安東鳳凰城ヨリ各二〇〇名ノ新募兵明日一列ニテ輸送シタキ旨ノ來電アリ輸送ノ為客車二輛廻送ス

一一、海城ヨリ奉天ニ輸送セル支那飛行機航空署線ニ貨車廻入ノ申出アリ種々條件ヲ附シ承諾セリ

一二、所長ノ命ニヨリ日本兵來奉ノ節ハ到着時刻ヲ左記各處ニ即時通知スルコトトセリ

總領事館

衛戍司令部

菊池公館

守備隊

（光明洋行納）

南滿洲鐵道株式會社

一、橋梁破壞ノ際應急修理ノ設計圖作成完了シ此カ計畫書各保線區ニ送附ス

十二月十七日　木曜日

一、一列車ニテ龍山ヨリ將卒三六一名到着ス

一、出連中ノ工務長一三列車ニテ歸奉ス

一、應急鐵道修理係ノ編成ヲ作成ス

一、虎石臺守備隊長ヨリノ通報ナリトテ奉天保線區長ヨリ左記電話報告アリ

一、敵軍ノ一部ハ亂石山附近ニ於テ鐵道線路ヲ通過セントスルノ情報アリ依テ虎石臺守備隊長ハ本朝來亂石山附近ニ於テ散兵線ヲ構築中ナリト

（光明洋行納）

581

南滿洲鐵道株式會社

五、蘇家屯保線區長電話報告ニヨレハ蘇家屯附屬地ニ於テハ日章旗ヲ持ツルヲ有利トシ地方事務所ニ於テ手配スル由ナリ

六、萬一撫順線ヨリノ送電線切斷セラレタル場合ヲ考慮シ應急措置所要個所並個數等關係線區長ニ調査ヲ命ス

七、一八日釜山發日本ヨリ軍隊輸送ノ爲臨列#801 #803及#5列ニテ兵士輸送ノ電報アリ繼承ノ手配ヲナス

八、二〇列ニテ六三聯隊一部一六〇名撫順ニ歸還セリ

九、二二五列ニテ午後十一時一五分龍山ヨリ野砲兵到着ス將卒二二六、馬一九〇頭野砲八門ナリ

十、三二列ニテ黑龍江軍六〇〇到着ス

十一、四二列ニテ黑龍江軍一〇二〇到着ス

十二、四六列ニテ吉林軍一二〇〇到着ス

689

南滿洲鐵道株式會社

一三、客車不足ノ爲大連鐵事ヨリ(ハ)五(ハ)ヲ三廻送ヲ受ク

一四、第四大隊ニ對シ軍隊輸送ニツキ通知ス可キコト左記取極ム

イ、連山關驛長氣付弘中副官宛

ロ、兵員數

ハ、列車名

ニ、編成（特別臨列ノ場合）

ホ、守備隊駐在ノ驛通過時刻

十二月十八日　金曜日

一、衛戍司令部ヨリ防備材料トシテ枕木丸太其他種々貸與方申込ミアリ其ノ種目多様ニシテ數モ亦多量トナルヲ以テ爾今時局ニ關スル防護材料ハ一覧表ヲ作成シ日報トシテ添付報告ノコトニナセリ

（光明洋行納）

583

690

南滿洲鐵道株式會社

弐三二列ニテ吉林軍一一五〇到着ス
弐四六列ニテ吉林軍一二〇〇到着ス
弐四四列ニテ黑龍軍一二〇〇到着ス
弐三三列ニテ軍役夫瓦房店ヨリ一五〇〇到着ス

(光明洋行納)

584

691

南满洲铁道株式会社

本書發送先

時局事務所、文書課長、奉地事
長春、大連鐵事、奉天公所

奉鐵庶第一四・二九號ノ五ノ七

大正十四年十二月二十六日

奉天鐵道事務所長

鐵道部長殿

奉天鐵道事務所時局日誌送附ニ關スル件

首題十九日ヨリ二十四日迄ノ分第五報送附シマス

（五ノ六）ハ経理関係ノモノニ付物品又ハ経理ニ関スル綴込ノ中ニ綴込ミアリ

（光明洋行納）

585

南滿洲鐵道株式會社

十二月十九日（土曜日）

一、黑龍江第十八師二十二旅兵卒一四〇〇軍馬一六〇大砲二、小銃一八〇〇彈丸四二〇〇〇〇發荷車一五、三十八列ニテ來奉

二、黑龍軍騎兵指揮官（チシユウキウ）以下兵一二〇〇名馬九二頭荷車一八小銃一二〇〇彈丸三六〇〇〇〇發、四平街發四十四列車着

三、滿洲派遣混成旅團長齋藤少將以下三名兵拾名七列車ニテ來奉、五列ニテ將校二五名准士官以下四七一名、臨第七〇一列車ニテ將校四八名准士官以下七五五名來奉

四十一列ニテ將校以下八一五、二十一列ニテ四八四名北方ニ輸送ス

693

南滿洲鐵道株式會社

十二月二十日（日曜日）

一、第三十七列ニテ蓋平ヨリ支那軍役夫二〇八名到着、奉天第三遊擊隊統領金鼎以下七一名二十一列ニテ開原ヘ

二、臨第七百三列ニテ將校四十三名、下士卒七八六名、到着第五十三列ニテ長春、鐵嶺、開原ヘ一部輸送ス

三、關東軍倉庫發軍需品五十五列、五十七列着

十二月二十一日（月曜日）

一、第三十七列ニテ遼陽ヨリ五四三名、頂台子ヨリ二八〇名、蓋平ヨリ二五七名、計一〇八〇名支那軍役夫來奉

二、日本軍七〇三列ニテ騎兵將校以下八〇名山砲兵將校以下一六〇名到着此ノ内騎兵六〇名當地ニ下車以下ハ全部鐵嶺ヘ

三、第七列ニテ無線電信隊自動車隊將校以下七〇名來奉其ノ内

(光明洋行納)

587

694

南滿洲鐵道株式會社

無線隊九名、自動車隊四名三十九列ニテ鐵嶺へ、七名十八列ニテ遼陽へ
四、二二一列ニテ野砲兵將校以下一二一名、工兵隊將校以下一三〇名到着全部三十一列ニテ鐵嶺へ
五、郭軍本日午前十時新民屯占領ノ報アリタリ
六、守備隊ノ要求ニ依リ老命廟丁場員家族奉天ニ引揚社宅ヲ守備隊ニ提供セリ
十二月二十二日（火曜日）
一、黑龍江第十八師步兵五十一名武裝ノ儘長春へ
遼陽巡警四〇名武裝ノ儘二十列遼陽へ
二、副社長一一列ニテ來着岡田營口領事七列ニテ來着
第八旅團長モーターカーニテ柳條溝往復

（光明洋行納）

588

695

南滿洲鐵道株式會社

三、時局ノ爲派遣第一大隊本部ヨリモーターカー使用ノ要求アリ在奉ノ分ニテ不足ノ爲運山關、安東保線區ヨリ各一輛運轉手ト共ニ奉天保線區ヘ派遣方手配ス

十二月二十三日（水曜日）

一、日本軍無電材料、自働車及サイトカー積軍用材料第五十九列ニテ到着

二、午前十時頃ヨリ製糖會社西方李官堡附近ニ於テ砲聲盛ニ聞ユ午后六時頃迄連續セリ午后〇時頃ヨリ避難民多數殺到シ來レリ時局情報ニヨレハ昨夜ヨリ兩軍戰鬪開始セラレ徹宵合戰シ本日モ亦各方面ノ戰鬪經續セラレ夜ニ至ル

三、奉鐵乙第一二四八號示達裝甲軌道運轉ニ關シ軌道車修理完成運轉手續ス

(光明洋行納)

589

四、驛構内適當ノ箇所ヲ選定シ日章旗ヲ建テ滿鐵附屬地タルコトヲ表示ス

五、線路從事員巡回ヲ除ク外平常通作業ニ從事ス

十二月二十四日（木曜日）

一、支那側軍需品輸送

二、京奉線ニ臨時列車運轉準備ス

三、時局情報ニ據レハ昨夜九時郭軍ヨリ領事ヲ通シ和議申入レアリ纏ラス午前三時不調ノ報郭軍ニ通セラルルヤ郭松齢ハ夫人ト共ニ避難民ニ紛シ逃レ午前八時三十七分更ニ郭ノ外全軍降伏救助ノ申入レアリシモ協議中戰鬪進展シ正午頃郭軍ハ全部投降ニ決ス今後ハ後仕末ノミ殘レリ

四、十九日ヨリ二十日迄ニ引渡シマシタ鐵道防護材料別紙ノ通

697

南滿洲鐵道株式會社

報告致シマス（本報告ハ關係個所ノミ）

（光明洋行納）

591

698

南滿洲鐵道株式會社

時局ノ爲鐵道防護材料貸與明細日報

大正十四年十二月十九日

貸與先	品名	品質及形狀	數量	摘要
臨時派遣步兵第二大隊	鐵線	八番 三〇〇〇M	瓩 三〇五	
〃	杭木	2.70m×15cm	本 三四〇	
〃	〃	1.80m×9cm	〃 二〇	
步兵六三聯隊	枕木	並新品	丁 七五〇	
〃	鐵線	八番 四〇〇〇M	瓩 四二〇	
步兵三九聯隊	杭木 雜木	1.8m×12cm	本 四〇〇	
〃	〃 松	1.8m×12-15cm	〃 二五〇	

14. 1. (共和號納)

592

699

南滿洲鐵道株式會社

步兵三九聯隊	杭木雜	3×12	本	六〇
〃	鐵線	十二番 一〇〇〇米	瓩	四五

14. 1. (納號和共)

593

700

南滿洲鐵道株式會社

時局ノ爲鐵道防護材料貸與明細日報

大正十四年十二月二十日

貸與先	品名	品質及形狀	數量		摘要
步兵三九聯隊	鐵線	八番 五〇〇	斤	五〇	
滿洲臨時派遣步兵第二大隊	ビーター	鋼	丁	八九	
〃	鶴嘴	〃	〃	二	
〃	柄		本	一〇〇	

14. 1. (共和號納)

594

701

南滿洲鐵道株式會社

時局ノ爲鐵道防護材料貸與明細日報

大正十四年十二月二十一日

貸與先	品名	品質及形狀	數量	摘要
野砲兵第一聯隊	枕木	新品	丁 一五〇	
〃	錞正	.8×.04	〃 一五〇	
步兵第六三聯隊	枕木	新品	〃 一、〇〇〇	
〃	鐵線	八番 一〇、〇〇〇	米 一、〇〇〇	
臨時派遣第一大隊	麻袋	土嚢	枚 五〇〇	
〃	枕木	並新品	丁 三〇〇	
〃	〃	〃	〃 四〇〇	

14. 1. (納號和共)

595

702

南滿洲鐵道株式會社

臨時派遣第一大隊	鐵線	八番 1000M	瓩	100
步兵第三九聯隊	〃	〃 1000M	〃	100
〃	鐵條網	有刺鐵線	米	1000
步兵三三旅團司令部	旗竿		本	三

14. 1. (共和號納)

596

703

南滿洲鐵道株式會社

時局ノ為鐵道防護材料貸與明細日報

大正十四年十二月二十二日

貸與先	品名	品質及形狀	數量		摘要
十師團經理部	鐵線	十六番 二五〇〇M	斤	五二	滿洲臨時派遣第一大隊要求ノ分
野砲兵第一〇聯隊	釘	0.4×0.8	本	二〇〇	
獨立重砲兵中中隊	松板	12×1×0.6	枚	六	
〃	鐵線	十四番	斤	二五	
步兵第四〇聯隊	〃	八番	〃	二〇	

704

南滿洲鐵道株式會社

步兵第四〇聯隊	合圖燈	手提丸型	ケ	二
〃	合圖旗	赤柄付	枚	二
〃	〃	青柄付	〃	二
〃	發雷信號		ケ	二〇
文官屯守備隊	鍋	三升	〃	一

文官屯驛長宛發送ス

14. 1. （共和號納）

598

705

南滿洲鐵道株式會社

時局ノ爲鐵道防護材料貸與明細日報

大正十四年十二月二十三日

貸與先	品名	品質及形狀	數量		摘要
步兵第四〇聯隊	鐵線	八番 五〇〇M	瓩	五四	
步兵第二大隊四中隊	石炭	切込 四五〇	屯	一、七	
步兵第三九聯隊	鶴嘴	柄付	丁	五〇	
臨時派遣第一大隊	鐵條網	有刺鐵線	米	一、二〇〇	
〃	麻袋	土嚢	枚	六〇〇	
〃	ペンチ	8″	丁	四	

599

706

南滿洲鐵道株式會社

臨時派遣第一大隊	ステープル	1"	瓩	五	
〃	枕木	古	丁	五〇〇	老命廟ヨリ現品渡スミ
〃	足場丸太	26'—30'	本	四五	
〃	枕木	並新品	丁	九五	
〃	鐵條網	有刺鐵線	米	四〇〇	
虎石臺守備隊	杭木	1.8×1.2	本	二〇〇	

大正十四年十二月二十四日

14. 1. (納號和共)

600

773

南滿洲鐵道株式會社

奉鐵庶第一四・二九號ノ五ノ七

大正十四年十二月二十八日

奉天鐵道事務所長

鐵道部長殿

奉天鐵道事務所時局日誌送附ノ件

首題二十五日ヨリ二十八日迄第六報送附シマス

(光明洋行納)

668

十二月二十五日（金曜日）

〃張軍勝利確實トナル

〃特ニ記ス可キコトナシ

十二月二十六日（土曜日）

〃郭松齡夫妻死体昨夜到着シ小河沿公園ニ曝サレ見物人織ルカ如トシ

十二月二十七日（日曜日）

〃張、郭戰鬪終了セシヲ以テ第十師團司令部ハ二十九日午後引揚ニ決定ス

〃時局事務所モ亦三十日限リ閉鎖ストノ通知ニ接セリ

〃午後五時半ヨリ滿鐵ハ松梅軒ニ時局ノ爲奉天駐在ノ軍隊首腦部六十餘名ヲ招待セリ

775

南滿洲鐵道株式會社

四二〇列車ニテ重砲兵九〇名旅順ニ歸還ス

五、三六列車ニテ砲四旅順ニ輸送ス

十二月二十八日（月曜日）

一、今日ヨリ朝鮮方面ノ滿洲ニ臨時派遣セシ軍隊續々歸還ヲ開始ス

二、二二列車ニテ將校二三、兵士二八九名平壤ニ

三、二二八列ニテ將校三八、兵士五〇四名龍山ニ歸還輸送ヲナス

（光明洋行納）

670

满铁时局事务所关于郭松龄倒戈事件的时局日志（一九二五年十二月七日至十二月三十日）

1

日誌

十二月七日　月曜　晴

一、梅野理事保々学務課長（地方部長代理）来奉ス

一、午前十時ヨリ梅野理事（保々課長、佐藤鉄道事務所長、鈴木運輸課長、後宮嘱託中佐随行）左記箇所ヲ訪問ス
挨拶ノ為ナリ

守備隊本部　　奉山旅団司令部

総領事館　　満鉄公所

菊池公館

南満洲鐵道株式會社

2

2

一、梅野理事各所ヲ訪問シ一般情況ヲ
明ニシタルヲ以テ本社ニ意見ヲ具申シ
時局ニ関スル事務ヲ処理スルコトニ決セリ
一、午前十時吉林軍顧問林中佐来訪吉
林軍約八百名貨物或ハ[illegible]ノ輸送ヲ請
ハレシヲ以テ總領事館及本社ト交渉シ
武装ヲ解除シタル後輸送スルコトニ決セリ
但シ賃金ハ日貨現金払
一、菊池少将郭軍方面ニ使スル為メ装甲
列車ヲ宮奉線上ニ運転スルコトヽナリ之カ諸
準備ヲ奉天鉄道事務所ニ命シタリ

南満洲鉄道株式會社

十二月八日 火曜

一、満鉄時局事務所ヲ奉天鉄道事務所内ニ開設ス其業務実施要項次ノ如シ

閲

一、時局ニ関シ奉天ニ満鉄時局事務所ヲ置ク（電報略号ホテジジ）

二、本所ハ時局ニ関スル情報ノ蒐集本社トノ聯絡應急処置等ノ事務ヲ掌ル

三、事務室ハ奉天鉄道事務所長室内ニ之ヲ置ク（電話番号社内二局三〇〇番）

3

社内特別長距離加入（及公衆ト連絡ス）

四、本所ノ事務ハ駐在理事之ヲ主宰ス

五、本所ニ左ノ所員ヲ配置ス

大藪鉦太郎

後宮中佐

伊藤[illegible]

稲川利一

河村文三郎

梶　ハル

一、午後三時五十分福原師団長幕僚ヲ随ヘ遼陽ヨリ着奉セラレ司令部ヲ公

南滿洲鐵道株式會社

5

會堂内ニ置ク

一、黒龍江軍歩兵六ケ大隊騎兵二ケ大隊ノ兵員四千五百人馬匹約五百頭ヲ洮南經由四平街ヨリ奉天ニ輸送スルニ當リ武装解除スヘキヤ否ヤニ就テ疑義アリ師團長ノ到着ヲ待チ結局武装ヲ解除セサルコトニ決定セリ

一、附屬地内ヲ通過スヘキ支那武装兵ハ凡テ日本領事ノ認可書ヲ携行スルコトニ定メラレタリ

一、時局事務所設置ノ件ヲ右記各所ニ通

4

6

知ル

社内

秘書課長、〃人事課長　庶務部長

興業部長　地方部長　経理部長

東京支社長　鞍山製鉄所長　鉄道部長

撫順炭礦長　哈爾賓事務所長　北京公所長

奉天公所長、鄭家屯公所長　吉林公所長

齊々哈爾公所長、医科大学々長　奉天地方事務所長

奉天鉄道事務所長　奉天駅長　奉天機関区長

奉天保線区長　奉天通信区長　奉天列車区長

社外

南満洲鉄道株式會社

總領事館　衛戍司令官　菊池公館
守備隊長　警察署長　憲兵隊長
在郷軍人分会長　居留民会長　連山関守備隊長
公主嶺守備隊長　大石橋守備隊長

一、十二月七日重役会議決議事項ヲ文書課長ヨリ通知アリ右ノ如シ

時局ニ関スル件

(一) 武装ヲ解除サレタル兵士ハ普通一般ノ客ト做シ輸送スルコト

(二) 但シ多数兵士ノ団隊輸送ハ今迄通リ總領事ノ承認ヲ得タルモノニ限ル

南満洲鉄道株式会社

5

右ハ郭軍ト張軍トノ区別ナシ

(三) 右輸送ニ関スル費用ハ相当ノ責任者（例ハハ王旅長ノ如キ）ノ申出ナルハ後払ニテモ差支ナシ

(四) 奉天避難民ハ奉天鉄道事務所ニテ可然随時列車ヲ出スコト

(五) 張カ公然退去ノ場合ニハ臨時列車ヲ出スハ差支ナキモ戦争ノ為メ逃ケ出ストキハ一時適当ノ処ニ避難セシメ然ル後普通列車ニテ輸送ノコト

(六) 物件処理事ニ引續キ帯有ヲ願フコト

南満洲鐵道株式會社

9

（七）旅順ホテルヲ一時レザーブセルモ右ハ解除シ
普通客ノ取扱ヲナシテモ差支ナキコト（但シ
何時ニテモレザーブスルカ知レザルコト）

（出席者）社長、副社長、大蔵理事、
森理事、鉄道部長、庶務部長、地方部長、
高柳嘱託、經理部長代理、文書課長代理、

十二月九日　水曜　晴

一、時局事務ニ関スル費用支出科目ニ関シ照會ニ
對シ鉄道部長ニ照會ノ電報ヲ發ス
一、東京支社長ニ宛テ時局ニ関スル特報ヲ

南満洲鐵道株式會社

6

10

電報ニテ發信ヲ要セリ

一、タイピスト手不足ニ付熟練者一名至急派遣方ヲ文書課長ニ要求セリ

一、京奉線北京天津間昨八日ヨリ不通トナル

一、午後二時梅野理事王省長ヲ訪問シ約半時間會談ス

一、奉天集中軍隊ノ統率者並ニ所在箇所左ノ如シ（亞剌比亞數字ハ公衆電話番号）

第十師團司令部　中將　福原佳哉

奉天公會堂　832

第八旅團司令部　少將　柴山重一

南滿洲鐵道株式會社

11 0: 11

駐剳隊院内 1924

第三十三旅団司令部 少将 磯田良逸

奉天俱楽部 1921

第六十三聯隊本部 大佐 松本三太郎

奉天俱楽部 1920

第四十聯隊本部 大佐 西尾壽造

駐剳隊院内

第三十九聯隊本部 大佐 鎌田弥彦

駐剳隊院内

奉天守備隊 中佐 富田第吉

警察署対門 1529

南満洲鉄道株式会社

7

12

奉天駐箚隊 少佐 益井継太郎

駐箚隊29 富岡雄蔵

奉天憲兵隊 少佐 藤井継太郎

憲兵隊5

日本憲兵城内出所 大尉 杉田

満鉄公所67

南満洲鉄道株式会社

十二月十日　木曜　晴

一、船津辰一郎氏（元奉天総領事）ガ七
列車ニテ来奉

一、庶務部調査課情報係中山四郎
奉天附近情報蒐集ノ為メ来所
セルニヨリ庶務部情報作成ノ傍ラ
当所事務手伝ノ件庶務部長
ニ依頼セリ

一、時局事務ニ関スル費用支出科目ノ件
当所所長ニ対シ鉄道部長ヨリ左ノ
照会アリ

14

南満洲鐵道株式會社

支出科目ハ總体費本社費文書課臨時費（時局事務費）トシテ整理ノコト

尚右臨時支出ヲ要スルトキハ其都度文書課ニ申請セラレタシ

一、京奉線列車奉天駅ニ着発無キモ一個列車モ皇姑屯新民屯間ハ軍用列車ニ往復ヲ運轉シツツアリ奉軍ニ占領區域内ニ於ケル機関車三十一臺アル由

十二月十一日　金曜　晴

一、梅津参事洮昂線建設工事ニ従事スル日本人保護ニ関シ打合ノ為メ来斉セリ

一、洮昂線従事日本人保護ノ件ニ付梅野理事ハ佐藤鉄道事務所長、地方部長代理保々課長、野村庶務部庶務課長、鐘田公所長、後宮嘱托中佐、梅津参事ヲ帯同シ総領事館ニ会集吉田総領事列席左ノ通リ協定セリ

洮昂線建設工事ニ従事セル日本人

16

保護ニ就テノ覚

大正十四年十二月十日
於奉天総領事館

一、洮昂線建設工事ニ従事スル日本人保護ノ為メ奉天総領事ヨリ于ニ、領事及鎌田公所長ヨリ通シ呉督弁ニ之カ保護ヲ依頼スルコト

二、警備ノ補助トシテ満鉄ニテ自衛団ヲ組織スルコトヲ考慮スルコト

三、危急ノ場合ニハ警察官吏及補助憲兵ニヨリ組織セル救援隊ヲ四平街

南満洲鉄道株式会社

及奉天ヲ派遣スルコトヲ豫メ決定シ總
領事ヲ關東長官ニ協議スルコト
右協議列席者
吉田總領事
梅野理事
鐵道事務所長
鎌田公所長
保々課長
野村庶務課長
梅津參事
後宮中佐

南滿洲鐵道株式會社

18

(備考)軍隊派遣ノコトハ近ク協議スルコト

一、午後三時梅野理事張作霖ヲ訪問ス

一、支那兵軍事輸送ニ関スル件吉田總領事ヨリ左記ノ通牒アリ

機密 満秘第三二号

大正十四年十二月十一日

在奉天總領事 吉田茂

満鉄 梅野理事殿

支那兵輸送ニ関スル件

19　　e

本件ニ関シ関東長官ハ大要別紙ノ通リ
電報致置候条御了承相成度
及回答候也

（別紙）

満鉄支那兵軍事輸送ニ付テハ兼而ノ
取扱ヒ一定セルモ張作霖ノ地位動揺ノ今
日取扱上多少疑義生スヘキヲ考慮シ
当地衛戍司令官、梅野理事ト協議
ノ結果形勢ノ変化ニ以テ更ニ適宜変
改スルコトアルヘキモ当分ノ左ノ通リ取極メ候ニ付
御含置ヲ乞フ

南満洲鉄道株式会社

11

-20

東三省ノ實權者トシテノ張作霖ノ權力地位存續ノ期間其所屬部隊ハ正當政府ノ正規兵ト認メ武裝ノ儘輸送シ但シ統率者ヲ有セサルカ又ハ有スルモ規律ナシト認ムヘキ部隊ニ對シテハ武裝解除スルニ非サレハ之ヲ輸送セス

郭松齡ノ權力樹立セラレタリト認メラルル以後ハ張作霖所屬部隊ニ對シ與ヘタルト同樣ノ取扱ヲナシ郭松齡所屬部隊ヲ以テ正當政府ノ正規兵トシ武裝ノ儘輸送シ「張作霖ノ部隊ハ武裝

21 08 1

解除スルニ非ザレバ輸送セズ

一、福原師団長ヲ主賓トシ午後六時ヨリ
金六ニ於テ根室女ヲ招ジ列席者左ノ通リ
福原中将、武藤参謀長
宇山少将、磯田少将、原田中佐
吉田總領事、船津元總領事、
内山領事、
梅野理事、赤羽理事、井上地方所長
佐竹鐵道所長、鎌田公所長、保々課長、
松室嘱託中佐、梅津参事、大藪参事
○華繼少将ハ差支アリ欠席

南滿洲鐵道株式會社

12

22

十二月九日 土曜 晴

一、庶務部長ヨリ中山司郎当所事務手傳差支ナキ旨返電アリ

一、奉天發旅順着鎮威上將軍托送航警司軍艦渡ニ武器及彈藥梱車ヨリ本日第五十列車ニテ發送セリ通関等ノ関係アリ取扱ヲ食料取扱トシ賃金差額ハ別ニ之ヲ徴收スルコトヽセリ

一、第十師團吉田經理部長來所セル防禦用工事材料ニ関スル件ニ付キ左記覚書ノ通リ協定セリ

防禦工事用材料ニ関スル覚書

23

大正十四年十二月十日

於滿鐵哈爾濱事務所

奉天警備ノ防禦工事ニ要スル材料ハ師團ノ要求ニ依リ會社ニ於テ成ルヘク之ヲ提供スルモノトス

其ノ代價ハ軍部ニ於テ補償スルヲ本旨トシ細項ニ就テハ臨機ノ協議ニ依ルモノトス

立會者　第十師團　吉田經理部長

松井理事

經營事務所長

濱宮中佐

南滿洲鐵道株式會社

13

24

松尾（私）庶務係長
黒田（印）経理係長

一、午後八時頃営口駅長ヨリ郭軍営口ニ進出シ~~根拠~~及~~有~~甚溝城内五道家子保線工場ニ奉天飛行機隊墜落ノ情報アリ各関係ケ所ニ通報ス

一、~~営口駅長ヨリ~~洮南公所長ヨリ（電報三六）軍隊輸送ニ関スル手續及武装解除要求内容等ニ付テノ取扱方指示ヲ乞ヒ来レルニヨリ右ノ通リ返電セリ

電文

28 電見 東三省ノ實權者トシテ張作霖ノ權力地位存續ノ期間ハ其所屬部隊ヲ正當政府ノ正規兵ト認メ武装ノ儘輸送差支ナキモ但シ統率者ヲ有セサルカ又ハ之ヲ有スルモ規律ナキト認ムヘキ部隊ニ對シテハ武装解除スルニ非サレハ之ヲ輸送セサル義ト承知アレ 護照ノ手續ハ長春鐵道事務所ニテ手配スヘキニ依リ兵種數量等ヲ詳ニシ同所長ニ通知アリタシ

一、独立守備隊司令部トノ連絡及沿線警備状況視察ノ為メ後宮中佐公主嶺出張

26

十二月十三日 日曜 晴

一、郭軍ノ一部営口ニ進入ニ付左記電報ヲ
奉天営口間各駅長ニ發セリ
郭軍ノ一部隊営口附近ニ現ハレ営
口市民ハ大ニ脅威ヲ感シ居レリ此分ニテハ
或ハ営口ニ奉天間何レカノ地点ニモ現ハ
ルヤモ知レズ之ニ関シ特ニ注意シ異状
アラハ其都度知ラセ乞フ

一、営口驛長ヨリ左ノ通リ電照アリ
本日午前三四時頃郭軍一旅溝帮子ヨリ
河北ニ来タリ仍テ當地海防練軍ノ営將卒

南満洲鐵道株式會社

三百海城ヘ逃走ノコトトナリ人心動揺セリ
就テ当駅市内営業所ニハ綿絲布其他
三百萬ノ貨物保管シアリ当地警備計
画ニ依レハ人員不足ノ為メ市内営業所ノ
警備不能トナリ居ル目下共匪市ニ擾乱
起リ市内営業所危ク附属地ニ避難
セシメシ跡ノ何分ノ処置講メ指令アリ
タシ

右ニ対スル返電左ノ通リ発送セリ

又電見市内営業所ノ守備ニ対シテハ
兎ニ角貴地官憲ニ事情ヲ具ミテシ

28

特ニ保護ヲ乞ヒ市内営業所ニ八日
本人ノ所有ナルコトノ標示ヲ為ス最後
マデ其安全ヲ期セラルヘシ
一、洮南公所長ヨリ呉俊陞一行十二日午後
七時卅分洮南着少憩ノ後四平街ニ向ケ
出発セリ輸送ニ必要ナル我官憲ノ証
明手續其他ニ就テハ鄭家屯領事及
四洮局吉野達四郎ヨリ経テ手配方依頼
アリタル旨電報アリ
一、呉督弁一行三十名ハ本日十八列車ニテ四平
街ヨリ乗車来奉

南満洲鉄道株式會社

一、営口駅長ヨリ市内営業所ノ警備ハ支那官憲ノ手ニテ為スコトニ領事ノ諒解アリタル旨電報アリ

一、右記電報ヲ哈爾賓事務所長、齊々哈爾、鄭家屯、洮南、吉林公所長ニ發シ置キタリ

今未明営口対岸河北ニ郭軍（馬）旅長ノ率ユル一部隊進入シ来リ満潮ヲ見計ラヒ船ニテ営口ニ上陸セントセシガ関東軍司令官ハ鉄道附属地及其附近三十キロ以内ニ於テハ断然上陸ヲ

30

許サストノ警告ヲ郭軍ニ與ヘ郭軍ハ之ニ対シ今夜若クハ明朝マデニ回答スル筈

一、後宮中佐帰所ス銭家以北ノ情況ハ概シテ平静ナリ

南満洲鐵道株式會社

十二月十四日　日曜　晴　寒気緩

一、文書課ヨリ助勢ノ為メ派遣セル「タイピスト」北田菊江昨日来着本日ヨリ執務ス

一、南保守備隊司令官本日第十二列車ニテ来奉

一、松井少将本日第七列車ニテ内地ヨリ帰奉セリ

一、独立守備隊司令部ト在奉同第二大隊本部トノ連絡ヲ密接ニシ以テ鉄道警備ニ遺漏ナカラシムル為メ今後毎日午後六時鉄道電話ヲ使用シテ定期

32

用談ヲ為スノミ認メタリ

一、總領事ノ發議ニ依リ時局ノ進展ニ伴ヒ連絡情報交換ノ為メ毎日午前九時ヨリ衛戍司令部、特務機関、満鐵、憲兵隊、警察署ノ責任者總領事館ニ參集出頭協議ヲ為スコトニ定メ本日其ノ第一回ヲ開催セリ

一、午後六時長谷部司令官ヲ公記飯店ニ招待ス

出席者　主賓長谷部少將、仝副官
富田守備隊長、[illegible]理事

南滿洲鐵道株式會社

33　33

根宮中佐　佐藤所長

伊藤参謀　大藤参謀

秋山部長

南満洲鐵道株式會社

18

34

十二月十五日　火曜

一、鎮威上将軍托送、航警局軍艦渡
シ兵器弾薬受取方ノ為メ本日第十四
列車ニテ曾廣欽、奉天ヨリ旅順ニ
赴ケリ

一、関東軍司令官ヨリ張郭両軍ニ對シ
再ヒ左ノ警告ヲ発セラレタリ
本司令官ハ帝国政府ノ方針ヲ體シ茲
ニ両軍司令官ニ対シ再ヒ警告ヲ発
スルノ光栄ヲ有ス日本軍ハ南満鉄
道ノ両側並ニ該線ノ終末点ヨリ約

二十支里（約十二キロ）以内ニ於テ直接戦闘動作ハ勿論我附属地ノ治安ヲ害スル恐アル軍事行動ハ之ヲ禁止スル後本警告ニ対スル交渉アレバ貴国政府ヲ経テ正式ニ帝国政府ニ交渉セラル

可トス

一、洮昂線従事日本人保護ノ件ニ関シ吉田總領事ヨリノ打電ニ対スル齊々哈爾及鄭家屯領事ノ返電ヲ吉田總領事ヨリ通知アリタリ

十二月十二日午后九時着電

南満洲鐵道株式會社

齊々哈爾中野領事代理殿

吉田總領事

一、貴電ニ関シ呉督弁ハ既ニ出發セシ後ナリシニヨリ張交渉員ニ対シ直ニ貴電ノ如ク保護方ヲ申入レ處張ハ之ヲ快諾シ其直ク様泰來縣知事ニ対シ同縣駐屯ノ軍隊ヲシテ保護セシムル様電命セリ

當地満鐵公所長ノ談ニヨレハ洮昂沿線ノ邦人ハ大部分引揚ケ頃ニテハ同下海拉方面ニ十數名在留スルノミナリトノコト

ナリ

同日午後九時卅分着電

鄭家屯中野領事代理発

吉田總領事宛

貴電ニ関シ白音太拉ニ暴動蜂起セリ
云々ノ事ハ本月十一日洮遼鎮守使張懐寛
ノ部下騎兵一営約二百五十名ヲ引率セシメ
治安維持ノ為メ当地ヲ経テ白音太拉ニ派
遣シタル事実ヲ誤伝セルモノト思考セラル

現在同地ハ安静ナリ

一、本日午前十一時梅野理事ト鎌田公所長、

後宮中佐同行）ハ呂督軍ヲ訪問シ洮昂鉄道沿線日本人保護其他ニ関シ懇談セリ

一、梅田理事ハ本日十四列車ニテ大連来社シ出張ス

一、奉天電燈営業所大浦主任ヨリ致シ鉄道事務所伊藤参事ト共ニ撫順送電線ニ萬一ノ故障起リタル場合ノ非常應急手段ヲ協議セリ

39

十二月十六日水曜 晴 寒氣弛ノキモ風ナシ

一、本日午前十時ノ定期電話報告ニ奉軍飛行機敵状偵察報告ヲ副社長ニ通話セシモ本件ハ書面情報ニ記録セラルヽニ付キ左ニ之ヲ録ス

昨日飛行機ニテ敵状偵察帰来後ノ報告ニ依レバ新民屯以西ノ鉄道橋梁、線北タクレハ大半破壊サレシモ郭軍ハ工兵隊ヲ有スル為メ應急ノ修理ヲ為シ運轉ニ差支ナキ程度ニ復旧セリ目下饒陽河ヨリ溝幇子ノ間ニ運行中ノモノ及

21

40

停車中ノモノ或ハ拾壹個列車アリ郭松齢ハ溝帮子ニ在リ主力モ殆ト同地ニ集合セラレ先頭約一個旅ハ已ニ白旗堡ニ入リ饒陽河ニ三個列車停車シ居レリ兵数ハ概算一万五千乃至二万ナルヘク明朝頃或ハ新民屯附近迄進出セルモノト想像セラル

一、奉天電燈營業所大浦主任ト昨日打合セタル件ニ関シ本日總領事館ノ會合ニハ鐵道事務所伊藤参事ヨリ大体ノ豫告ヲ為セリ

41

十二月十七日　木曜　晴　寒氣緩

一、梅野理事以下大連発第十三列車ニテ帰所

一、朝鮮ヨリ出兵セル龍山部隊本日着奉、専門学校及中学堂ニ收容セラル

一、満鉄臨時派遣部隊編成及派遣ニ関シ関東軍参謀長ヨリ後宮中佐ヘ左ノ通リ通牒アリ

関参命第四〇号

命令

十二月十六日午前九時
於関東軍司令部

22

62

一、支那時局ノ為メ左記部隊ヲ満洲ニ
派遣セラル

第一次

満洲臨時派遣歩兵第一第二大隊
野砲兵第一第二中隊
朝鮮軍ヨリ

第二次

満洲派遣混成第一旅団……第十二師団ヨリ

同　無線電信隊
同　第一及第二自働車班
近衛師団ヨリ

以上ノ部隊ハ鴨緑江通過ノ時ヨリ軍ノ
指揮ニ入ラシメタル

43

二、第一次派遣部隊ハ十二月十六日及十七日奉天到着ノ時ヲ以テ第十師団長ノ指揮ニ入ラシム但シ歩兵一大隊及野砲兵一中隊ハ随時軍ノ使用ニ供スルモノトス

三、第二次派遣部隊ハ十二月十八日及十九日釜山ニ上陸シ逐次奉天ニ輸送セラル

右部隊ノ使用ニ関シテハ追テ命令ス

四、細部ノ事項ニ関シテハ軍参謀長及各部長ヲシテ指示セシム

五、軍ハ暫ク旅順ニ在リ

関東軍司令官　白川義則

南満洲鉄道株式会社

23

-44

一、高柳嘱托奉天ニ出張

南満洲鐵道株式會社

45

⑥

十二月十八日（金曜）晴　寒気強し

一、本日ヲ午前ノ定期通訳ヲ午後二時ニ改メ尚大藏ヲ文書課長ヲ呼出シ通訳スルコトトセリ

南滿洲鐵道株式會社

24

十二月十九日 土曜 寒氣少シク弛ム

一、奉軍敗北シ郭軍東三省ヲ支配スルコトヽナルヤ營口道尹及巡警等ハ逃走シ無警察トナルヘキニ付其際ハ日本兵ヲ以テ一時守備スルコトニ守備隊長、憲兵隊長、領事、警察署長、地方事務所長、驛長會合協議ノ上取極メタリ

右ノ件張郭両軍ノ何レガ戦勝スルモ其結果ヲ急速ニ知ル必要上時局事務所ヨリ営口驛長ニ通報ノ件依頼アリ承認セリ

在奉各部隊並主要公官衙執務位置及電話番号左ノ如シ

第十師団司令部	参副一、五六七 経、八三二	奉天公会堂
歩兵第八旅団司令部	一、九二四	駐剳歩兵第三十九聯隊兵営
歩兵第三十九聯隊	二九	駐剳歩兵第三十九聯隊兵営
騎兵第十聯隊	二九	駐剳歩兵第三十九聯隊兵営
工兵第一中隊	二九	駐剳歩兵第三十九聯隊兵営
歩兵第三十三旅団司令部	一、九二一	満鉄社員倶楽部
歩兵第六十三聯隊	一、九二〇	満鉄社員倶楽部
歩兵第四十聯隊	一、九二五	支那人合同宿舎（昔ノ北大営）
野砲兵第十聯隊	一、五二九	独立守備第二大隊兵営

南満洲鉄道株式会社

48

重砲兵中隊	軍用電話	細菌研究所
独立守備第二大隊	一、五二九	
奉天憲兵分隊	五	
衛戍病院	一〇九	
満洲臨時派遣歩兵第一大隊	一、九二七	教育専門学校
同野砲兵第一中隊		
同歩兵第二大隊	一九七	中学堂
奉天領事館	一、八〇八	
地方事務所	五、一〇〇	
菊地公館	一、三八一	
時局事務所	二三〇	

南満洲鉄道株式会社

出

奉天駅	一〇三	
奉天憲兵隊	一〇一	
東拓奉天支店	五、一四〇	
瀋陽館	五、一一〇	
遼陽第十師団司令部	八二	遼陽
同　歩兵第卅九聯隊	三一	同
同　歩兵第十聯隊	三五二	同　歩兵第卅九聯隊兵営
理事公館	一、五六九	社内一一五
大華社宅	一、六五二	

26

50

一、鎌田氏ヨリ預リシ貴重品保管（貨車ニ積込ミ）並ニ輸送（貨車到着ニシテ大連ニ直送便乗者ノ為メカブス一増結）ノ件ニ付鉄道事務所ト協議手配セリ

一、内地ヨリ派遣ノ混成旅団長斎藤少将並幕僚ト共ニ十九日午後一時到着入奉シ駅頭出迎者多シ 本夜奉天宿泊明廿日任地鉄嶺ニ向ハルヽ筈

十二月二十日　日曜　晴　空気弛ム

一、十二月十九日ヨリ臨時関東軍憲兵隊本部ヲ奉天憲兵分隊内ニ開設セラル、旨奉天憲兵分隊長ヨリ通牒アリタリ

一、軍隊ノ免費乗車ニ関スル件ニ就テ文書課長宛書復信セリ（内田少佐ニ書面持送）

一、軍隊警察官ニ慰問品ヲ贈呈スル方策ニ就テ文書課長宛書復信セリ（書面合前）

52

十二月廿一日　月曜　雪

一、梅野理事日帰ニテ撫順往復

一、本日午前十時過奉軍ノ大ナル抵抗ナクシテ郭軍新民屯ニ入市セリ

一、遼河決戦後ノ奉郭両軍輸送ニ関シ当方意見ヲ本社重役ニ電話セリ

右ニ対シ本社重役ノ意見トシテ左ノ通リ電話アリ（大村局長ヨリ）

遼河決戦後ニテモ支那軍隊輸送ノ振合ハ従前ノ例ニテ可ナリ張作霖愈々敗北シテ其職ヲ罷メラルル迄ハ張ノ軍隊

ヲ正當政府ノ正規兵トシテ認ムルハ正當ナ
ルベシト

54

十二月廿二日 火曜 晴 暖

一、十二月十六日附ニテ郭松齢ハ芳澤公使ニ電報ヲ張作霖カ硬貨一千万元ヲ満鉄附属地ニ移送シ又正金朝鮮両銀行ノ預金ヲ私有セントスル件ニ関シ抗議セルモ右ニ関シ昨日鎌田公所長ハ個人トシテ總領事ニ談合セリ

一、関東軍司令官ハ将校一名ヲ郭軍ニ派遣セラルルコトニ決定セリ

一、独立守備隊司令官ヨリ左ノ通リ通知アリ

爾今独立守備隊ノ各警備地区部隊ニ
対シ左ノ如ク名称ヲ附ス

1、独立守備歩兵第一大隊ノ擔任地区部隊ヲ　北部警備地区隊

2、独立守備歩兵第三大隊……………南部警備地区隊

3、独立守備歩兵第四大隊……………東部警備地区隊

（時宜ニヨリ「警備」ノ二字ヲ省略スルコトヲ得）

一、本日午後六時ヨリ

一、大平副社長大蔵理事上田秘書役軍

隊慰問ノ為メ来奉セル

一、本日午後六時ヨリ副社長ノ招宴ヲ

開ク来会者左ノ如シ

56

宛

吉田總領事　岡田（新）榮仁領事

内山領事　藤原警察署長

大平副社長　大藏理事

梅野理事　高柳囑託

井上地方事務所長　後藤鉄路事務所長

鎌田公所長　上田秘書役

須宮囑託中佐　大葉参事

一、事務所ヲ三階ニ移ス

一、若杉要即本日ヨリ專ラ事務ニ從

57.

十二月廿三日　水曜　晴　少シ暖シ

一、副社長、上田秘書役軍隊慰問ノ為メ北上行セラル

一、大蔵理事重任、関興業部長重役ニ就任ノ旨通知アリ（大蔵理事ヨリ右報告）

一、大蔵理事本日十四列車ニテ帰社セラル

一、奉軍戦闘有利、白旗堡ニ入ル　郭軍司令部包囲セラレ同地大火　新民屯ニモ奉軍飛行機ノ投下セル爆弾ニテ停車場附近大火ヲ起セル由情報アリ

右各所ニ通知ス

30

58

十二月廿四日 木曜 曇 暖

一、郭軍幹部新民屯領事分館ニ和平説得方依頼アリ吉田総領事斡旋中ナルモ戦闘ハ継續ス

一、領事一行列車興隆店ニ向ケ出発ス仝駅着午後十一時十分（坂宮中佐 河村通譯同行）

一、郭松齢全ク破レ戦局奉軍ノ大勝利ニ帰セリ

一、高柳嘱託帰奉セラル

南滿洲鐵道株式會社

59

十二月廿一日　金曜　晴　暖

一、鉄車列車午後二時四十分協奉

一、関東軍司令官急行ニテ着奉

一、本日軍関東軍司令官ヨリ午後五時松梅軒

ニ招宴ノ案内アリ

林総理ト、次官中佐出席　大蔵欠席

一、總鉄車鍍ニ於テ関係アル関係者定

期会ハ明年四月限リ廃止ス

南満州鉄道株式会社

31

60

十二月廿六日 土曜 晴、曇

一、梅野理事梅阪ニ行ク

一、戦局定マリ昨日ヨリ今日ニ亘リ張学良ニ除クノ外張作相、呉俊陞、闞朝璽、汲金純、湯玉麟等前線ヨリ省城ニ凱旋セリ

一、稲川利一父危篤ノ報ニ接シ急遽帰省

南満洲鉄道株式会社

61

十二月廿七日　日曜　曇　寒、風アリ　午後雪降ル

一、本日午後五時三十分ヨリ社長ノ名ニテ軍憲其他市中ノ主ナル者ヲ松梅軒ニ招待ス

一、内田中佐来一札

一、高柳嘱托急行ニテ大連ヨリ来訪セラル

一、梅野理事[illegible]順ヨリ帰奉セラル

一、午後二時ノ定期直通話ハ本日中止ス
（本社休ミ、文書課長社宅ヨリ午前十時モ不在ノ為）

一、大蔵様依頼

一、村野理事大連ヘ出張

南満洲鉄道株式会社

32

62 62

十二月廿八日　月曜　晴暖

一、大若[illegible]来

一時當局ノ經理關係ニ就テノ覺ヲ作成シ軍司令部、独立守備隊司令部其他關係ノ向ニ送附ス

南滿洲鐵道株式會社

33

十二月廿九日　火曜　晴　寒気非常ニ強シ

一、第十師団司令部奉天ヘ帰還ス

一、張作霖ヨリ支那料理一卓寄贈

ヨリ（場所　洞庭春）

一、午後六時全社員ヲ以テ解散慰労宴開催

一、中山四郎（書記）[illegible]州長春方面ヘ出張

64

十二月廿日　金曜　晴　大寒　烈風

一、撫順理事大迫ヨリ呼ハル　事務所

閉鎖ニ付接收ノ為メ関係者ト打合セル

一、メイ炭上水田キリエ（手附ニ付）参ル呼ハルモ出ム

一、植宮中佐訪問

一、河村通訳同行

当社本日限リ閉鎖

南満洲鐵道株式會社

34

满铁理事松冈洋右关于在奉军内讧事件中满铁采取全力支持张作霖之方针事致满铁社长安广伴一郎的电报（一九二五年）

61

電報譯文

發信者名	受信者名	發著時間
松岡理事	社長	大正　年　月　日午　時　分發 大正　年　月　日午　時　分著

極秘、情報区々ニシテ時局ノ推移ハ逆睹シ難キモ此際満鉄トシテハ（1）極力張作霖支持ニ努ムヘシ将来如何ニ形勢変化スルモ断シテ其レカ為後累ヲ受クル虞ナシ（2）萬一張作霖失脚ノ際ハ力ノ及ブ限リ同人及ヒ其ノ一族ヲ保護シ無事〔テイエヤリツトムベシ〕以上ノ方針ニヨリ措置シ斯ル際有リ勝チノ小利ロ

社長ヨリ文書課長写

送付濟

63

南滿洲鐵道株式會社

62

電報譯文

發信者名	
受信者名	
發著時間	大正　年　月　日午　時　分發 大正　年　月　日午　時　分著

ナル愚論ニ耳ヲ傾ケラレザル様申スマデモナキコトナガラ為念御注意申上グ、尚着京後西園寺公、加藤首相、幣原外相、陸海軍当局、参謀本部、軍令部並後藤子、田中男、牧野内大臣其他ニ赤化ノ憂ヲ力説シタル処何レモ同憂（ドウレウ）ヲ懐カル、殊ニ西園寺、牧野、後藤子等最モ好ク了解

寫

送付濟

南滿洲鐵道株式會社

64

63

寫

電報譯文

發信者名	
受信者名	
發著時間	大正　年　月　日午　時　分發 大正　年　月　日午　時　分著

サレ非常ニ重大視サル、

又時局ニ關シテハ外務・陸軍兩方理サレテ

極力東三省ノ秩序安寧保持

ノ見地ヨリ郭松齡ヲシテ關外ニ進入セシメザ

ルコトニ要望方運動シ居レリ市會マデ

（了）

送付済

南滿洲鐵道株式會社

65

满铁社长室文书课关于请速告知吉林省省长诚允等三人别号事致满铁奉天公所的电报（一九二七年四月六日至八日）

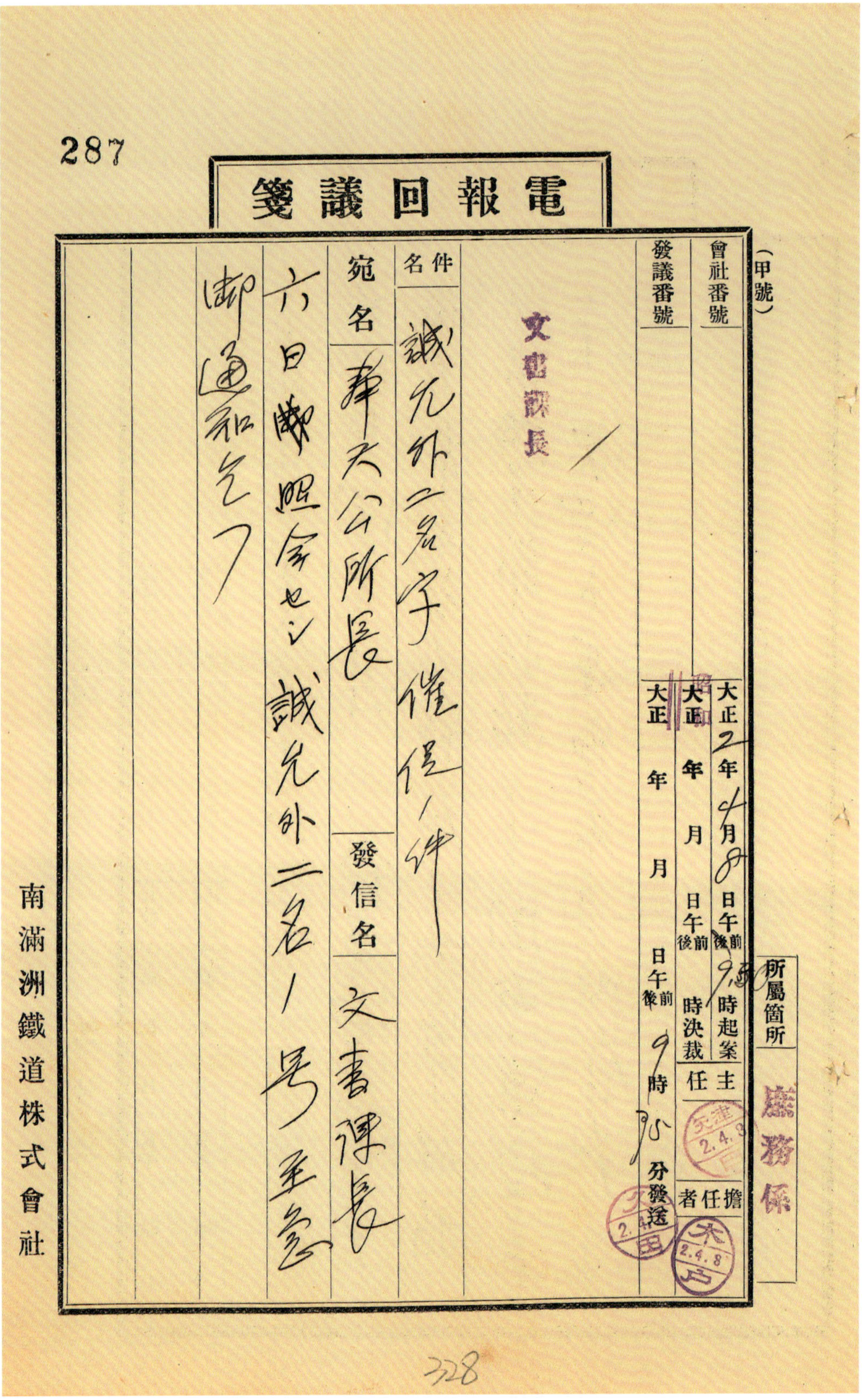
287

電報回議箋

（甲號）

會社番號

發議番號

文書課長

件名：誠允外二名字催促ノ件

宛名：奉天公所長

發信名：文書課長

六日御照会セシ誠允外二名ノ号至急御通知乞フ

大正2年4月8日午前9.30時起案 主任

昭和 年 月 日午前後 時決裁 任

大正 年 月 日午前後 9時15分發送 擔任者

所屬箇所：庶務係

南滿洲鐵道株式會社

228

288

電報回議箋

（甲號）

會社番號

發議番號

文書課長

件名　誠允外二名宇迴含ノ件

宛名　奉天公所長

發信名　文書課長

吉林省長誠允、洮昂鉄路工程局長于長富、四洮局副局長郭則沈、以上三氏ノ宇迴含（郭ナシ）至急御通知乞フ

大正2年4月6日午後1時起案

大正　年　月　日午前後　時決裁

大正　年　月　日午後3時25分發送

主任

擔任者

所屬箇所　庶務係

南滿洲鐵道株式會社

329

289

吉井省長　誠允　執忠

洮昂局長　于長賓　景濤

洮昌道尹　戰滌塵　鄭晴

撫順縣知事　李壽東　洋溪

四洮局副局長　郭則沄　南石春

元吉長、四洮局長　闞鐸　霍初

南滿洲鐵道株式會社

(15. 8. 光明洋行納)

330

东京支社庶务课、满铁地方部关于参谋本部要求修改独立守备队守备区域事致满铁社长室文书课的一组函电（一九二七年四月十六日至十八日）

东京支社庶务课致满铁社长室文书课的电报（一九二七年四月十六日）

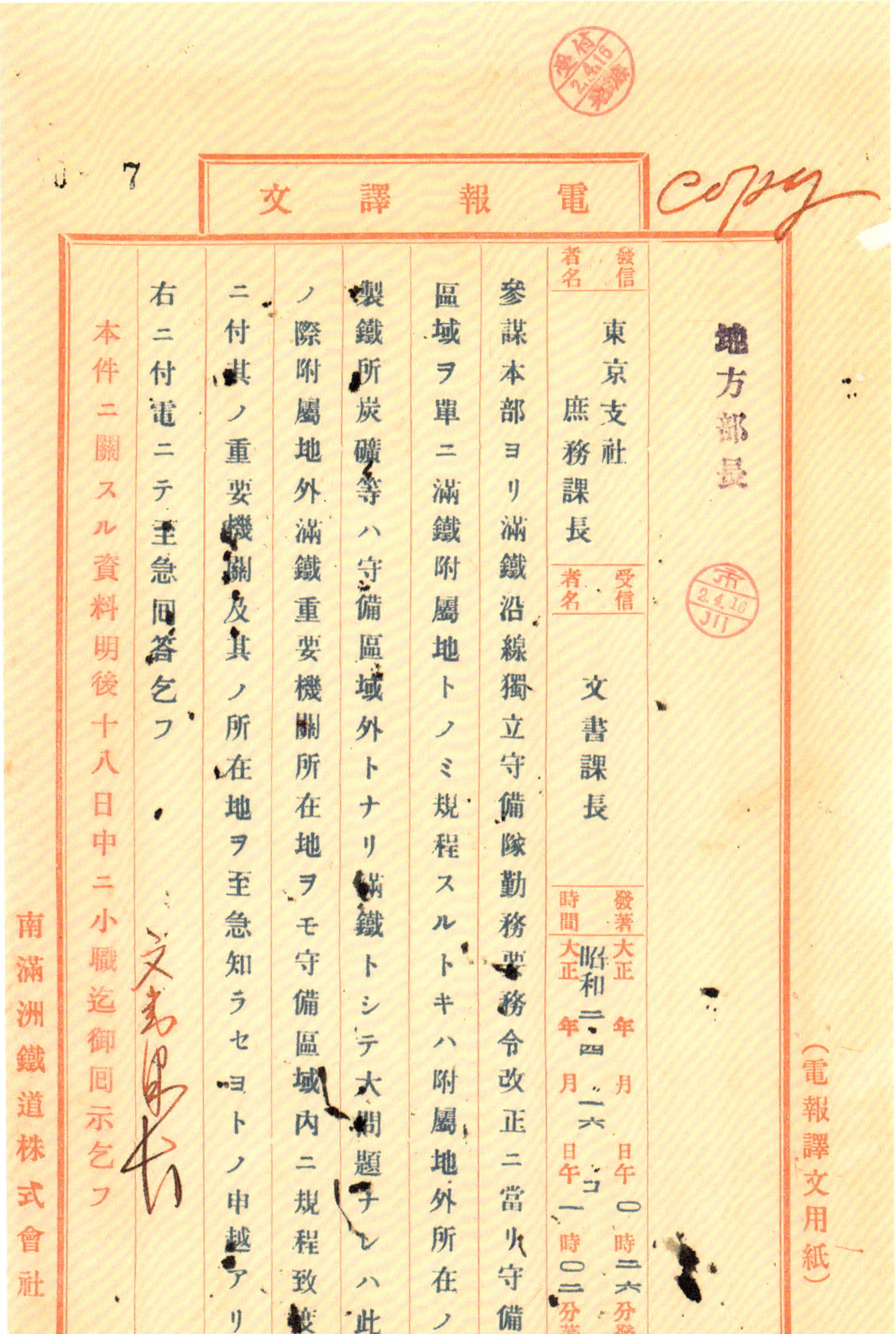
7

copy

電報譯文

地方部長

發信者名　東京支社庶務課長

受信者名　文書課長

發著時間　昭和二年四月一六日午0時二六分發　大正年月日午一時0二分著

参謀本部ヨリ滿鐵沿線獨立守備隊勤務要務令改正ニ當リ守備區域ヲ單ニ滿鐵附屬地トノミ規程スルトキハ附屬地外所在ノ製鐵所炭礦等ハ守備區域外トナリ滿鐵トシテ大問題ナレハ此ノ際附屬地外滿鐵重要機關所在地ヲモ守備區域内ニ規程致度ニ付其ノ重要機關及其ノ所在地ヲ至急知ラセヨトノ申越アリ

右ニ付電ニテ至急回答乞フ

本件ニ關スル資料明後十八日中ニ小職迄御回示乞フ

（電報譯文用紙）

南滿洲鐵道株式會社

（大正十五年六月松浦屋納）

10

满铁地方部致社长室文书课的函（一九二七年四月十八日）

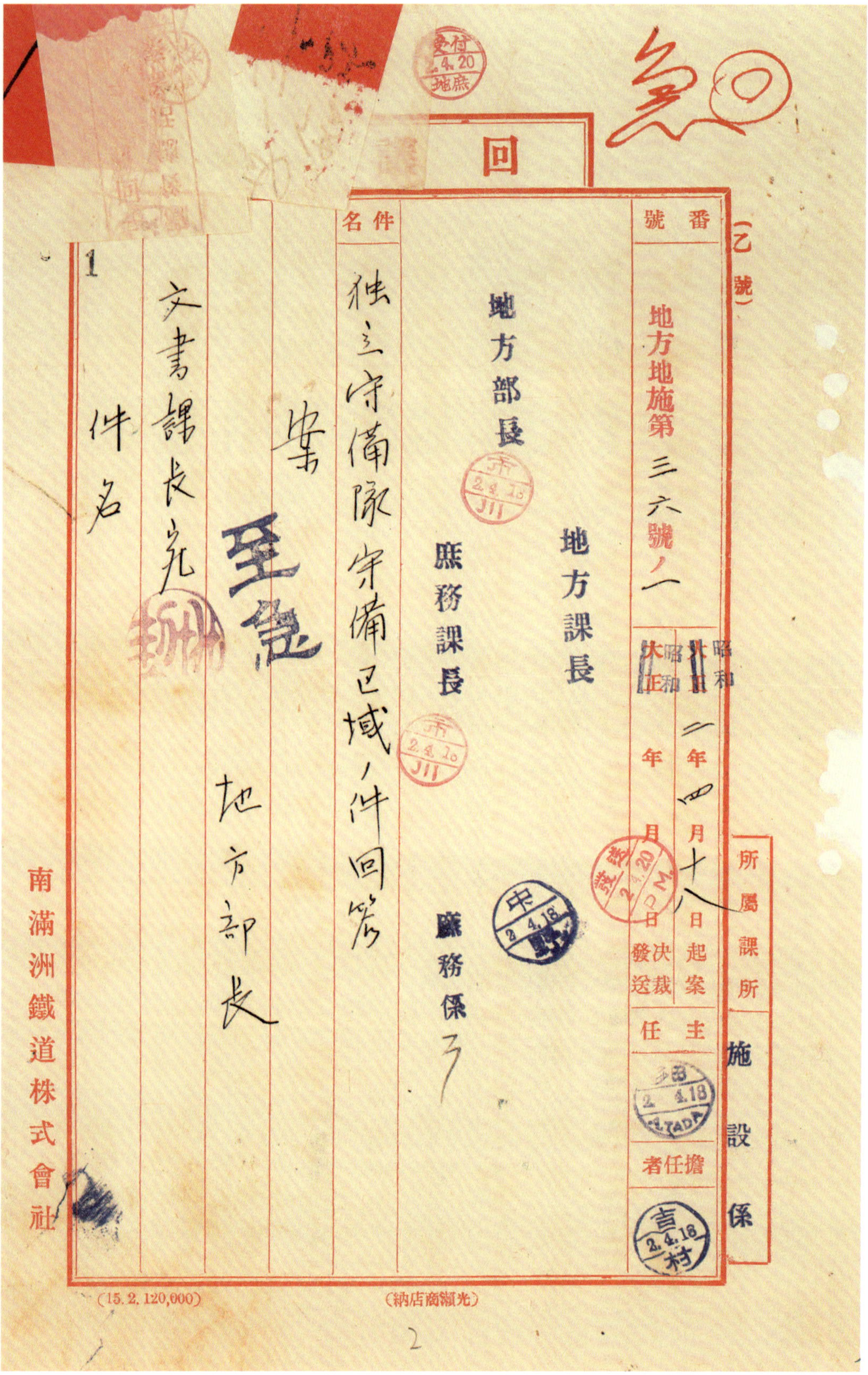
急
回
（乙號）
番號 地方地施第三六號ノ一
昭和二年四月十八日起案
決裁
發送
主任
擔任者
所屬課所 施設係
地方課長
地方部長
庶務課長
庶務係
件名 独立守備隊守備区域ノ件回答
案
至急
地方部長
文書課長宛
件名
南滿洲鐵道株式會社
(15.2.120,000)
（光顯商店納）

2

現行會社沿線獨立守備隊勤務令第一條ハ「獨立守備隊ハ關東都督ニ隷シ南滿洲鐵道ノ鐵道線路及之ニ附屬スル電線其ノ他ノ財産ヲ（含ム以下同ジ）守備ニ任ス」ト規定セラレ居ル又事實本令ハ従來其會社沿線用地一般ニ適用セラレ來レル慣例ヲ有スル今日本條ハ其儘トシテ其ノ運用ノ實際ニ於テ會社附地ニ適合セシムルヲ妥當ト認メラル若シ改正スルトセハ守備區域ハ會社鐵道沿線地域全般ニ亘ル樣規定相成樣致度而シテ會社設立後買收其他ニ依リ會社用地トナレル土地ハ一律ニ鐵道附屬地ト同樣之ヲ包含セラルル樣相成度又當部關係機關ニシテ附屬地以外ニ所在スルモノノ如キ適宜之カ保護スル樣併セテ考慮セラレ度

5

3

記

一、教育施設

A、小学校

奉天第一尋常小学校、　奉天小西辺門外、

鄭家屯尋常高等小学校、　鄭家屯

吉林尋常高等小学校、　吉林商埠地

哈爾濱尋常高等小学校、　哈爾濱旧市街

B、其他

営口商業学校　営口東双橋

奉天城内幼稚園、　奉天小西辺門外

二、教員派遣学校

南滿洲鐵道株式會社

(15, 10. 洗勇洋行納)

6

辽阳日语学校　辽阳城内三道街

奉天普通学校　奉天商埠地

奉天日文商业学校　奉天城内小西关

吉林日文商业学校　吉林城内二道码头

安东中日亲睦学堂　安东兴隆街、商街

~~营口商业学校　营口东双桥~~

三、医疗机关

西岗子病院　岗子重道街

奉天医院城内分院　奉天大西关

长春医院城内分院　长春西三道街

长春医院哈尔滨分院　哈尔滨买卖街

5

仁壽医院　哈爾濱傅家甸

東洋医院　吉林商埠地

四、医在勤地

鄭家屯、洮南、赤峰、齊々哈爾、塔門

商主要ナル買収地及陸軍手ニ移管地ハ左ノ當部関係機関

左ノ如シ

一、買収地

1、地方事務所、医院、中学校、初等学校等　鞍山製鉄所用地　買収

2、医院、中学校、高等女学校、鉱山学校、初等学校等　撫順炭鉱用地

二、陸軍手ニ移管地

南滿洲鐵道株式會社

(15, 10. 光明洋行納)

8

6

八、附医院、高等女学校、初等学校等　安东陆军所有地

九、地方事务所、医院、中学校、初等学校等　营口陆军所有地

南满洲铁道株式会社

（15, 10. 光明洋行纳）

9

满铁满蒙国策会议相关资料（一九二七年十一月八日）

70

松浦氏

満蒙会議ト云フモノカ大正十年五月頃
開カレソノ際満蒙政策決定
ノ統一カ問題トセラレタガ結
鉄中降部（満鉄会議）ノ途中
カ之ニ対シテ意見ヲ提出シ満鉄
ヲ一色ニ宣報セシメムト欲シ
言フ見解ヲ出セシト保ル満鉄張長
トカ言ワレタルコトニナリ保ルサントノ
打合セノ結果二人カ別ニ言フ
コヤケツノ上ニテ保ルサスカノフノモノ

72

南滿洲鐵道株式會社

（15.10. 先明洋紙納）

シテアトメルコトニ致スト云フコトデ
先ヅ此ノ三ツヲ挙ゲタモノデス。
同時ニ保々サンノカカレタノモア
リマス保々氏論文「朝野ノ諸賢ニ訴フ」
會社ノ某ノ論ノ發行ニ依リ
意見書ハ出サナカツタ様ニ思ヒマ
スカツノ回ハ確ニ表ヲ知シマセヌ
此ノ準ヲ、回立ヲ從テマトナルダノト
記憶シテ居マス

尚「政府土地全蔵廃止スベシ」中西氏論文

72

滿蒙國策會議に際して

74

満蒙國策會議に際して

夫レ満蒙の經營は帝國維新以來の國是にして我國民民族の生活生存の上に已むへからざる所 國防に產業に帝國の將來は一に満蒙發展の如何に懸る

日清日露の両大役以来今日に至る迄數十年國民朝野不斷の努力經營に依りて多少の根底を築き来れりと雖も未だ之れ大陸經營の片鱗に過きす 然るに内にありては往々劃一の方針を欠き外にありては各機関の意思の疎通を欠く如何そ望洋の歎なきを得む 実に我満蒙の經營に於て障害する所のものは外國勢力の壓迫に非す 隣邦支那の不信にあらす 方針の動搖不定と機関の不統一とに於て存す

満蒙は支那の領土にして純然たる我か殖民地に非す 從て世界の大勢に順應し隣邦の政情に考察し國策を変更すへきは臨

75

74

喫の要事なりと雖も國論に統一なく一朝の政変に朝施暮廃
して方針定らさるか如きあらは帝國永遠の大計たる大陸政策
の完成は遂に望むへくもあらさるなり
満蒙は支那の領土にして純然たる我か殖民地に非す　従て其
の経營の形式も亦新附の領土に於けると趣を異にすへきものあるは
之を認めさるへからすと雖も各機関の連絡意思の疏通圓満を
欠き制令方途二三に出て、皈一するところなくむは奚そ事功の
挙くるを期すへき

帝國今や満蒙会議を興し國策を確立し國論を皈一して
大陸政策に一新生面を啓かむとす　我等同人職を満鉄会社
に奉し現に満蒙経營の衝に當る者欣快寔に禁すへからす
茲に統治機関の統一と満鉄事業の経理とに関し蕪辞を

No. 75

重ねて敢へて卑見を開陳し聊か革故鼎新の資に供せんと欲す。

96

76

（一）

熟満蒙に於ける我か統治機関の現状を見るに（1）鉄道附属地に於ける土木教育衛生其他一般保安的行政は會社之を管掌すれとも（2）別に関東州内一切の統治に任する外附属地に於ける警察の権を執り併せて満鉄會社の業務を監督す（3）而して裁判機関として更に領事官あり　領事裁判権を以て附属地の司法権を掌ると共に附属地外解放地に於ける警察司法の事を行ひ邦人保護の任に當る（4）此の外鉄道守備の為に陸軍あり　各執る所の権を持し動もすれは事毎に扞格撞着して帰一する所なく　世に所謂四頭政治の奇観を呈す　若し其れ金融界に於ける近来の朝鮮銀行を数へんか　四頭政治は更に五頭政治となり　斯くて弊竇遂に底止する所なからんとす、　日常瑣末のことは姑く措くも　かの官営取引所設置の場合に於ける都督府と満鉄

3

77

鄭家屯事件に於ける領事と都督府大正二年吉長鉄道借款の場合に於ける満鉄と領事館との関係の如く往々にして意思の疏通全からす内部の不統一を想見せしめたるが如きは吾人の遺憾に堪えさる所なり 大小力の均衡は力の分裂を意味す 満蒙の地に於て徒に各機関の分立を謀りて勢力を減殺し内監督に確一の方針を欠きて経営の根本を忽す 斯くて事功の挙るを求むるは猶木に縁つて魚を求むるか如けむ

蓋し我満蒙の経営に四頭分立して中心主持者を欠き遂に事責の寄すへき所なきに至らむは創立の際満鉄総裁を以て都督府顧問に任したるの時既に業に其の禍福を発するものにして後藤総裁之が将来を洞見し就任に当り書を都督に寄せて裁諾を得る所あり 一節に曰く

『凡そ満洲鉄道総裁の責任たるや事実に於て都督閣下の一切重事を與り聴き可否を論陳するの能力を認めらるゝに非すむは恐らくは未だ責むるに多般の成功を以てすへからす 閣下果して此の見を諒として行政一切の機宜と枉けて某に垂問するの約を賜るへきや否や 用兵の術は某の知る所に非す 行政の得失に至りては事苟も満洲経営の主題に関する以上は某當に盡言して諱む所なかるへし 閣下果して某の言意を宥し 閣下の名に於て某の進言する所を施行せらるへきや否や』

と後藤総裁顧問たるの時中村副総裁別に都督府民政長官を兼ねて暫く事実上満洲行政上の主脳たりしも四十三年以来復此の事なく爾来或は領事官を以て都督府事務官及満鉄地方事務所長を兼ねしめて行政の統一を企て或は領事館警察官をして警務署官吏を兼ねしめて警察の連絡を

4

78

策したれとも多くは形式に止まり実効未た完からす　大正六年中村雄次郎総裁都督となりて総裁を廃し理事長を置き却て満鉄の業務を統裁するに及ひ地方行政審査委員会規則を発し都督府及満鉄より行政関係主要者二十有余名を網羅して委員会を組織し意思の疎通を謀りたれとも結局前余の弊策にして贅物たるを免かれす　幾何もなくして已み大正八年以来僅に交通の事務に関し満鉄社長関東庁顧問たるに止まり旧態又依然として痼疾に入るの観あり

惟ふに夫れ満鉄総裁を以て或は顧問となし或は理事長となすか如きは一時的権宜姑息の措置に過きす　絮説する迄もなく満蒙百般の事は鉄道を根基中心として企劃経営せらるへく「軍事行政一切の挙措も形は鉄道事業を規制すへくして実は鉄道事業

に規制せられさる「へからす」従て満蒙政策の中心主持者は鉄道の経営者たる満鉄会社に求むるを以て最も自然にして又妥当なる措置なりと信す

蓋し帝国か満鉄会社を設立したる所以は鉄道を中心として華を去り実に就き外は列国の猜疑を避け内は議会の掣肘を離れ奔放なる活動を試み機宜の施設をなし事に処して変通の妙を得以て富源を開拓し民福を増進し文化を普及し人智を啓発し日支の共存共栄の為めに東洋永遠の平和を確保せんとするものにして満蒙の特殊事情と鉄道の条約上の地位とに鑑み選ひたる形式の如きは云を問はす国家権力の露骨なる発動を避けて先進諸国の事例に倣ひ一会社に託するに行政の大権を以てし依て以て此の大策を行はんとするものなり

然り然らは満鉄会社を以て満蒙政策の中心主持者として関東

廳は果して之を如何すへき 吾人か解決は簡単なり之を廃すへし
東洋の一角二百十八方里 猫額の地に勅任官七人奏任官百十七人
其他千有余の判任官と多数の巡査雇員とを包容する厖大な
る組織を有し 四百萬円の國庫補助を受け而も尚公法人たる
性質を有する特許会社に対して年々百五十万円の公課を賦課
するに非ずは支持せられさらんとす 須く速に廃止して満洲内の行政は満
鉄会社の下に之を統括せしめ 附属地に於ける警察権は領事館
警察官の職務を以て満鉄をして之を行はしめ 附属地内外の警
察事務に就き其の連絡統一を計るを肝要とせむ、
聞くならく曾て伊藤公哈爾賓に於て露國大蔵大臣「ココフツオフ」
氏と会見せむか為めに大連を過ぐるや満洲に於ける統治機関の分立
に慨し一大改革を施して満蒙経営の中心を満鉄に置き都督府
を廃して全権を満鉄に移管せむとし枢密院秘書官古谷久綱 5

82

氏をして調査する所あらしめたりと称に全廃することの尚困難なる事
情あるならは或は組織を縮少して満鉄会社監督の下に満内の軽
易なる行政を行はしむる事亦望なからむも現在組織の拡張は
如何なる意味に於ても其の可なる所以を知らす殊に大連旅順の両
大都市に於て自治制施行の気運澎湃たる現状に於ておや
斯くて満鉄会社をして満蒙経営の中心主持者たらしむると同時に
本社を北に進めて満蒙政治経済の中心たる奉天に移し満蒙政
策及満鉄の事業に対して充分の智識と経験とを有する者を以て
奉天総領事に任し満鉄顧問たらしめ別に満鉄会社に認むるた
一定の出兵請求権を以て満鉄調査機関を拡張して調査情報
の蒐集統一を策せは之等の機関の統一融合を謀るに足るへし
更に進みて領事館に専門の裁判官を置き満蒙に於ける金融
機関として満鉄を一部門とする中央特殊銀行を設けて社会の実

6

80

需に係はヽ國家の確立と相俟ちて満蒙に於ける帝國の事業は慶賀は刮目に値せむ

(二)

論を爲す者或は曰く満鐵は一營利会社なり、一營利会社に託するに行政の大権を以てするは非なり宜く関東廳をして之に當らしむべくと又曰く各國は殖民會社の弊に堪へす暫時特権を廢止したり満鐵も亦純然たる營利會社たらしめ関東廳を以て附屬地の行政権を行はしむべしと

然れとも我満蒙の経營か單に鐵道附屬地に止らす大陸政策の一端として廣袤八萬六千方里の富源の開拓にありとせは國家権力の露骨なる發動は何等得るところなく徒らに列國の猜疑と

84

隣邦の反感とを助成して事端を繁くし而も変通の妙を缺き益々紛糾せしめむ　現下の事情に於て満鉄に代ふるに関東庁をして満蒙経営の衝に当り附属地行政権を行はしむへしと主張するか如きは蓋し近視者流の言のみ

夫れ鉄道附属地の性質未た定らす　曾ては哈爾賓に於ける露国の自治制施行に際し列国其の権限を認めす外交問題として紛議を重ね　僅かに英露独露の協約に依り変則なる実施を見るに至りたれとも米国独り今尚承認せす満鉄に対しても屡々同様の主張を以て抗議を為し来れり　会社は唯筆を理論に争ふを為さす事実に依りて之か解決を為さむとしつゝあるの状態なり　然るにも拘はらす国際法上の機関にあらさる国家官庁か公然進出して公権を行使せむとするか如きは蓋し思はさるの甚たしきものたり

7

81

然り而して附属地に対する支那の態度を見るに従来支那は附属地に於ける警察署警察官を認めず 曽て警察署警察官が馬賊逮捕に就き功あり 支那地方官憲之が表彰を中央政府に申請したる所 警察署警察官を認めずとして却下したるに依り領事館警察官として一時を糊塗したりとか長春官営取引所設置に当り支那側は之を以て租借地に於ける権力の拡張なりとして極力排斥し交易所を設けて之に対抗したるは吾人の記憶に新なる所なり 附属地一歩を拡張せは直に附随して関東庁の国家権力が進出することと是れ今日附属地拡張難の一原因たらすんはあらす 水道、電気、瓦斯、消防等の文化的施設の恩恵は之を欲すれとも恐るる所は租借地に於ける権力の進出に在るを察せは 関東二庁の満蒙経営の利害、附属地行政権施行の得失思半ばに過くるものあらむ

86

以上列国の猜疑と隣邦の反感とを説くと雖も濫りに之を正当
となすものにあらす　唯帝国の大業たる満蒙の文化的経済的開発
か世用に他国の非難排斥の下に行はるることは吾人の本意に非ら
さることを主張するのみ　蓋し附属地に於ける行政経理の権は支那か
条約に依り之を会社に認めたるものなり従て会社の之を行使すること
は必すしも非難排斥する所にはあらさるなり
然り而して論者の主張するか如く関東庁をして附属地の行政に
任し満蒙の経営に当らしめて帝国の為果して何の裨益する所
かある　満鉄会社か試むる所の土木、教育、衛生等の施設は政
府命令書に於て仮りに「鉄道及鉄道附帯事業の用地内」と規定す
と雖も志す所は広く満蒙の文化的施設を試むるに在りて区々
附属地の経理のみに限らさるなり　関東庁果して会社に代りて能く
圓満に此の業を遂行し得へきや否や　更に又関東庁の会社に代

82

るに依りて果して現下の重要懸案たる借款鉄道の敷設培養支線電気鉄道の問題は勿論土地商租権の解決等に能く貢する所ありや否や

今や大和民族は襟度を大いにして隣邦に臨み至親扶掖の業に任せさるへからさるの時 戒むへきは夫れ近利急務なり

翻て之を対内的に考ふるに鉄道は條約上国営困難なるか故に関東庁の直接経営することと不可能なるへし 従って鉄道経営者と一般行政権者と各主体を異にし 土木に衛生に其他一般の業務に二重の失費を要し 施設は議会の掣肘を受け財政困難して住民負担の過重に苦しみ 国庫の補助益々多きを要せむ

要之形式の変化に止まり内容実質の伴はす贏ち得る所は単に列国の猜疑と隣邦の反感なるか如き改革には国家の為め断して左袒し得さる所なり

88

若し夫れ満鉄会社は営利会社なるか故に行政の権を行ふへからすと為すか如きは満鉄の性質と植民政策の何物たるかを解せさるの論たり 蓋し満鉄会社は単純なる営利会社にはあらす政治上に所謂植民会社に属するものにして既に述へたるか如く満蒙の地位と内外の事情とに顧み形を株式会社に假りて国家的事業を経営するを以て目的とするか故に其の設立も徒に商民の企業心に放任することなく勅令を発して会社の根本法規を定め命令書を以て其の事業範囲を確定し設立委員を官命して定款を作製せしむ 従て定款は普通営利会社に於て見るか如く会社の根本法規にはあらすして単に其の施行細則たるに止まる、鉄道及附帯の営利事業は営めとも営利は会社の唯一最終の目的にはあらす 趣旨とする所は土木、教育 衛生其の他一般の公共事務を執行し国家の指揮監督の下に国家に代りて満

9

83

豪の文化的經濟的經營の任に當るにあり会社か統治の大權を行ふこと何そ怪しむを須いむ 偶満鉄会社は営利会社なるか故に行政の權を有すへからすと為すか如きは却て國家の政策の的小るを証するのみ

満鉄会社の性質に就ては以上に止め今詳論する所なかるへしと雖も論者の評は單に其の形を見て其の實を察せさるものにして究極するところ植民会社の存在を否定するもの共に國家の發展を論し植民政策の法を談するに足らさるなり

更に各国は植民会社の弊に堪へす漸次特權を廢止したり、満鉄会社も亦純然たる営利会社たるへしと主張するか如きは各國植民会社の成敗に就きて詳に参験する所なきに依る。夫れ功業は早く忘れられ過失は永く記憶せられ易きは人情の常なり一八七九年蘭國コンゴー植民協会の設立以来植民會社か世界の運

90

貢献したることの絶大なるは英国か此の種の会社の為めに二十年間に一金を費さすして二百五十萬方里の荒野を開拓したるに見るも知るへし 其の暫時廃止の傾向にあるは多くは當初目的を達したるか或は當該植民地か全然植民国の掌中に在るか為めに其の必要を感せさるに至れるか故にして帝国か満蒙大陸を経営するも之と甚た其の趣きを異にす 偶二三の弊害を生したりと称して直ちに組織を改造して特権を廃止すへしと言ふか如きは 阿片問題を生したるか為に直ちに国分官庁を改廃すへし 砂利濱販賣問題を惹したるか為に直に自治体を解体すへしと言ふと何そ擇はむ 要は人と時勢の問題なり 角を矯めて牛を殺すの憾なからん事を要す

（三）

次に我か社の事業の整理に関して一言せむ 世上往々冒頭設

84

治の統一に関聯して我か社の事業整理の必要を説く者あり曰く満鉄会社の事業は多岐多端なるか故に整理を為すことを要すと然り整理は常に必要なり安に所謂植民会社の弊害の最大なるものは事業の独占民業の壓迫に在り吾人か満鉄会社をして満蒙政策の中心主持者たらしめよとは決して満蒙に於ける凡百の事業を独占せしめよとの謂にあらす各個の事業は事情の許す限り適当の時期に於て夫々整理し民間一般の経営に移し恒に創業の精神を持して新たなる企業に躍進するの肝要なること勿論なるへし 16

然れ共其の事業の多少複雑多様に亘るは植民会社たる当然の結果に出つ若し論者の主張にして満鉄現在の主要事業を分離して各箇各別の経営に移すへしとなす在りとせは是偶政治上に於ける四頭政治の統一を謀りて却て経済上に於ける多頭政

禍を招来するの矛盾に陥るへし　漫然事業の分離を説くは時務を
解せさるの徒のみ　私心を包蔵するにあらすんは未た幸なり
夫れ帝国か此の国際的競争場裡に経済的発展を試むる
と共に文化の事業を完成し日支共存共栄の根底を定めむか為には
多大の犠牲を覚悟すへく統一ある偉大の経済力を以てするに非むは能く企及すへからす　会社の宗とする所は政治と経済との両方面
に亘りて統一ある方策の下に有効なる活動を為すに在り　従て
（1）港湾事業、鉱山事業、鉄道用品の製作事業等の如く
満鉄の経営又は鉄道事業自体の體威に関する重要なる
事業は会社直営することを要すへし　巷間或は撫順炭礦と
鞍山製鉄所とを結合して独立せしむへしと伝ふる者あり　然共
満蒙に於ける石炭は食物に次く日常生活の必需品たると共に
満鉄か対外的活動を為すに当り重要なる機能を有する

ものなり鉄道と石炭とは満蒙経済の経済的二大要素として両者相俟ちて初めて其の効果を完ふすへし如此重要なる事業を分離経営せしむる事なく整然たる満蒙に於ける経済政策の実現を見ん

(2) 普通公共団体に依りて経営せらるゝ電気事業、瓦斯事業等の如く居住民一般の公益に関する事業は会社直営するか或は過半数の株式を所有して実質的支配権を留保し経済界の一時現象の外に卓立して動揺することなからしむること なからしむるを要すへし

(3) 特に会社事業の為め上保護又は奨励すへき事業 例へは炭礦用坑木栽植の如き事業に就ては亦一定の支配権を留保して一般民間の経営に委ぬるを要すへし

(4) 以上の外は必要又は有益なる事業にして一般の起業困難なるも

のは其の自由経営の可能なるに至る迄自ら経営し又は会社後援して経営せしむるを要すと雖も其の性質に應し永く独占又は干渉すへきものにあらさるへし

会社従来の方針は大体に於て如上の区別に従ひ実行せられ来りたるものにして會社の研究経営したる油房事業、陶磁器工場柞蠶製織、油脂工業、コクネサイト及乳酸、石炭の採取等一般の経営に譲渡したるもの甚た多く最近上海航路の船舶事業は全然之を大連汽船に一任するに至れり

我社の営む電気事業は單に大連奉天、長春安東の四ヶ所にして爾餘の沿線各地に於ける電気事業は殆と全部満鉄後援の下に経営せらる、旅館も亦政府命令書第六三條に依り大連、奉天長春等沿線主要の地に於ては義務として会社之を

94

12

80

直営すると雖も沿線全部に亘り直接又は間接我か社の後援に依り営業する旅館二十に垂とす此の如く会社の直接株主として後援する一般事業は既に数十を以て数ふへし而して会社経営する所の附帯の営利事業は政府の命令書を以て限定せられ現に直営する所僅かに

一、港湾事業　大連築港　大連埠頭設備　旅順、営口安東に於ける埋築及桟橋築造工事

二、鉱山事業　撫順煙台の炭礦

三、製鉄事業　鞍山製鉄所

四、工業　電気工場、硫酸工場、骸炭工場、沙河口工場

五、電気事業　大連、奉天、長春安東の四ケ所

六、瓦斯事業　大連、撫順、鞍山の三ケ所

七、旅館事業　大連、旅順奉天、長春の四ケ所

96

等の七種を出てす所謂植民會社の企業特権に比較して實に霄壤の差ありと云ふへし

我か社事業の現状如此徒らに其の多数多端を唱へ事業の独占を難するは共に実情に通せさる者の妄断に因る妄言のみ

以上吾人は統治機関の統一を論し満鉄会社の事業を説きて政治に経済に満鉄中心の満蒙政策の実行すへき所以を述へたり

之を要するに満蒙の国際的特殊地位に鑑み列国の無用なる猜疑と誤解とを避けて露骨なる国家権力の発動を抑制し会社に許すに自由なる活動の範囲を以てし左右擾々たる群議の拘束を脱せしめ満蒙文化の為めに政府配当金の

3.

87

如きは速に之を全廃し揮一したる勢力一貫したる主義の下に全力を傾倒して満蒙開発の大業に向ひ躍進せしめられむことを翹望して已ます（終）

满铁情报课关于送交东三省中国重要文武官员人名表事致满铁地方部的函（一九二八年九月五日）

572

人事

昭和三年九月五日

情報課

地方部長 殿

地方課長

地庶務課長

東三省支那重要文武官人名表（其一）送附ノ件

東三省支那重要文武官人名表（其一）ヲ御送附申シ上ゲマス。

時局多端ニシテ行政組織ノ改変、人事ノ移動ガ急激ニ行ハレテ井マスノデ正確詳細ヲ欠ク点多々アルト思ヒマスカラ誤謬脱漏アルヲ発見サレタ時ハソノ都度御手数乍ラ御教示下サイ。

尚引キ續キ同表其ノ二、其ノ三ヲ作製送附ノ予定デス。

554

昭和三年八月廿日現在

東三省支那重要文武官人名表（其ノ一）

附：东三省中国重要文武官员人名表（一）

574

東三省支那重要文武官人名表(其ノ二)

目次

一、東三省最高決定機関
○東三省々議聯合會
○東北臨時保安會
○東三省保安總司令部
二、東三省軍備
三、奉天省
A 軍事

556

B 警備
C 行政
D 財政
E 金融
F 實業
G 外交
H 交通
I 教育
J 司法

576

昭和三年八月廿日現在

東三省支那重要文武官人名表（其二）

（1）東三省最高決定機関

○東三省々議聯合会（立法）

委員

張成箕　谷耀山

李象庚　宋大章

鹿囯峻　傅昌治

康季封　張誠塵

孟慶璋　董秀良

（次面上段へ）

李柏英　金壽有

宋壽彭　彭文中

（以上黒竜江省）

○東北臨時保安会（政務）

委員長　張學良

副委員長　袁金鎧

委員

（次面下段へ）

一

557

（以上奉天省）
林鶴皋　賈文凌
程科甲　李英佐
李郁馥　姜恩之
王肅堂　徐学庚
張柳橋　齊耀塘
（以上吉林省）
李維周　喬振声
王國楨　張瑞祺
王鴻恩　魏孟齡
（前面下段）

張作相　萬福麟
湯玉麟　劉尚清
誠允　沈鴻烈
張景惠　王樹翰
劉哲　常蔭槐
莫德惠　翟文選
袁慶恩　凌陞
齊默特色木丕勒

578

○東三省保安總司令部（軍務）

保安總司令 張學良

△參議廳

參議

袁金鎧 于冲漢

臧式毅 王樹翰

于珍 于国翰

談国桓 白永貞

劉哲 常蔭槐

羅文幹 張之漢

（次頁上段へ）

軍衡處長 朱光沐

（副） 湯国楨

軍需處長 魯穆庭

（副） 王亨之

軍法處長 顏文海

常振亞

劉栄綬

任作楫

周大文

（次頁下段へ）

158

莫德惠

△軍事廳

軍事廳長 榮臻
副 同 陳欽若
參謀處長 董鳳祥
(副) 胡頤齡
軍務處長 周濂
(副) 馬兆琦
副官處長 吳晉
(副) 李汝孙 (前頁下段)

△秘書廳

秘書廳長 鄭謙
機要处長 鄭謙
政務处長 孔昭炎
秘書处長 鄭謙
秘書 陶尚銘 王家楨
葉乃忱 鄒尚友
沈能毅 劉鳳竹
張国忱 楊雲史

580

談国桓　陳文学
梁志文　韓麟生
朱光沐　湯国楨
劉鶴齡　趙雨時
王毓桂　李維楨
梁爲襄　曲宗静
呉家象　蔡元
李應超　葉弼亮

(2) 東三省軍備

○第三、四方面軍
軍長　張学良
副軍長　楊宇霆
参謀長　鮑文越
（次面上段へ）

砲兵隊司令　鄒作華

○第五方面軍
軍長　張作相
参謀長　安玉珍
（次面下段へ）

三

559

第八軍長 萬德麟
第九軍長 高維嶽
第十軍長 王樹常
第十一軍長 劉偉
第十六軍長 榮臻
第十七軍長 胡毓麟
第二十九軍長 戢翼翹
第三十軍長 于芷山
第三十一軍長 鄭澤生
騎兵隊司令 吳泰來（前單段）

○第六方面軍
代理軍長 富春
○第十五軍
軍長 汲金純
○第十二軍
軍長 湯玉麟
○第十三師
師長 張九卿
參謀長 楊振澤
○第三十二師

582

師長 張海鵬

参謀長 傅銘勲

○東北海軍

総司令 張宗昌

副司令 沈鴻烈

△第一艦隊

司令 沈鴻烈

(3) 奉天省

A 軍事

東三省陸軍兵工廠

（次面上段へ）

参謀長 謝剛哲

海防艦隊長 凌霄

江防艦隊長 尹祖蔭

△第二艦隊

司令

参謀長 何瀚瀾

教育長 張學珖

東三省無線電台々長 耿景錫

（次面下段へ）

四

500

督辦　楊宇霆
總辦　張景惠
會辦　翁之麟
東北陸軍航空処　張學良
代理　萬成章
奉天糧秣廠　蔡康
奉天被服廠　潘桂廷
東三省測量処　馮舜生
陳興亜
東北陸軍講武堂長　張學良
（前田中佐談）

監督　張宣
B　警備
奉天全省剿匪総司令　姜全我
○警察
奉天全省警務処長　陳奉璋
奉天省会警察庁長　白銘鎮
奉天商埠警察局長　張濬咸
奉天清郷局督弁　陳奉璋
営口警察庁長　祁彦樹
安東警察庁長　鮑

584

遼河水上警察廳長 馬玉良
鴨渾兩江水上警察廳長 于治功
安奉鐵路警察處長 張成善
四洮鐵路警察隊長 徐廣文
京奉鐵路警察處長 馮忠誠

○鎮守使公署

東邊鎮守使
錦綏 同
榆關 同
洮遼 同 張海鵬

（下改と）

○行政

○省長公署

省長 翟文選
政務廳長 陳文孝
第一科長 林仰喬
第二科長 祁守康
第三科長 王桐
第四科長 周守一

○省議會

會長 張成箕

五

581

副會長 谷耀山
同 李象庚
○道尹、知事
遼瀋道尹（營口） 佟兆元
營口縣知事 石秀峯
新民縣知事 劉貫一
黑山縣知事 王如山
瀋陽縣知事 恩錫山
北鎮縣知事
盤山縣知事 高克明

（下段へ）

錦縣知事 齊国鎮
錦西縣知事 張鐵唐
義縣知事 趙興志
興城縣知事 王恩士
綏中縣知事
遼陽縣知事 王煜斌
海城縣知事 姜興周
蓋平縣知事
遼中縣知事 孫憲章
台安縣知事 孫維善

586

鉄嶺縣知事 李濟東
開原縣知事 洪興恍
東豐縣知事 邢麟章
西豐縣知事 蕭德潤
彰武縣知事 李萬里
西安縣知事 張仁岡
復縣知事 景佐綱

東邊道尹(安東) 邴克莊
安東縣知事 王 榕
(下段へ)

鳳城縣知事 遲樹陳
寬甸縣知事 周從政
本溪縣知事 白尚純
興京縣知事 蘇顯揚
桓仁縣知事 侯錫爵
撫順縣知事 張克湘
通化縣知事 郭毓珍
輯安縣知事
海龍縣知事 張聯文
輝南縣知事 尹永貞

六

562

岫巖縣知事　彭世祺
莊河縣知事　張国銓
柳河縣知事　呉常安
臨江縣知事
長白縣知事　翟潤田
安図縣知事　陳国鈞
撫松縣知事　張元俊
清源縣知事　沈国光
洮昌道尹（遼源）　戰滌塵
遼源縣知事　張元愷

（下段へ）

洮南縣知事　申振先
昌図縣知事　曲廉本
懷德縣知事　呉毗
開通縣知事　王冠吾
梨樹縣知事　包文峻
康平縣知事　冨元
法庫縣知事　李澤生
双山縣知事　李筠生
安廣縣知事　王濟溥
鎮東縣知事　趙鐘誠

洮安縣知事　金潤璧
通遼縣知事　齊蘮
突泉縣知事　高乃濤
瞻榆縣知事　張其軍

○市政公所

奉天市長　靳造華
營口市長　楊雨時
安東市長　李嘉安
洮南市長　王匡

（下段ヘ）

D 財政

財政廳長　刘振鷺
總務科長　常翊宸
徵権科長　王家鼎
統計科長　同
制用科長　章繼勛
省城稅捐局長　于省吾
營口同　朱佩瀾
安東同　趙梯青
印花稅處長　刘振鷺

七

563

菸酒事務局長　関定保
東三省塩運使　張之漢
瀋陽制験緝私局長　谷次亨
營口　同　李宴春
安東　同　董敏舒
奉天省禁烟善後局長　楊顯青
奉天塩務稽核公所長　対崙
奉天関監督　焉泮春
安東関　同　姚啓元
山海関　同　孟昭漢
（下段へ）

巳　金融

東三省官銀号総辦　李友蘭
同　會辦　韓麟生
同　同　孫祖昌
奉天公濟平市銭号総理　何治安
邊業銀行長　姜宜春
奉天貯蓄會長　張志良
東辺実業銀行長　王建極
東三省銀行長　徐紹琪
交通銀行分行長　陳藝

590

中国銀行分行長 袁大啓

浙江興業銀行經理 陳景旦

下 實業

實業廳長 劉鶴齡

第一科長 徐澧年

第二科長 関麟徵

第三科長 貴光國

第四科長 陳闓儒

東三省屯墾辦公処処長 談國桓

（下段）

東三省屯墾務總瀋河研究會

督辦 張學良

委員長 孫傳芳

委員

高維嶽

于國翰

鄒作華

于珍

王瑞華

奉天清丈局督辦 陳文學

奉天省礦務總局長 翁恩裕

奉天礦務總局總辦 王正黼

八

564

奉天商埠局長 李德新
奉天紡紗廠総理 孫祖昌
奉天全省商務聯合會
會長 郝相臣
副會長 侯敬枕
同 孫朗軒
奉天総商會長 丁廣文
奉天附屬地総商会長 祖章義
安東総商會長 陳憲
営口総商會長 郝相臣
（下段へ）

奉天農務総會長 鹿鳴
鴨緑江採木公司理事長 喬賡雲
本溪湖煤鉄公司総辦 周大文
弓長嶺鉄鑛総辦 丁鑑修
奉天電燈廠長 繳尚友
天利煤鉄座辦 梁葆興
秋波煤鉄総辦 翁恩裕

592

G 外交

東三省交涉總署長 王鏡寰
總務处長 張藴舒
通商处長 王毓桂
政務处長 羅振邦
交際处長 孫炳青
奉天交涉署長 王鏡寰
第一科長 閻庚澤
第二科長 高鴻文
第三科長 安祥

（下段へ）

營口交涉員 佟兆元
安東交涉員 邴克莊
第三科長 黄福元
遼源交涉員 戰滌塵
撫順 同 邵元良
鐵嶺 同 史新紘
新民交涉委員 陶元甄
通化 同 朱義俊
海城 同 張鳳臨
西豐 同 何文富

九

565

懷德 同 程芝香

遼陽 同 趙長陞

輯安 同 吳懋劃

交 通

○東三省交通委員會

委員長 鄭 謙

副委員長 常蔭槐

委 員

張學良 楊宇霆 （下段）

祁彥樹 史廷程

于駟興 張之漢

闞定保 李德新

高清和 誠允

陳奉璋 盧景貴

齊恩銘

594

洮昂鉄路督辦 鄭謙塵
洮昂鉄路局長 許文國
四洮鉄路督辦 盧景貴
四洮鉄路局長 盧景貴

○ 鐵道

奉榆鉄路局督辦 常蔭槐
局長 顧震
奉海鉄路局督辦 常蔭槐
局長 劉立仁
~~洮昂鉄路局長 李瑞升~~
~~四洮鉄路局長 許文国~~
東三省電政監督
省城電報局長
奉吉黑無電監督 張宣

（下段へ）

奉天電話局長 張宣
奉天郵務管理局 阿杜能（伊人）

I 教育

教育廳長 王毓桂
第一科長 聶煥章
第二科長 鄒良驥
第三科長 韓佩章
奉天教育會々長 馮廣民
副會長 李象庚

一〇

566

東北大學長　王毓榛

司法

高等法院　史延程
高等檢察廳　朱振聲

596

人事

受信 3.9.11.

昭和三年九月八日　情報課

殿

東三省支那重要文武官人名表ニ関スル件

首題ノ件ニ付誤謬ガアリマシタカラ左ノ通訂正シテ下サイ。

四洮鉄路督辦　盧景貴

局長　盧景貴

洮昂鉄路督辦　戰滌塵

局長　許文國

567

597

尚誤謬脱漏アルヲ發見サレタ時ハ御手数ナガラ至急御教示下サイ。

满铁开原地方事务所关于请求将独立守备队大队总部设在开原事致满铁地方部的函（一九二九年三月二十九日）

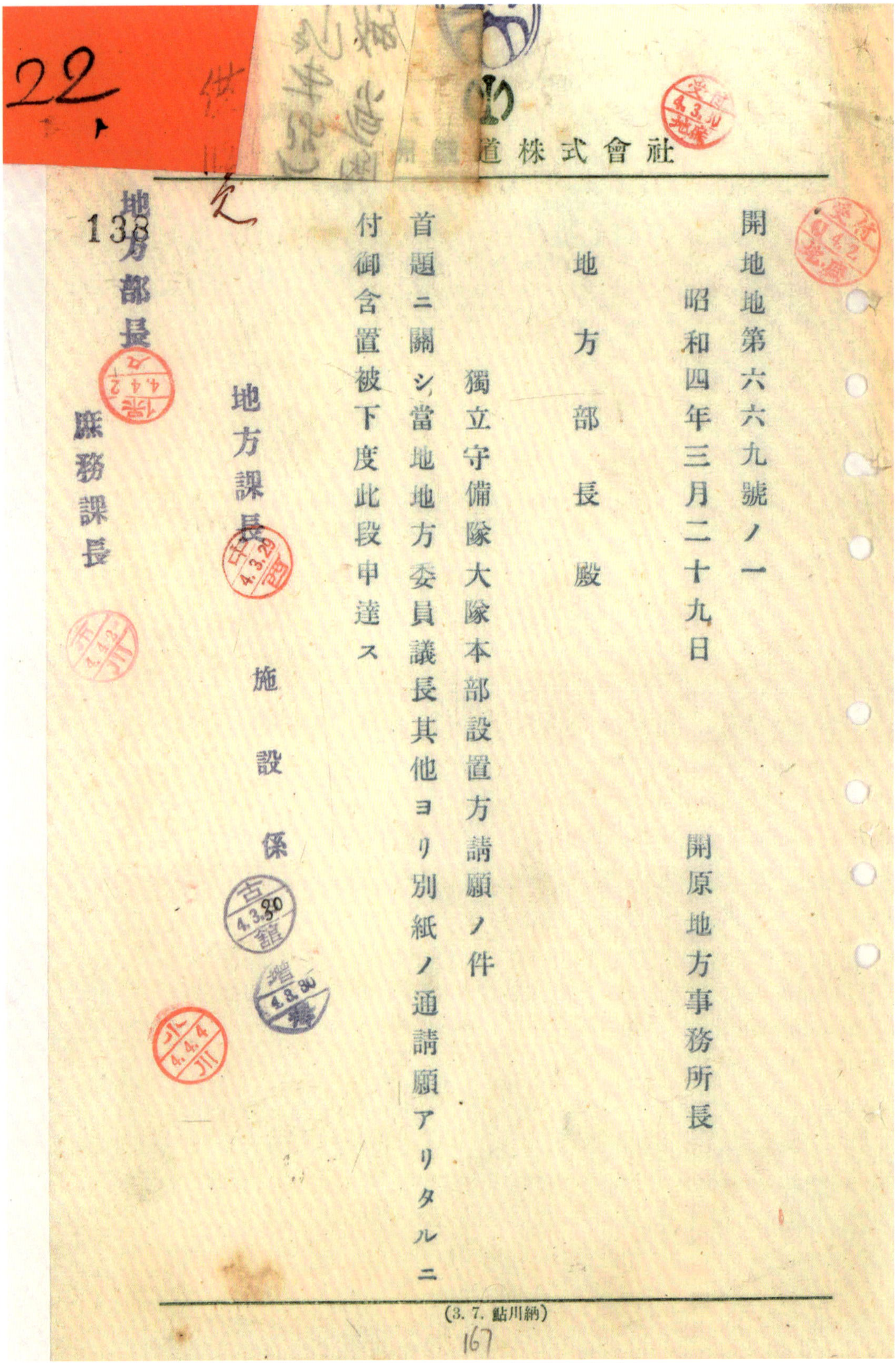
道株式會社

開地地第六六九號ノ一
昭和四年三月二十九日
開原地方事務所長

地方部長殿

獨立守備隊大隊本部設置方請願ノ件

首題ニ關シ當地地方委員議長其他ヨリ別紙ノ通請願アリタルニ付御含置被下度此段申達ス

地方課長
施設係
地方部長
庶務課長

(3. 7. 點川納)

(155—5)　南滿洲鐵道株式會社

139

拜啓倍々御淸祥奉大賀候
陳者滿洲獨立守備隊二個大隊增加ニツキ開原ニ大隊本部駐紮決定方別紙ノ如ク下記連名ヲ以テ陸軍大臣、參謀總長、關東軍司令官、獨立守備隊司令官宛電請致候ニ就テハ願意達成致候樣何分ノ御援助賜度此段奉悃願候也

地方委員議長　佐竹令信
華商公議會長　馬秀升
實業會會頭　川島定兵衛

川崎地方事務所長殿

(3. 4. 共和號納)

169

附：开原地方委员会议长佐竹令信、华商公议会会长马秀升、实业会会长川岛定兵卫发来的请愿书

140

南滿洲鐵道株式會社 (155—5)

請願電文

此ノ度滿洲獨立守備隊ニ二個大隊御增派下サル由ヲ漏レ承ハリ在任者ノ歡喜言ニ盡サレス感謝ニ勝ヘマセム就テハ大隊本部ハ開原ニ御駐紮下サルル樣御願ヒ申上マス其ノ理由ハ

(一)開原ハ獨立守備隊創設ノ初メヨリ大隊本部ヲ置カレタリシ土地ナリ

(二)滿洲中央ノ大市場ニシテ地ノ利アルコト

(三)東方廣キ背後地ヲ有シ西北ハ蒙古トノ交通路タルノ故ヲ以テ支那革命、日支交涉、奉直戰、奉郭戰其他內亂アル每ニ支那兵ノ往來頻繁ニシテ多大ノ脅威ヲ感セシメラルルコト

(四)北方紅頂山ニ二個旅、東方掬鹿ニ一個旅ノ不規律ナル支那兵

(3. 4. 共和號納)

170

(155--5) 南滿洲鐵道株式會社

カ駐屯シ居リテ何時如何ナル妄動ヲ爲スヤ測リ難シ何卒當地ノ實情御諒察下サレ特別ノ御詮議ヲ以テ大隊本部ノ駐紮地ヲ開原ニ御決定下サル様日支在住民ヲ代表シ謹テ御願申上マス

(3. 4. 共和號納)

171

满铁地方部关于请填造中国官绅名簿事致满铁各地方事务所、抚顺煤矿庶务课的函（一九二九年五月二十五日）

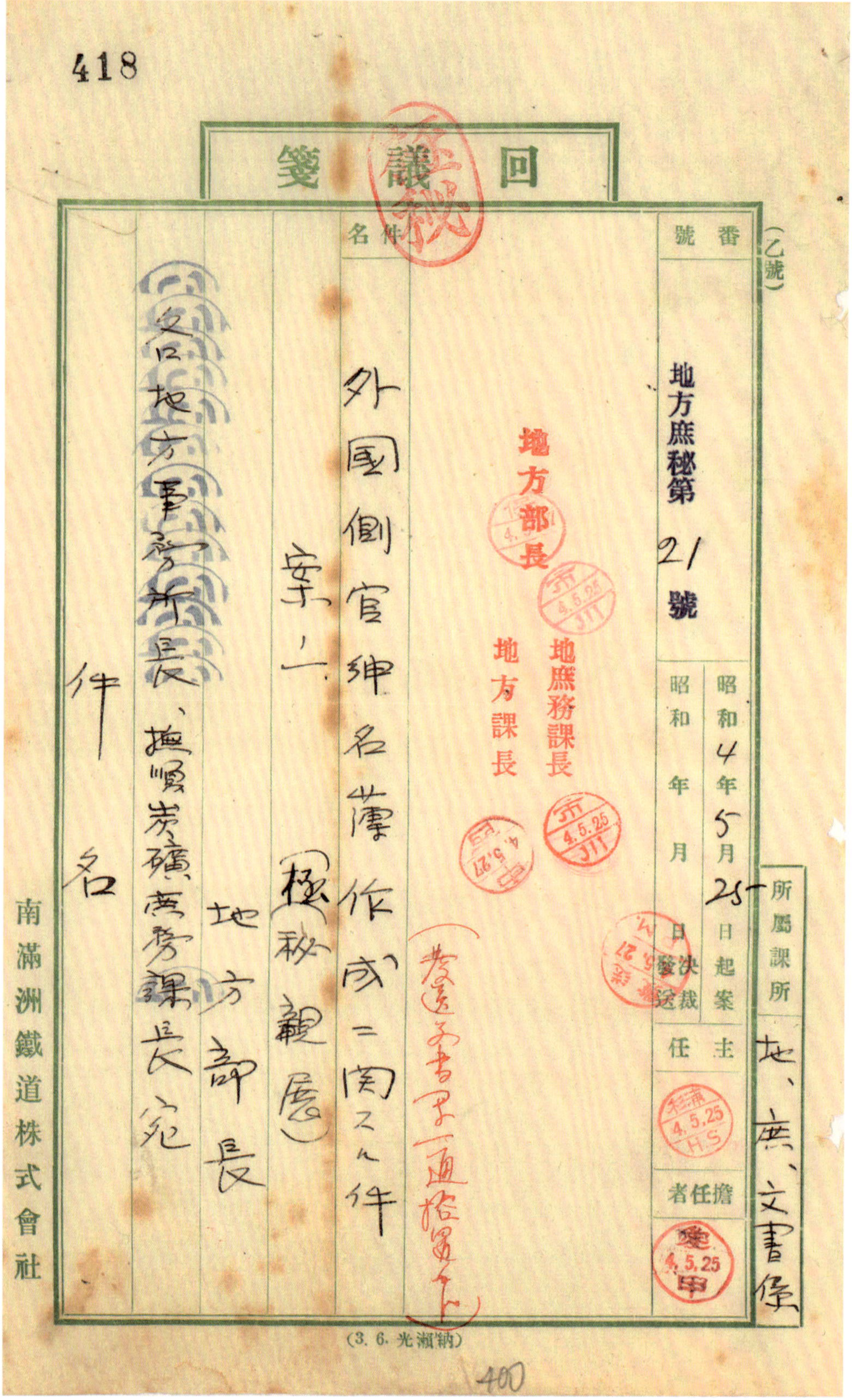
418

回議箋

(乙號)

番號 地方庶秘第21號

件名 外國側官紳名簿作成ニ関スル件

案ノ一 （極秘親展）

昭和4年5月25日起案

昭和 年 月 日 決裁 發送

主任

擔任者

所屬課所 地、庶、文書係

各地方事務所長、撫順炭礦庶務課長宛

地方部長

件名

地方部長

地庶務課長

地方課長

極秘

南滿洲鐵道株式會社

(3.6.光瀬納)

400

419

(罫紙1號)

當題名簿勤務上ノ參考資料ト致度ニ付
當所ニ關係アル外國側官紳ニ關シ調査済
ノモノアラハ別紙様式ニヨリ可成詳細記述ノ上
極秘印提出相成度
尚右被調査者カ他ニ轉出其ノ他ノ異動ノ場
合ハ當方ニ遅滞ナク報告セラルルト同時ニ關
係他箇所ヘモ該名簿寫ヲ送付相成様致度

備考

一、本年二月地方事務所長會議席上ニ於テ
地方事務檢閲委員長ヨリ左ニ關ノ檢閲報

南滿洲鐵道株式會社

(4. 1. 堀内納)

401

三三三

420

（號1紙罫）

告アリタル際情報事務ニ関シ左ノ要項ニテ
希望及注意アリタリ
「各地ニ於ケル支那官憲其ノ他要路者並
将来アル有為ナ壮者ニ對スル調査及知識
充分ナラサル箇所アリ之等ノ研究ト共ニ之等ノ
人事異動ノ際ニハ情報ニ止マラス其ノ履歴、
系統、性癖、事業、従来ノ交渉事項及模様
其ノ他之等ノ交渉上参考トスヘキ点異動先関
係他箇所ニ直ニ通知スルコトニ致度」
二、営口地方事務所長ヨリ五月二十四日営地情

南滿洲鐵道株式會社

（4. 1. 堀内納）

407

（罫紙1號）

第六八號ヲ以テ營口支那官紳鐵道件アリ
三、他ノ地方ニ於テモ營口ニ於ケルト同様調査
セラレタルモノアリト思料セラル、コノ種ノ「リスト」
ハ寧ロ統一セルモノヲ便宜ト認メラル、ヨリ此
ノ際一應別案ノ用紙ニヨリ調査ヲ求メムトス

南滿洲鐵道株式會社

（4.1.堀内納）

403

422

(罫紙1號)

極秘

案ノ二

地方庶秘第 21號 2

(極秘親展) 地方部長

社長室情報課長
庶務部 商業課長(庶務課長) 宛
件名

首題ノ件ニ関シ別紙写ノ通各地方事務所長及撫順炭礦庶務課長宛通牒シ置キタルニ付参考迄ニ通知ス

發送 4.5.27 P.M.

南滿洲鐵道株式會社

(4. 1. 堀内納)

404

No. 423

場所名

（　　年　月　日生　當　年）

出生地	
現住所	
通稱別號字等	
職業及地位	
黨派系統	

資産信用生計		交際	
人物概評		趣味嗜好技能	
性格		對日感情	
教育程度		社會關係	
經歷ノ概要		其ノ他參考事項	

405

满铁辽阳地方事务所关于提交中国官绅名簿事致满铁地方部的函（一九二九年六月二十二日）

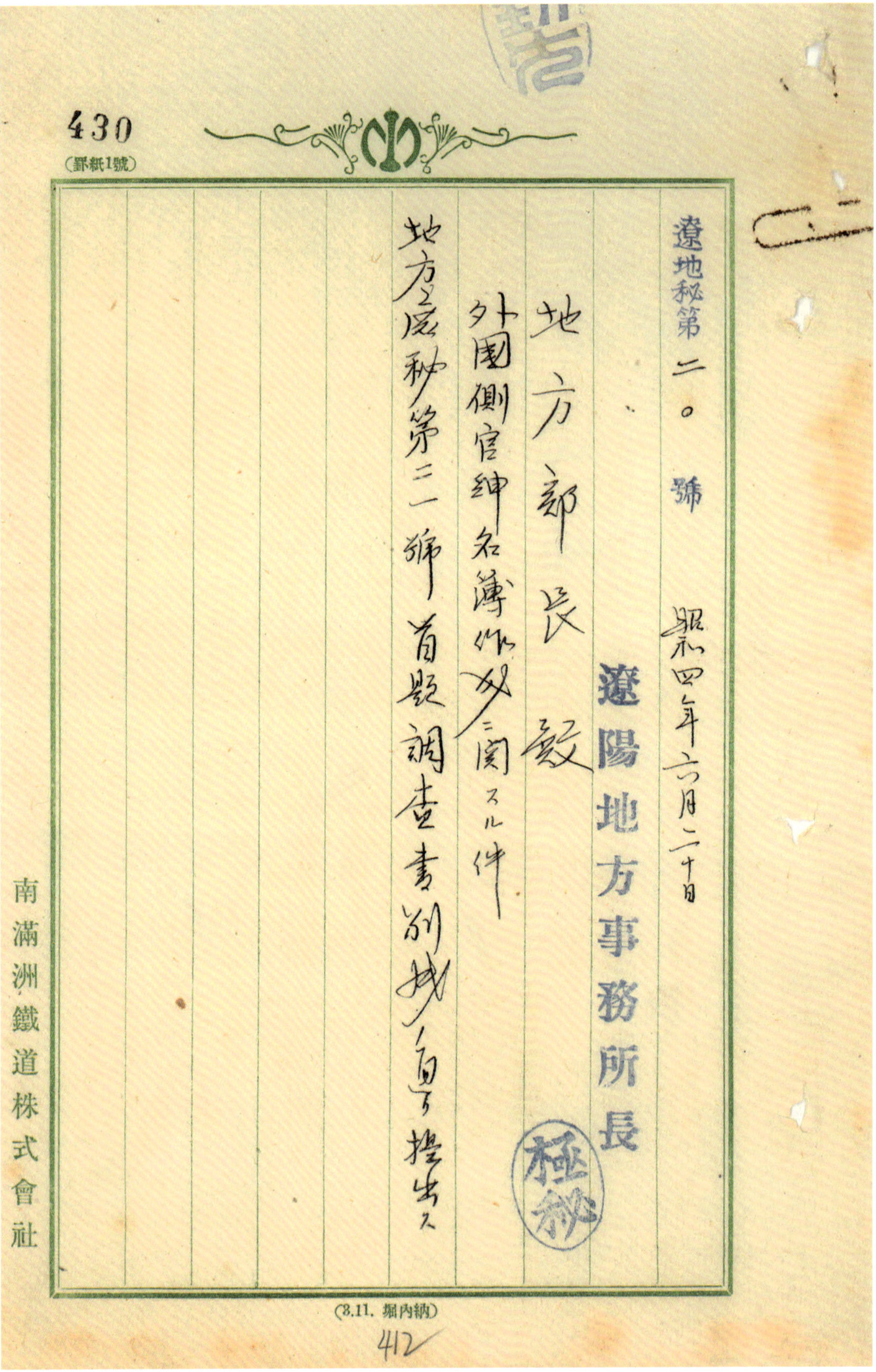
430
（罫紙1號）

遼地秘第二〇號
昭和四年六月二十日
遼陽地方事務所長
地方部長殿
外國側官紳名簿作製ニ関スル件
地方部秘第二一號首題調査書別紙ノ通提出ス

極秘

南滿洲鐵道株式會社
（8.11. 堀内納）
412

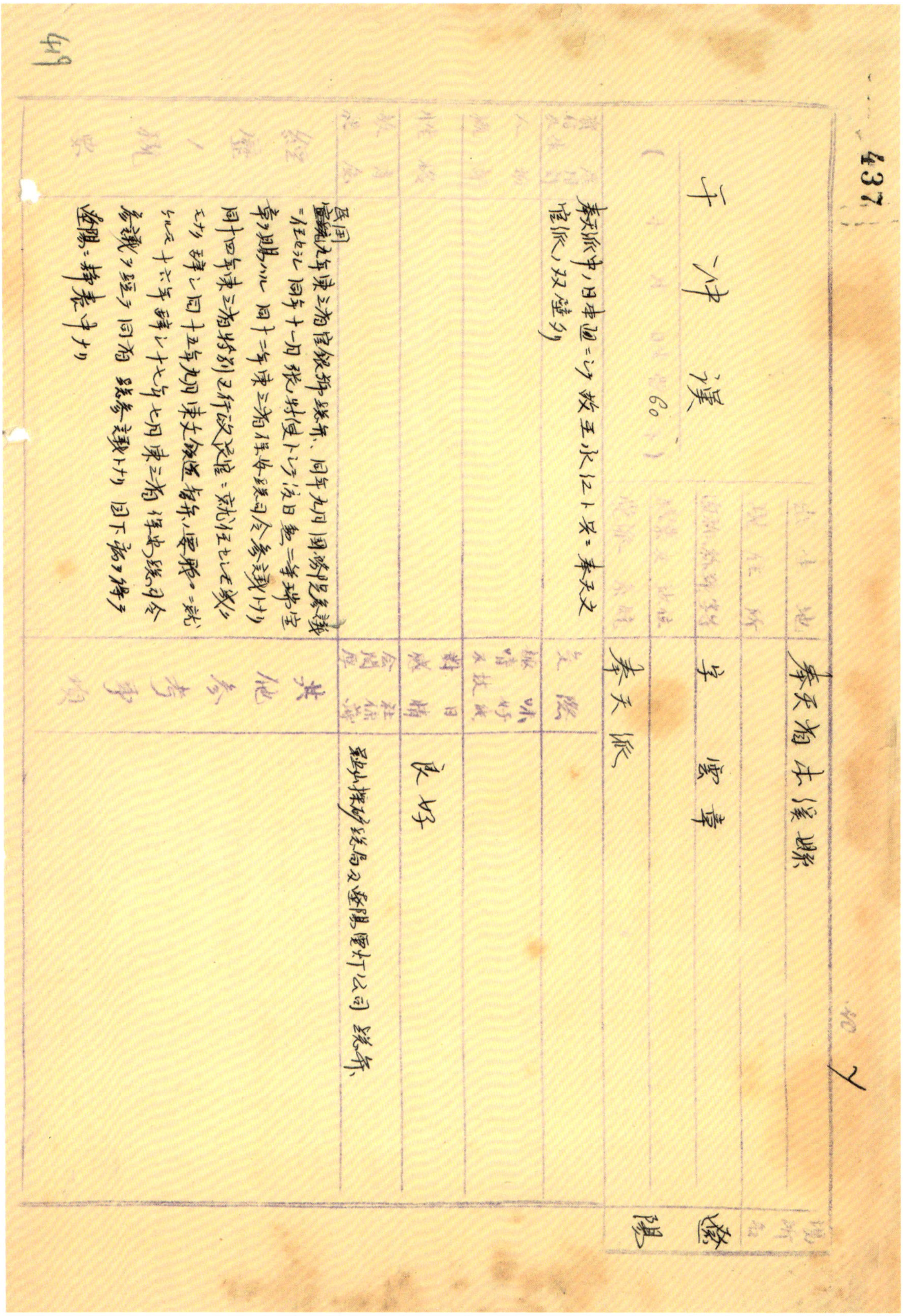

437

No. 7

場所名：遼陽

出生地	奉天省本溪縣
現住所	
通稱、雅號、字號	字　雲章
職業及地位	
党派系統	奉天派

于冲漢（60）

資格及其勢力	奉天派中ノ日本通ニシテ故王永江ト共ニ奉天之官派ノ双璧タリ	交際	
人物		趣味、嗜好及特技	
性格		對日感情	良好
教育		會社關係	鞍山採鉱総局及遼陽電灯公司　総弁
經歷ノ概要	民国九年東三省官銀號総弁、同年九月国務院参議ニ任セラル　同年十一月張ノ特使トシテ渡日シ勲二等瑞宝章ヲ賜ハル　同十二年東三省保安総司令参議トナリ同十四年東三省特別区行政長官ニ就任セシモ数ヶ月ニシテ辞シ同十五年九月東支鉄道督弁ノ要職ニ就クモ十六年辞シ十七年七月東三省保安総司令参議ヲ経テ同省　総参議トナリ　目下病ヲ得テ遼陽ニ静養中ナリ	其他參考事項	

419

满铁长春地方事务所关于提交中国官绅名簿事致满铁地方部的函（一九二九年六月二十四日）

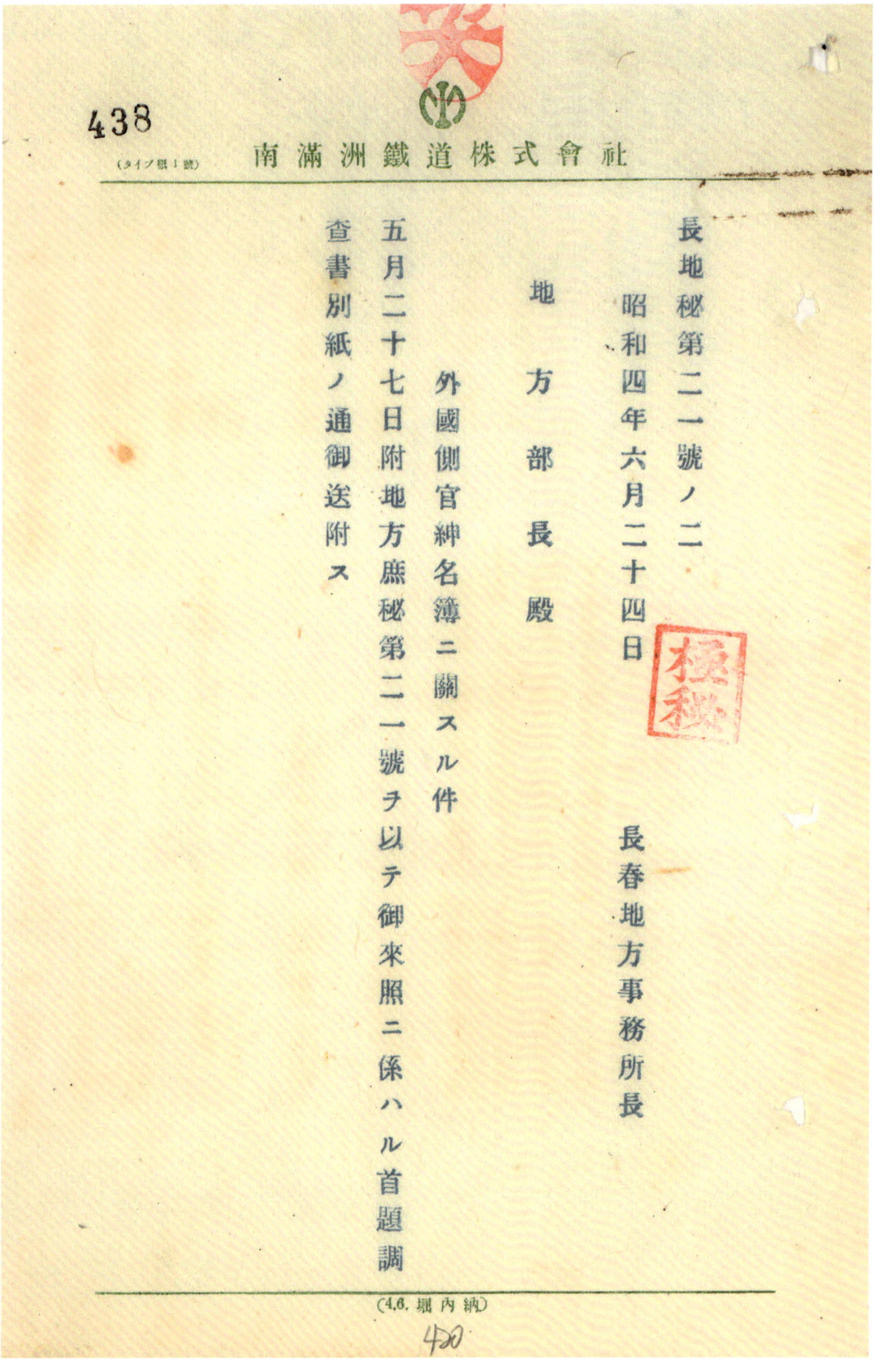

438

南滿洲鐵道株式會社

(タイプ紙1號)

長地秘第二一號ノ二

昭和四年六月二十四日

長春地方事務所長

極秘

地方部長殿

外國側官紳名簿ニ關スル件

五月二十七日附地方庶秘第二一號ヲ以テ御來照ニ係ハル首題調查書別紙ノ通御送附ス

(4.6. 堀内納)

420

附：吉长镇守使兼步兵第八旅旅长李桂林、长春县县长马仲援的调查书

440　　　　　　　　　　　　No. 2

李　桂　林 （　年　月　日生當55年） 遼寧省海城縣		出生地	原籍ニ仝ジ
		現住所	長春城内
		通称 雅号 字号	馨山
		職業地位	吉長鎮守使兼歩兵第八旅長　陸軍中将
		黨派系統	張作相系
資産 信用 生計	資産300,000元以上アリト称セラル 信用アリ 華美ヲ好ム	交際	交際ヲ好ミ各地ニ知友アリ
人物概評	平和主義ノ人物	趣味 嗜好 技能	ナシ 阿片 ナシ
性格	温健ナルモ多年ノ軍隊生活ニテ規律厳格	對日感情	普通
教育程度	講武堂出身　新聞ヲ讀ミ得ル程度	社會關係 厚薄	薄シ
經歴ノ概要	本人ハ特進ニテ東三省講武堂ヲ畢ヘ奉軍第二十七師ニ入団シ排長トナリ年末累進吉林第七混成旅ノ長ニ進ミタルモ民国十一年ノ奉直戦ニ於テ一時失脚民国十四年吉林歩兵第二十六旅長ニ復職関内ニ出動中十七年四月吉長鎮守使兼歩兵第八旅長ニ補セラル	其ノ他參考事項	元来交際家ナルモ近来阿片中毒ト胃病ノ為交際疎ナリ

場所名　長春地方事務所

422

441

No. 3

場所名	長春地方事務所		
馬仲援 （年月日生當39年） 遼寧省綏中縣		出生地	原籍ニ仝シ
		現住所	長春城内
		通称 号 字	號績波
		職業地位	長春縣々長
		黨派系統	吉林熙参謀長系統
資産 信用 生計	資産150,000元 人民ノ信望厚シ 質素ヲ好ム	交際	交際ヲ好ミ交友廣シ
人物概評	快活豪放ノ如キモ緻密　熱ノ人 職務ニ熱心　雄辯家	趣味 嗜好 技能	乗馬　讀書 酒　煙草 ナシ
性格	快活　克己心ニ富ム	對日感情	德惠縣知事時代ニハ排日的言動アリタルモ 長春ニ於テハ寧ロ親日傾向アリ
教育程度	北洋法政専門学校卒業	社會關係 厚薄	多カラス
經歴ノ概要	奉天省長公署主稿　綏中縣承審ヲ経テ民国十三年東豊縣知事トナリ　十六年吉林省德惠縣知事ニ転シ十八年三月長春縣知事ニ補セラル 十八年五月職制変更ニヨリ縣長ト改ム	其ノ他參考事項	

423

满铁四平街地方事务所关于提交中国官绅名簿事致满铁地方部的函（一九二九年十月二十四日）

425
424

（タイプ紙1號）　南滿洲鐵道株式會社

地方庶秘第21號
3

四地秘第四一號　「極秘親展」
昭和四年十月二十四日　四平街地方事務所長

地方部長殿

外國側官紳名簿作成ニ關スル件

五月二十七日附地方庶秘第二一號照會首題ノ件取調別紙ノ通報告ス

（4. 1-光明納）

407

附：四洮铁路管理局高级顾问马龙谭、四洮铁路管理局长周培炳、四洮铁路管理局副局长何瑞章、梨树县县长包文峻官绅名簿

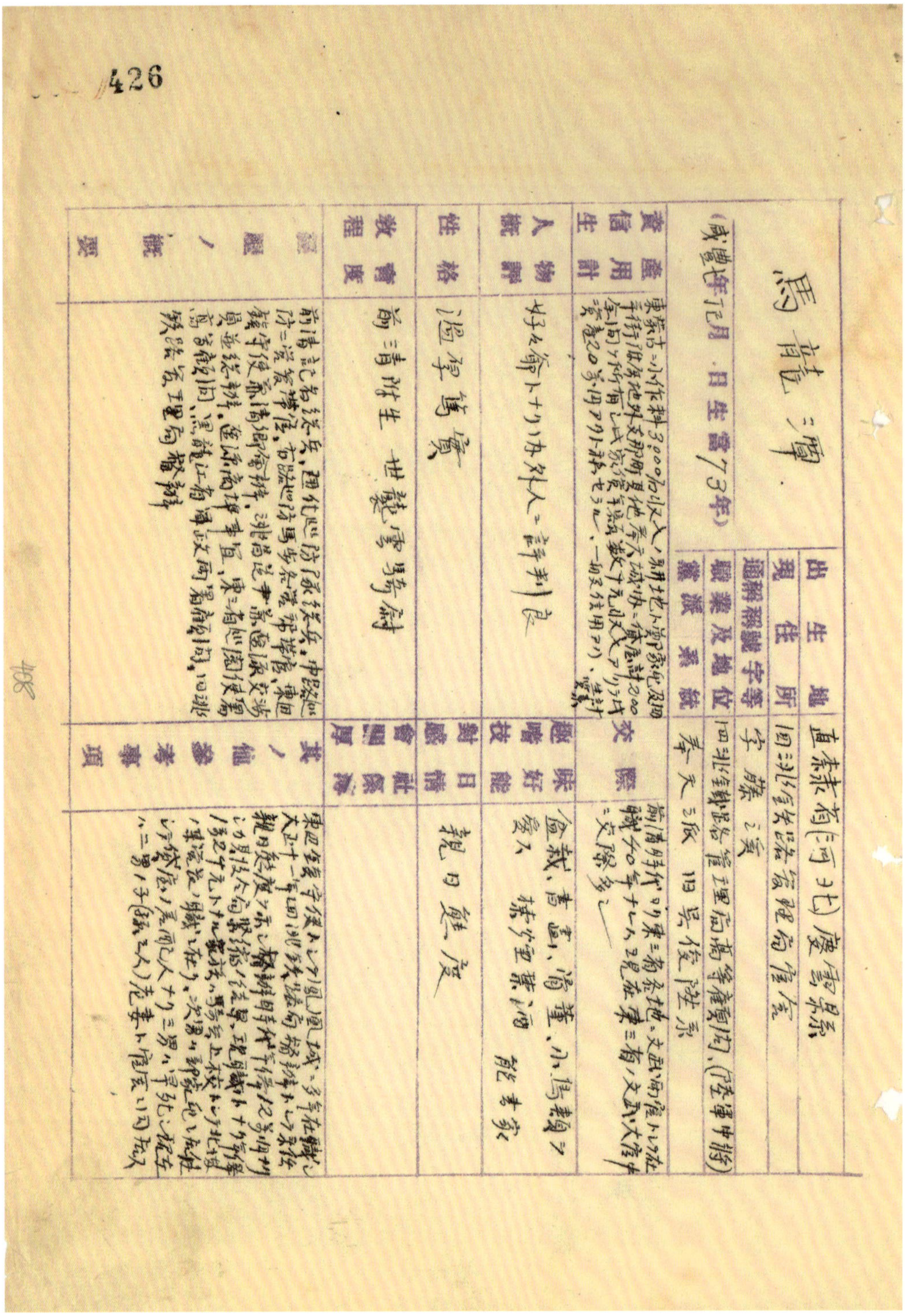
426

馬龍潭	
咸豐七年12月　日生當73年	
出生地	直隸省（河北）慶雲縣
現住所	四洮鉄路管理局宿舍
通稱稱號字等	字藤溪
職業及地位	四洮鐵路管理局高等顧問、（陸軍中將）
黨派系統	奉天派　旧呉俊陞系
資産信用生計	東蒙古ニ小作料3000石収入ノ耕地ト御家屯及[illegible]ニ[illegible]外[illegible]奉天城内ニ[illegible]資産20万円アリト称セラル。一般ニ信用アリ。生計豊裕
交際	前清時代ヨリ東三省各地ニ文武両官トシテ在職40年ナル人現在東三省ノ文武大官中ニ交際多シ
人物概評	好々爺トナリ内外人ニ評判良
趣味嗜好技能	盆栽、書画、骨董、小鳥類ヲ愛ス　禁煙禁酒　能書家
性格	温厚篤實
對日感情	親日態度
教育程度	前清附生　世襲雲騎尉
社會關係濃厚	
經歷ノ概要	前清記名総兵、[illegible]総兵、中路巡防ニ営管帯官、右路巡防馬歩各営帮帯官、東辺鎮守使兼清郷会辦、洮昌道尹兼遼源交渉員並総辦、遼源商埠事宜、東三省巡閲使署高等顧問、黒龍江省軍政両署顧問、四洮鉄路管理局督辦
其ノ他参考事項	東辺鎮守使トシテ[illegible]ニ多年在職シ大正十一年四洮鉄路局督辦トシテ就任親日態度ヲ示シ督辦時代[illegible]12万円ヲ[illegible]ノ[illegible]現職ト[illegible]次男ハ[illegible]三男ハ早死シ現在ハ二男ノ子（孫三人）老妻ト[illegible]

408

427

周培炳

（光緒9年　月　日生　當46年）

出生地	江蘇省松江縣
現住所	四洮鉄路管理局長官舎
通稱稱號字等	字　瑩孫
職業及地位	四洮鉄路管理局長、督辦職権、（陸軍少将）
黨派系統	不詳ナルモ国民党ナルヘシ？

資産 信用 生計	北京及奉天附属地ニ住宅ヲ所有スル由ナルカ詳カナラス其他資産判明セス 信用アリ、中流生活　年俸16,200円 一杯一杯ノ生活ナリト	交際	奉天省長翟文選ト交際アリ
人物概評	艶聞トシテ本妻ノ外ニ奉天附属地オリエンタルホテルニ嘗テ在東京支那公使館在勤中ニ馴染タル日本婦女ヲ妾トシテ囲ヒ居レリト	趣味 嗜好 技能	酒煙草モ餘リ嗜マス 能辯ナリ
性格	稚氣アリ快活ナル方ナリ	對日感情	親日態度アリ
教育程度	東京高等工業学校卒業	社會關係	
經歴ノ概要	京師大学堂教員、日本公使館（駐日）通譯、京師内城総廳行政審員、京師高等巡警学堂提調、江漢關監督、江北交渉署総務處長、奉天巡閲署諮議、奉天商埠局長、奉天交渉署顧問、山東督軍署諮議、膠濟鉄路局諮議、京綏鉄路総務處長、仝局長、正太鉄路監督局長、東北巡防司令長官公署顧問、民国十八年12月現職就任	其ノ他參考事項	本妻ハ奉天附属地ニ居住シ当地間ヲ往復シテ常住セス

409

何瑞章 (光緒12年　月　日生當43年)	出生地	安徽省南陵縣
	現住所	四洮鉄路管理局副局長官舎
	通稱稱號字等	字　次　德
	職業及地位	四洮鉄路管理局副局長
	黨派系統	

資産 信用 生計	資産詳ナラス、信用アリ 年俸8,400円 生計中流(吝ナリト称セラル)	交際	各方面ニ交際アリ
人物概評	詭譎ヲ弄シ油断ナリ難シ	趣味 嗜好 技能	酒煙草ヲ禁シ居ルト雖カルモ常ニ口嗜マス、頗ル小供ヲ愛ス 特別技能ヲ認メス
性格	怜悧	對日感情	態度甚タ不鮮明ナリ
教育程度	前清庚戌科挙人 江南法政専門学校卒業	社會關係	
經歴ノ概要	前清郵電部鉄路局計核科長、 京師大学文案、内閣中書法部主事、 京綏鉄路副局長、京漢鉄路局長、 株欽鉄路工程局長、 民国十八年二月現職ニ就職	其ノ他參考事項	夫婦ト一男一女アリテ同居ス

428

410

429

包文峻

(光緒5年　月　日生　當51年)

出生地	奉天省柳河縣三元河村
現住所	梨樹縣貿書街　縣公署官舍
通稱雅號字等	
職業及地位	梨樹縣政府　縣長
黨派系統	奉天系

資産 信用 生計	京籍及吉林省ニ土地ヲ、平井地及山林ヲ所有シ資産家ナリトノ言ヲアルモ其額詳ナラス、一般ニ信用アリ　中流生活	交際	陸軍中將闞朝璽兄弟ト親交アリ
人物概評	元奉天省長劉尚清ノ推輓ニ因リ現地位ヲ得タリト云フ	趣味嗜好 技能	酒煙草ヲ嗜ム 拳劍技術ヲ現メス
性格	樸訥ノ様ニテ如才ナシ	對日感情	表面親日ヲ装フモ裏面ハ排日ナリ
教育程度	奉天兩級師範学校卒業	社會關係	
經歷ノ概要	柳河縣小学校々長在職数年、元奉天省議員、清郷局長、清郷東路行局長。	其ノ他参考事項	本妻ハ二男二女アリテ何レモ奉天郷ノ中学及女学校ニ在学中、第二夫人ハ吉林八才之ニ幼男子一人アリ現住所ニ同居ス

411

满铁铁路沿线警备一览表、日俄讲和条约追加条款（一九二九年十一月一日）

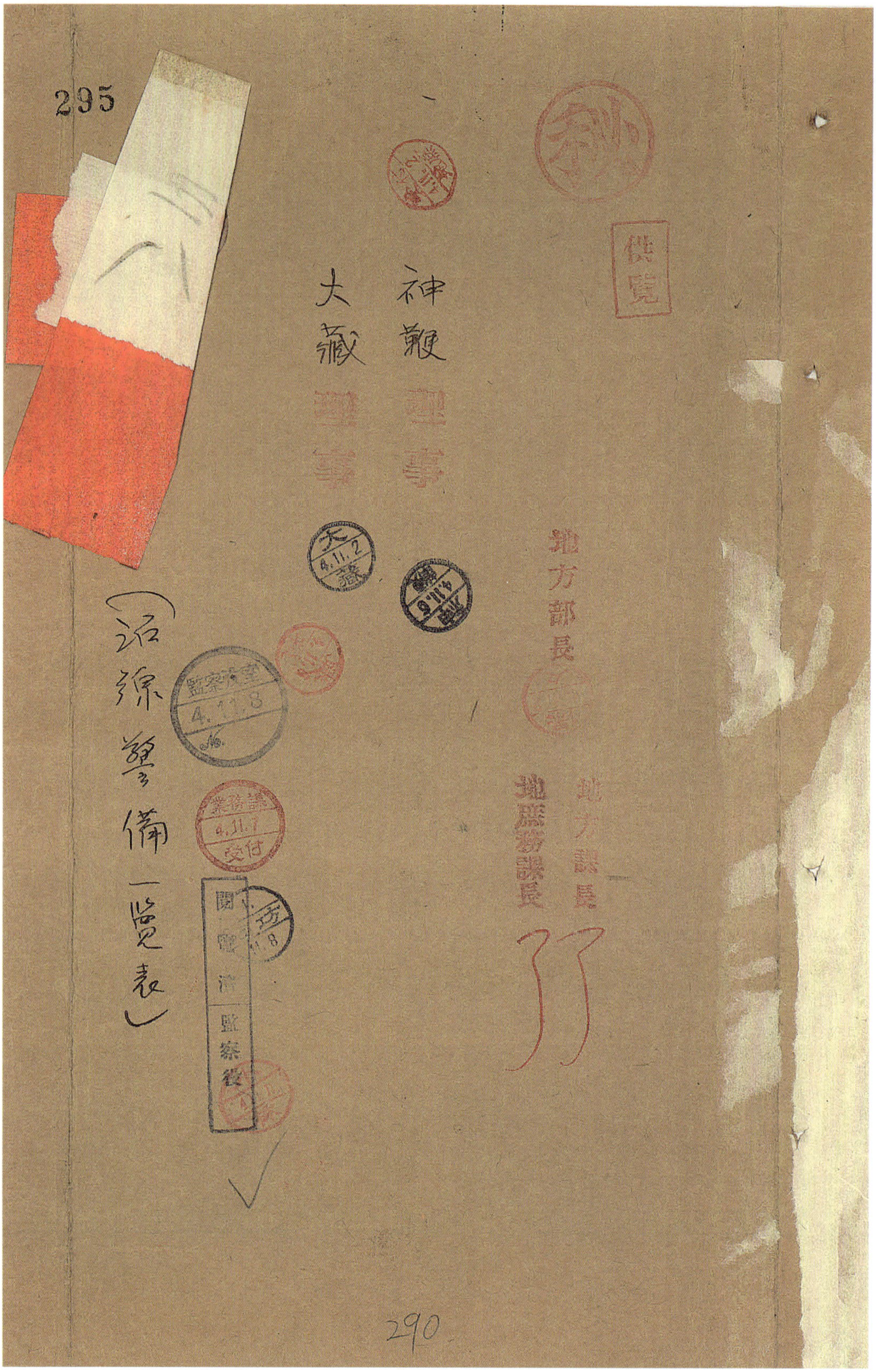

一、日露講和条約追加約款（明三八、九、五 一九〇五、九、五）

第一 講和条約第三条ニ付キ

両締約国ハ満洲ニ於ケル各自ノ鉄道線路ヲ保護セムカ為メ守備兵ヲ置クノ権利ヲ留保ス 該守備兵ノ数ハ一「キロメートル」毎ニ十五名ヲ超過スルヲ得ス

二、日露両軍満洲撤兵手續及鉄道線路引渡順序議定書（明三八、一〇、三〇 一九〇五、一〇、三〇）

第一条第五項

講和条約追加約款第一ニ依リ両締約国カ満洲ニ於テ各自ノ有スル鉄道ヲ保護スル為メ置クコトヲ得ル兵数ハ一「キロメートル」ニ付キ平均十五名トス

沿線警備配置表

297

軍隊配置

地名	独立守備隊					駐劄師団						合計兵数	憲兵				警察官			
	分遣所	中隊	大隊本部	旅団司令部	計	中隊	大隊本部	聯隊本部	旅団司令部	師団司令部	計		分遣所	分隊	本部	計	警部補以上	巡査及巡査	巡捕	計
旅順						5	2	1			1,073	1,073		1	1	37	8	110	36	154
大連						2					410	410		1		19	本署 21 小崗 6 沙河口 6 水上 5	218 82 75 43	81 31 38 64	320 118 119 62
柳樹屯						(一小隊欠) 3	1		1		570	570		1		19				
金州																	4	46	36	86
普蘭店																	5	61	44	110
貔子窩						(小隊) 1					68	68					10	158	64	232
瓦房店		1			205							205								
松樹	1				18							18								
萬家嶺	1				18							18								
熊岳城	1				18							18								
		(小隊) 2			136							136								
蓋平	1				18							18								
		(小隊) 1			68							68								
大石橋		2	1		430							430	1			6	4	31	11	46
営口	1				18							18	1			6	8	44	15	67
海城	1				18	[illegible] 4	[illegible] 2	[illegible] 1			868	886	1			6				
		(小隊) 1			68							68								
湯崗子	1				18							18								
千山					205							205								
		(中隊) 2			136							136								
鞍山					205							205					5	53	13	71

朱書数字ハ将来或個大隊増設後ノ分布情ヲ示ス
西本表ニハ旅順関東軍司令部ヲ除外ス

軍隊配置人員

分遣所　員数不定 16名—20名 平均 18名

小隊　一聯隊 ＝ 2大隊
一大隊 ＝ 4中隊
一中隊 ＝ 3小隊
一小隊 ＝ 205/3 ＝ 約 68名

中隊　大尉1、中少尉4、特務曹長2、曹長2、軍曹及伍長13、上等兵29、卒149、看護卒4、計204名及馬9頭、外ニ1中隊騎兵軍曹1。
合計 205名

大隊本部　中佐1、少佐1、大尉2、曹長2、軍曹2、伍長1、主計1、計手2、縫工長1、靴工長1、一等軍医1、二三等軍医1、看護長2、蹄鉄工長1、銃工長1、及馬3頭
合計 20名

聯隊本部　大佐1、少佐1、旗手1、副官大中少尉3、主計2
合計 8名

旅団司令部　少将1、副官少佐1、大尉1。
合計 3名

師団司令部　中将1、参謀長大佐1、参謀少佐大尉3、副官中佐1、大尉2、兵器部大尉1、一二等主計1、書記4、軍医2、獣医部3。
合計 21名

独立守備隊旅団司令部　中将1、参謀少佐1、副官少佐大尉3、一獣医1。
合計 6名

憲兵人員

分遣所　特務曹長1、軍曹伍長2、上等兵3
合計 6名

分隊　少佐（大尉）1、曹長1、軍曹伍長5—7、上等兵7—10
合計 19名

本部　少将1、副官少佐大尉2、特務曹長1、曹長、軍曹8、一二等主計1、計手2、雇員3。
合計 18名

293

沿線警備配置表

298

地名	軍隊配置 独立守備隊 分遣所	中隊	大隊本部	旅團司令部	計	駐劄師團 中隊	大隊本部	聯隊本部	旅團司令部	師團司令部	計	合計兵数	憲兵 分遣所	分隊	本部	計	警察官 警察官派出所	警察署	巡捕	計
遼陽	1				18	4	1	1		1	869	887		1		19	5	38	19	62
煙台		1			205							205								
		(2中隊) 2			136							136								
虎坑	1				18							18								
沙河	1				18							18								
蘇家屯	1				18							18								
		(1中隊) 1			68							68								
陳相屯	1				18							18								
渾河	1				18							18								
奉天		1	1		225	7	1	1			1463	1688		1		19	20	228	49	297
		1			205							205								
宇壽陸橋	1				18							18								
瓢家子	1				18							18								
李石寨	1				18							18								
撫順		1			205							205	1			6	7	93	26	126
柳条溝 丁坊	1				18							18								
虎石台		1			205							205								
新台子	1				18							18								
鉄嶺	1				18	3	1		1		638	656		1		19	5	60	15	80
		2	1		430							430								

备考

二箇大隊増設後ニ於ケル駐劄

師團配置変更豫定

地名	現在	変更後
旅順	1箇聯隊	空欠
柳樹屯	1箇聯隊 旅團司令部	ナシ
遼陽	1箇聯隊 (一大隊欠)	1箇聯隊 旅團司令部
奉天	1箇大隊	1箇聯隊
鉄嶺	1箇聯隊 旅團司令部	ナシ
長春	ナシ	1箇聯隊 旅團司令部

満鉄沿線1キロメートル當ニ於ケル

軍隊配置人員割合

1. 条約ニ規定セラレタル配置人員数

1 Km. 當 --- 15名

(満鉄沿線延長) 15×1,111粁 = 16,671名

条約

日露満ニ關スル追加約款 第一、満ニ関スル条約第二條ニ付キ(明38.9.5)

日露両軍満洲撤兵手續及鉄道保護ノ議定書 第一條第二項 (明38.10.30)

2. 現在配置兵員数

11,906

1 Km. 當 = 11,906 ÷ 1,111粁 = 10.7名

3. 差引現在配置餘裕

16,671 − 11,906 = 4,765名

294

239

地名	軍隊配置											合計兵数	憲兵				警察官				備考
	独立守備隊					駐剳師団															
	分遣所	中隊	大隊本部	旅団司令部	計	中隊	大隊本部	聯隊本部	旅団司令部	師団司令部	計		分遣所	分隊	本部	計	警部補以上	巡査部長巡査	巡捕	計	
中国	1				18							18									
開原		1			205							205	1			6	5	72	25	102	
湯岡		1			205							205									
泉頭	1				18							18									
双廟子	1				18							18									
四平街	(假設)	1	1		225							225	1			6	6	72	19	98	
十家堡	1				18							18									
蔡家	1				18							18									
郭家店		1			205							205									
		1			205							205									
公主嶺		2	1	1	436	(騎)1	(騎)1				225	661	1			6	5	41	14	60	
対房子	1				18							18									
范家屯	1				18							18									
大屯	1				18							18									
長春		1			205	4	1	1			848	1,053		1		19	15	150	36	201	
石橋子	1				18							18									
本渓湖		1			205							205					4	34	15	53	
橋頭	1				18							18									

備考

在留本邦人ニ対スル軍隊配置ノ割合

198,000名……本邦人数

11,906名……軍隊数

198,000 : 11,906 = 16.6

即 本邦人16.6名ニ対シ軍隊1名ノ割

在留本邦人ニ対スル警察官配置ノ割合

198,000名……本邦人数

2,710名……警察官数

198,000 : 2,710 = 73

即 本邦人73名ニ対シ警察官1名ノ割

295

地名	軍隊配置												憲兵				警察官				備考
	独立守備隊											合計人数									
	分遣所	中隊	大隊本部	旅団司令部	計	中隊	大隊本部	聯隊本部	旅団司令部	師団司令部	計		分遣所	分隊	本部	計	警部補以上	部長巡査	巡捕	計	
南坟	1				18							18									
連山関		2	1		430							430	1			6					
草河口	1				18							18									
劉家河	1				18							18									
鶏冠山	1				18							18									
		1			205							205									
几几埔	1				18							18									
五龍背	1				18							18									
沙河鎮	1				18							18									
安東（附属地）		1	1		225							225		1		19	19	181	44	194	
總計	36	20	6	1	4,894	33	10	5	2	1	7032	11,906	8	9	1	218	177	1873	660	2710	
		8	1		1,657							1,657									

296

满铁奉天地方事务所涉外系关于提交附属地中国知名人士调查表事致满铁地方部庶务课的函

（一九三〇年五月二日）

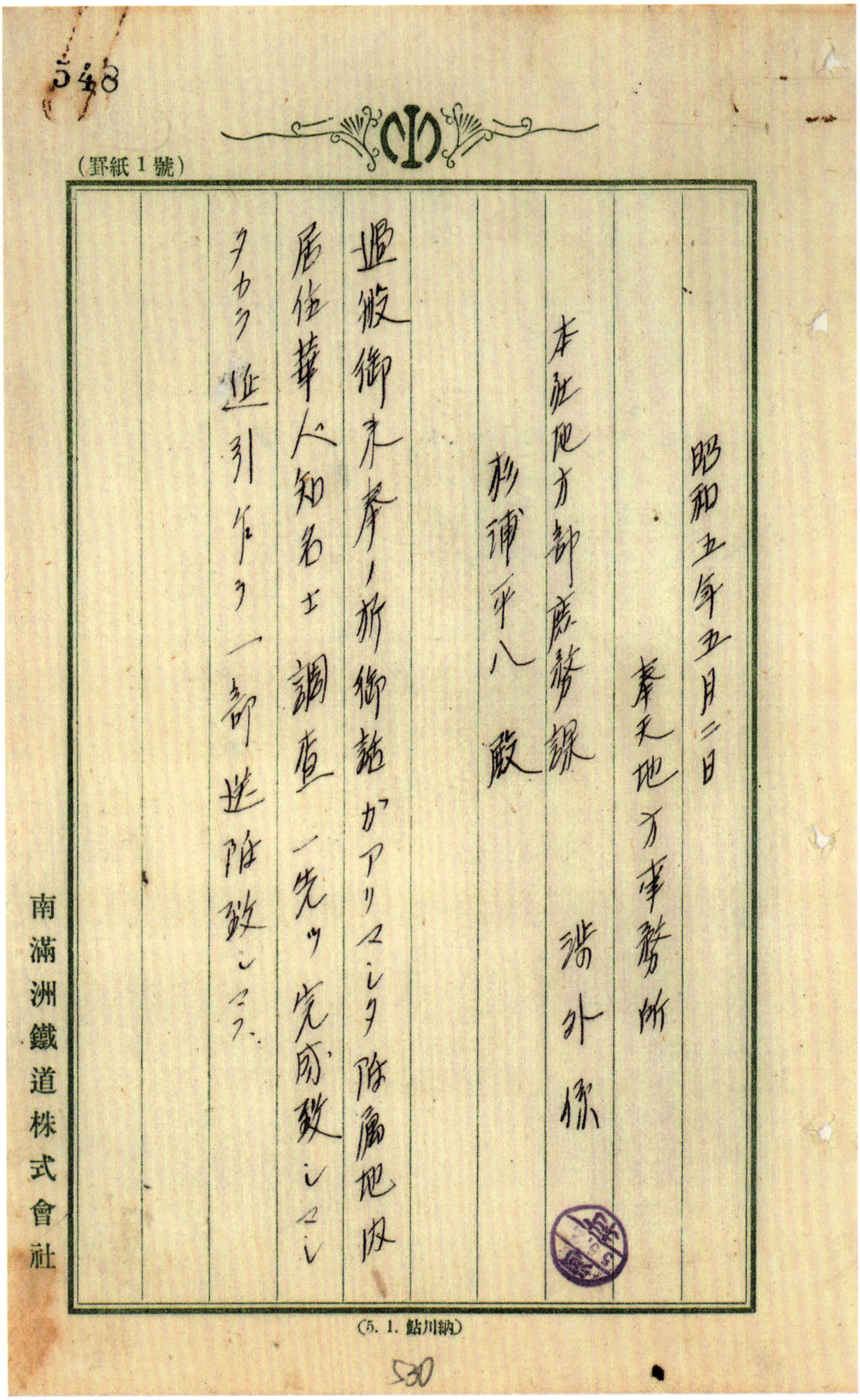

548

（罫紙1號）

昭和五年五月二日

奉天地方事務所　渉外係

本社地方部庶務課

杉浦平八殿

過般御来奉ノ折御話ガアリマシタ附属地内居住華人知名士調査一先ツ完成致シマシタカラ延引乍ラ一部送附致シマス

南滿洲鐵道株式會社

（5.1.鮎川納）

530

549

南滿洲鐵道株式會社 (155'—5)

奉天附屬地内居住華人知名士一覽表

住所	現舊官職々業	氏名	備考
葵町一九	東北交通委員會顧問（元洮昂鐵路局長）	于長富	字景陶
稻葉町七	元安東水上警察廳長 現奉天財政廳顧問	于治功	
信濃町三	東北邊防司令長官公署會計科長	于國輔	
江島町一九	元四洮鐵路局長	趙鎮	
常盤町四	東北邊防司令長官公署顧問	趙欣伯	
霞町	南京政府關東招撫使	凌印清	革命志士

(3.4. 共和號納)

531

550

(155—6) 南滿洲鐵道株式會社

富士町二	東北邊防司令長官公署秘書	陶尚銘	
信濃町一三	東北邊防司令長官公署參事 全駐吉副司令長官諮議 陸軍中將	李文炳	千代田通ニ於テ樂天飯店ヲ經營
信濃町五	東北憲兵司令部偵緝處長 陸軍少將	雷恒成	日本陸軍士官學校卒業
千代田通三八	元奉天商埠警察局長 現泰來公司主（石炭販賣）	孫源江	附屬地及商埠地ニ資産約百萬圓有リ
淀町七	東北邊防副司令長官公署副官處長 陸軍少將	宋常延	張作相ノ近親者

(3.4. 共和號納)

532

551

(155—5) 南滿洲鐵道株式會社

橋立町四	交通銀行經理	楊煥琯
信濃町一三	稅關監督署山海關監督	洪維國
稻葉町一五	東北兵工廠火藥廠長	徐亞公

(3.4. 共和號納)

关东军参谋部关于从德国购买奉天兵工厂所用弹药材料事致满铁的函（一九三一年一月三日）

资料课 受付 6.1.19
殖産受付 6.1.19 午后
受付 6.1.20 商工課
秘

164

（タイプ紙1號）南滿洲鐵道株式會社

通報先　渉外　殖産　奉公　北公　上事
通報濟　囑將
時局情報第一號（抄出）
昭和六年一月三日　關東軍參謀部
殖産部長　次長　商工課長　調査係

東北ノ獨逸材料購入

上海兵工廠ハ奉天兵工廠ノ使用彈丸材料購入ノ件ヲ獨逸商人ト交渉濟ナルニ付奉天ヨリ人ヲ上海ニ派遣セラレ度旨二十七日奉天兵工廠ニ電報セリ（天九四三號）山海關報（天九四二號）ニ依レハ三十日ノルエイ船ハ秦皇島ニ入港シ滄海鐵道用機關車二十輛（獨逸ヨリ積込）ヲ陸揚セリト

尚張學良カ某顧問ニ語レル所（天九六二號）ニ依レハ今回新ニ管理下ニ入リシ山西ノ太原兵工廠モ器材全部獨逸式ナルニ依リ

（5. 12. 鮎川納）

165

此際全支兵器ノ統一上ノ見地ヨリ奉天兵工廠モ獨逸式ニ改良スルヲ將來得策ナリト考ヘ同工廠ニ獨逸技師ヲ傭聘スルコトトナリタルモノナリト右ニ鑑ミ將來益々兵器、鐵道材料等獨逸品ノ購入多カルヘシト判斷セラル

尚天津報（天九四九號）ニ依レハ英人顧問一名來リテ天津ノ學良ニ自由出入シ最近又英國武官學良ニ招致セラレタルコトアリ學良ノ英國顧問竝英國ヲ依頼スルコト甚大ナルカ如シト

奉天商工会议所关于辽宁军用粮草厂从沈海沿线购买所需高粱的情报（一九三一年一月七日）

奉天商工會議所

秘

奉商情報第三九五九號

昭和六年一月七日

糧秣廠高粱購入ノ件

（六日調査）遼寧軍用糧秣廠デハ昨秋新穀出廻以來盛ンニ瀋海沿線ニ於テ高粱ノ買付ヲ行ヒ、昨年末迄ニ壹千五百貨車ヲ購入シテキルガ、最近到着シテキル該線ノ貨物モ大部分ハ糧秣廠購入ノ高粱デアル。マタ昨年秋ヨリ十二月二十日迄ニ該廠ニ納入セル各取扱商ノ數量ハ左ノ如クデアル。

裕豐源糧棧（大北關）	四二二車
三井洋行	三三〇車
同昌厚糧棧（大北關）	三一〇車
福勝公〃（〃）	二二〇車
其他	二五〇車

满铁奉天公所关于就满洲铁道问题与张学良谈话事致满铁资料课的函（一九三一年一月十二日）

911

通報先
交渉 渉外 總務 計畫 鉄道 販賣 殖産 鄭公
部長 洮公 齊公 吉公 上事 哈事 支社 關警
關外 海軍 憲兵 陸軍

奉公資第九二八號

昭和六年一月十二日　奉天公所長

殖産部長
次長
商工課長

資料課長殿

調査係

滿洲鉄道問題ニ對スル張學良ノ談話

一月六日當公所員カ他用ニテ天津ニ出帳偶々佛租界學良官邸ニ舊知ノ秘書朱光沐ヲ訪問シ㈠學良ノ近況㈡支那側ノ對滿洲鉄道政策ニ關シ聽キ質シタルトコロ學良ハ極メテ强健ニテ午前中ハ

912

912

自身テ外人ノ商店ニ出掛ケ買物ヲシタリ或ハ家族ヲ伴ツテ獨乙飯店テ食事ヲトル等家庭人トシテノ仕事ヲナシ午後三、四時頃カラ一般政務ヲ執ルコトニシテキル。鉄道問題ニ就テハ支那側ヨリ寧ロ日本側カ騒ク様ニ思ハレルカ自分タケテ御答ヘ出來ヌトコロモアルカラ一應學良ニ會フ意思カアレハ自分カラ手配スル。

最近日本ノ新聞ハ必要以上ニ神經ヲ尖ラシ色々ノ揑造記事ヲ掲ケ兩國人間ノ感情ヲ害ヒツツアルカ本件ハオ互ニ注意シテ斯カル誤解ノ起ラヌ様ニ努メタイト述ヘタノテ左様ナラハ明日横田電通記者ト同伴學良ニ面會スルコトニ約束シテ別レタ。七日午後四時頃朱光沐ハ學良官邸ニ赴ク途次特ニ息游別墅ニ所員ヲ訪ネ同夜七時ニ會フコト及質問内容ノ大体ヲ書キ取リ一足先キニ

913

913

辭シ去ツタ。學良ハ茶褐色ノ支那服ヲ着込ミ極メテ元氣ラシク應待シ朱光沐ノ示シタ質問要項ヲ參考ニ大体左ノ如キ談話ヲナシタ。

問、最近交委會ハ東北鉄道網計畫ヲ完成シタル由ナルカ果シテ本當カ

答、其ノ消息ハ一体何處カラ聞イタカ

問、天津庸報及鉄道時報等貴國ノ新聞ニ掲載サレテ居ル

答、自分ハ斯カル事實ヲ未タ關知シテキナイ。幹支線五十八線ニモ亘ル計畫ヲ實施スルニハ相當巨額ノ建設費ヲ必要トスルテアロウカ現在東北ノ財政狀態テハ斯ノ如キ大計畫ヲ進メル餘裕アルマイ。尤モ東北トシテハ事情（力量トイフ言葉ヲ用ヒタ）カ許セハ斯カル方面ノ建設ニモ着手シタイ希

914

望ハ持ツテヰルカ目下ノ情勢テハ交通問題ヨリモ尚急速ヲ要スル問題カ幾多モアル。君カ此ノ上確メル必要カアレハ委員長高紀毅ニ照會シテモヨイカ恐ラク宣傳テアロウ

問、東北カ殊ニ交通方面ノ建設ヲナス爲外資ヲ入レル場合ハ特ニ日本ヲ除ク他ノ國ノミニ偏スル様ナコトハナイカ

答、日本ノ資本ヲ排斥シナイト同時ニ歐米ノ資本モ之ヲ拒ム譯ニハ行カナイ。ツマリ歐米タカラ日本タカラトテ其ノ間差別スルコトハシナイ。但シ外資ヲ入レルノハ必要ノ生シタ場合ニノミ限ラレルコトヲ附言シテ置ク

問、交委會ト南京鉄道部トハ如何ナル關係ニアルカ

答、確カ交委會ト南京鉄道部トノ間ニハ何カ規約カアツテ（昭和四年十二月十六日南京政府ノ公布セル東北交通委員會暫

914

915

行組織條例ヲ指スモノナラン）仕事ヲシテヰル筈タ。交通權及外交權ハ原則トシテ之ヲ南京政府ニ歸シテヰルカ東北トシテハ建議及管理權ヲ保留シテヰル

問、副司令ハ何時頃歸奉セラルルヤ

答、目下山西軍（四軍八師）西北軍（一軍三師）ノ改編ノ目鼻カ就イタノテ近日中ニ正式ノ命令ヲ發シ兩三日中宋子文ト會見、尚一週間位滯在ノ上歸奉スル。

副司令官公署ハ余ノ歸奉後商議北平ニ設置スルニ決定

問、東北ノ厘金類似ノ税金ハ廢止スルカ

答、丁度今本問題ニ就テ討議中テアル必ラス撤廢シタイト思フ

以上

915

916

奉天商工会议所关于东北陆军装甲汽车队从美国购买所需军用汽车的情报（一九三一年一月十四日）

46

受付 6.1.15 商工課

奉天商工會議所

秘

奉商情報第三九九七號

昭和六年一月十四日

軍用自動車購入ニ關スル件

（十三日調査）東北陸軍裝甲自動車隊デハ、裝甲自動車貳百五拾餘輛ヲ有シテヰルガ、今回更ニ内容ヲ擴充スルコトニナリ、昨年十二月中天津ニ於テ某米國商ヨリ自動車ノ車体七拾餘輛ヲ購入シ（壹輛金票壹千五百圓）目下當地兵工廠ニ於テ裝甲ソノ他裝備中デアルガ、近ク全部ノ裝備ヲ完了スルノデ月給現洋參拾五元デ運轉手ノ募集中デアル。

47

奉天商工会议所关于辽宁兵工厂与山西兵工厂合并的情报（一九三一年一月二十二日）

79

奉天商工會議所

秘

奉商情報第四〇二八號

昭和六年一月二十二日

山西兵工廠合併ニ關スル件

（廿一日調査）遼寧兵工廠ニ於テハ山西ガ張學良ノ勢力權下ニ遷ツタノデ、同地ニ於ケル兵工廠ヲ合併セシムベク計劃シ、既ニ昨年末ヨリ弗々機械ヲ遼寧兵工廠ニ送ラシメテヰルガ、シカシ果シテ山西兵工廠ノ機械全部ガ送ラレテ來ルモノカ疑問トサレテヰル。

80

日本关东厅警务局关于报告英国远东经济使节来满洲情况事致满铁资料课的函（一九三一年一月二十三日）

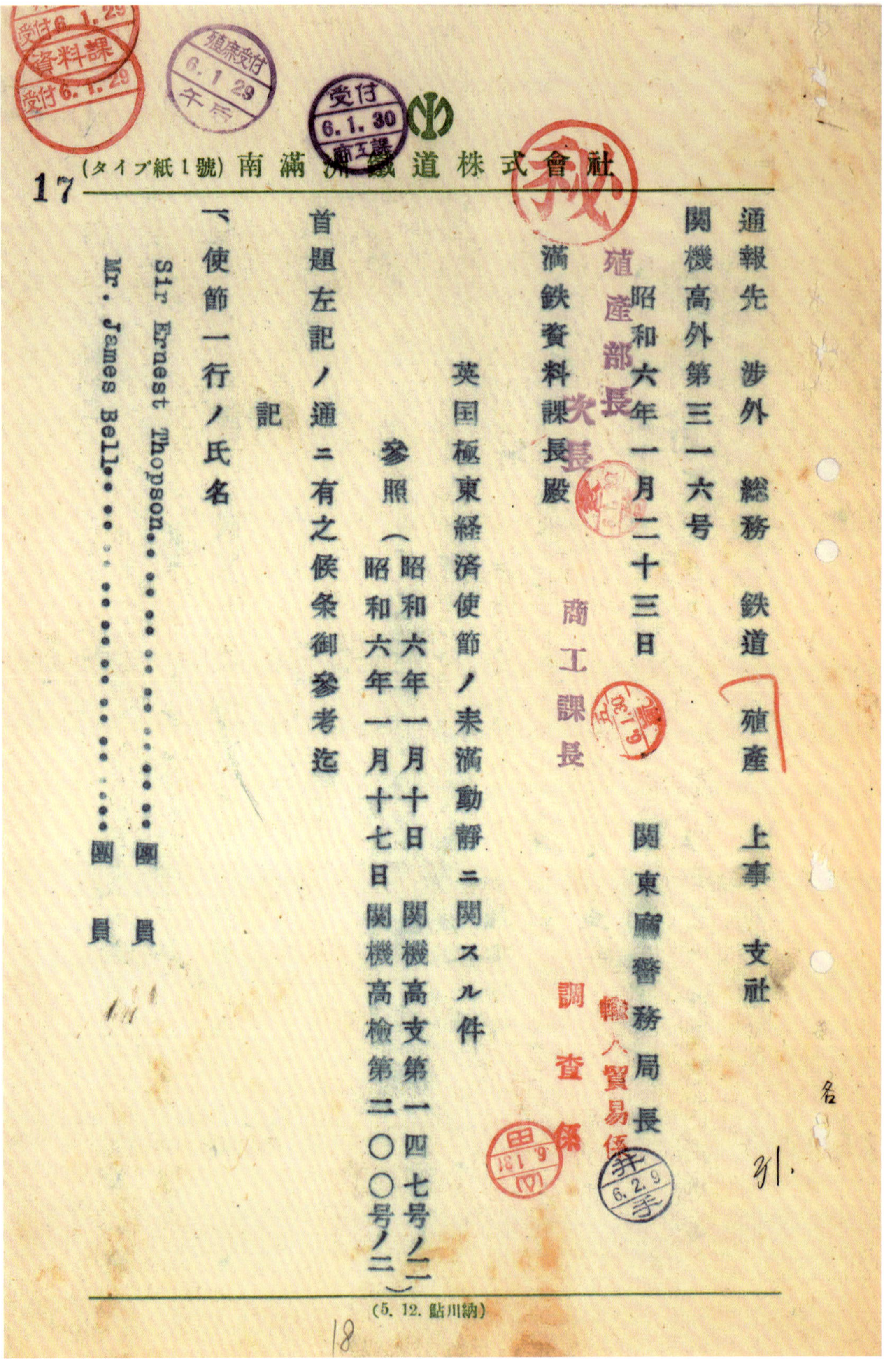

17 (タイプ紙1號) 南満洲鉄道株式會社

通報先　涉外　総務　鉄道　殖産　上事　支社

関機高外第三一六号

昭和六年一月二十三日　関東庁警務局長

満鉄資料課長殿

英国極東経済使節ノ来満動静ニ関スル件

参照（昭和六年一月十日　関機高支第一四七号ノ二

昭和六年一月十七日　関機高検第二〇〇号ノ二）

首題左記ノ通ニ有之候条御参考迄

記

一、使節一行ノ氏名

Sir Ernest Thopson……団員

Mr. James Bell……団員

(5. 12. 鮎川納)

Mr. H. J. Brett. ……… 北平英国公使館附商務官
Mr. F. W. Birchenough. ……… 綿布代表團員
Dr. S. H. C. Briggs. ……… 團員
Mr. William A. Crowther. ……… 團員
Mr. Joseph Wild. ……… 綿布代表團員
Mr. F. A. Barnes. ……… 書記官補
Mr. G. W. Hill. ……… 從者

二、來朝ノ目的

先年我政府カ團琢磨男爵ヲ團長トスル実業視察團ヲ英国ニ派遣シタル為之ニ對スル答禮ヲ兼ネ極東各地ノ一般経済状況就中各市場ニ於ケル英国製品ノ賣行状況ヲ視察シ以テ將來ニ於

ケル取引ノ改善及販路擴張ノ資料タラシメムトスルニ在リト

三、行動ノ概要

(1) 一月四日北寧線經由北平ヨリ奉天ニ赴キ同日哈爾賓ニ向ヒタルカ同地視察中在哈露字新聞「ルーポル」記者ト一行ノ代表「トムソン」トノ間ニ左記會談ヲ為シタリト

問、幾日滞在ノ豫定ナリヤ

答、五日間許リ滞在シ其ノ間北滿及當地ノ各市場並諸工場製造所ヲ視察シ當地方ノ産業狀態ヲ調査スル豫定ナリ

問、英国資本及英国品賣行ノ為北滿市場ノ能力ニ関スル貴見如何

答、滿洲ハ自国品取引ノ大市場タルハ勿論ナルカ此質問ニ對シ詳細ニ答ヘ得ルハ滞在數日後ナリ

問、當地ハ英国資本ヲ投スル價値アリヤ貴見如何

答、價値ハ十分アリト認ム然レ共即答スルコトハ困難ナリ
我等一行ノ視察結果ニ就キテハ一行ノ帰国後ニ於テノミ
発表シ得ルモノナルヲ以テ帰国後我政府並大商店ニ對シ
詳細報告ノ豫定ナリ云々

(2) 一月九日哈爾賓ヨリ再奉天ニ引返シ瀋陽市長、總商會會長
王外交特派員、省政府各樞要者等ヲ訪問シタル後奉天城内
ヲ見物ス

(3) 今回ノ英国経済使節ノ来奉ハ東北省開発上重大關係アルニ
鑑ミ張学良ハ特ニ諸外国ノ疑惑ヲ避クル為商工會長金哲忱
及各法團代表者ニ内命シ一行ヲ歓迎セシメタルヤニテ各法
團代表者ハ一月十二日午後七時ヨリ商工會内ニ於テ祕密裡
ニ一行ノ歓迎宴ヲ開催シタルカ其ノ席上商工會長金哲忱カ
「東北ノ経済救済策ニ關シ極力尽力セラレタシ若シ貴国ノ

救済ナクハ勢ヒ東北省ハ日本ノ手中ニ陥ルヘシ云々」ト挨拶ヲ為シタルニ對シ使節代表「トムソン」ハ「東北省下ノ鉄道、礦業、林業等ノ各業ニ對シ英国トシテハ極力援助スヘキハ勿論東北ニ大資本ヲ投シテ企業銀行ヲ設置シ東北省下ノ経済界ヲ潤沢ナラシメ以テ日本ノ満蒙進出ヲ阻止スルコト應諾スルノミナラス帰国後更ニ調査員ヲ派シ投資方法ニ関シ協調スヘシ云々」ト答辞ヲナシタリト

(4) 一月十四日午後八時大連着列車ニテ奉天ヨリ来連同地滞在中商工會議所ヲ訪問シテ英国製品ノ大連市場ニ於ケル賣行及取引等ニ関シ約二時間ニ亘リテ會談シタル外大連居住英国商人ヨリ「英国製品ノ満洲各市場ニ於ケル勢力及今後ニ於ケル販路擴張並取引方法」等ニ對スル希望ヲ聴取セリ

(5) 一月十六日大連ヨリ撫順ニ来リ戰跡視察ノ後當廳長官々邸

(タイプ紙1號) 南滿洲鐵道株式會社

ヲ訪問シ「茶ノ會」ニ臨ミ三浦長官代理ノ歡迎ノ辭ニ對シ團長ノ答辭アリ歡ヲ交ヘタル後卽日帰連セリ

(6) 一月十七日午前十一時大連出帆長春丸ニテ上海ニ向ヒタルカ出発ニ際シ團長「トムソン」ハ次ノ如ク語リ居タリ

今回一行カ日本内地及滿洲各地視察中日本官民ヨリ受ケタル厚意ニ對シテハ深謝シ居ル次第ナリ日本人ハ西洋ノ文化ヲ輸入シテ克ク之カ採長補短ヲ為シタル結果今日ニ於ケル日本ノ文化ヲ形成シタルモノナリト豫テ聞知シ居タルカ実地ニ視察シテ其ノ聞キシニ優ルヲ認メタリ

帰国ノ上ハ此ノ狀況ヲ講演又ハ雜誌等ニ依リ廣ク社會ニ紹介スル考ナリ滿洲ニ於ケル各市場ハ努力如何ニ依ツテハ英国製品ノ進出有望ナルモ之カ実施ハ頗ル困難ナリト思考セラル尚最近英米独等ノ對支投資說ニ関シ世上種々喧傳セラ

(5. 12. 鮎川納)

23（タイプ紙1號）南満洲鐵道株式會社

レ居ルモ銀價暴落ノ為実業界不安定ナル現在ノ支那ノ実情
ニ照シ對支投資ハ頗ル危險ナリ從テ英国トシテハ未タ何等
考慮シ居ラス云々

（5. 12. 鮎川納）

24

奉天商工会议所关于东北三省兵工厂与迫击炮厂合并的情报（一九三一年一月二十七日）

103

受付 6.1.28 商工課

奉天商工會議所

秘

奉商情報第四〇四八號

昭和六年一月二十七日

兵工迫擊廠合併ニ關スル件

（廿六日調查）國民政府軍政部ヨリ電報ヲモツテ、東三省兵工廠ト迫擊砲廠トハ合併シ、コレニヨツテ生ズル冗員ニハ相當ノ待遇ヲ與エルタメ、退職基金トシテ百五拾萬元ヲ鹽稅中ヨリ控除シヲクヤウ。尙ホ合併期間ハ二月一日ヨリ遲クトモ六ケ月以內ニ完了スベシト張學良宛ニ命令ガ來タノデ、學良ハ兵工廠總辦米春霖ヲ招致シ合併手續ノ協議ヲシタ。

104

奉天商工会议所关于辽宁兵工厂的中国供货商人联合交易的情报（一九三一年一月二十八日）

107

受付
6.1.29
商工課

奉天商工會議所

秘

奉商情報第四〇五三號

昭和六年一月二十八日

兵工廠出入ノ華商聯合ニ關スル件

（廿七日調査）遼寧兵工廠ハ南北妥協以來漸次生產能力ヲ減少セル一面ニ、從前相當數量ノ材料ヲ買溜メテキタタメ、昨年ハ一般材料ノ購入額頗ル減少シ、支那側並ニ外國側ノ各出入商ハ、相當激烈ナル賣込競爭ヲナシ、尙商內ノ尠ナイノニ惱ンデキタガ、最近支那側ノ有力金物商デ兵工廠納入ヲ專門トシテキタ百祿洋行華南、錫記、華慶、老順記、仁記等ノ六軒ハ聯合シテ組合ヲ組織シ秘密裡ニ兵工廠沈材料處長ト聯絡ヲ取リ、コレト利益分配ノ密約ヲナシ以テ兵工廠ノ材料賣込ミヲ壟斷スルコトニナッタト謂ハレテキル。

108

113

受付 6.2.2 商工課

奉天商工會議所

秘

奉商情報第四〇六〇號

昭和六年一月三十日

兵工廠ノ大淘汰ニ關スル件

（廿九日調査）遼寧兵工廠デハ從來製造シテ貯藏セル武器、彈藥ノ數量巨額ニ達シ、一面閻、馮ノ下野ニヨリ南北完全ニ統一ノ形トナリ、コノ上武器ヲ巨額ニ製造スル必要モナクナツタノデ、コノ三月迄ニ全從業員ノ約二割ヲ淘汰スルコトニナツタト謂ハレテヰル。

114

奉天商工会议所关于沈海铁路局拟在沈海沿线常驻军队的情报（一九三一年二月三日）

132

受付 6.2.4 商工課

奉天商工會議所

秘

奉商情報第四〇七五號

昭和六年二月三日

瀋海線軍隊常置ニ關スル件

（二日調査）瀋海鐵路局ニ於テハ僅カニ巡警程度ヲ沿線ニ配置スル位キデハ警備力薄ク、殊ニ沿線到ルトコロ匪賊ノ横行烈シク過般四洮線ニ於ケル匪賊ノ列車襲撃事件ニ鑑ミ、至急軍隊ヲ派遣シ警備力ヲ充實サレタシト、コレガ辨法十ケ條ヲ制定シ遼寧省政府ニ申請シタ。尚ホ辨法十ケ條ノ内容ニヨルト右軍隊ハ常置的ノモノトシ、相當鐵路局トシテモ給料ヲ出スヤウデアル。

133

奉天商工会议所关于汇报辽宁省财政困窘的情报（一九三一年二月三日）

133

奉天商工會議所

秘

奉商情報第四〇七六號

昭和六年二月三日

遼寧財政ノ窮乏ニ關スル件

（二日調査）最近舊正ノ接迫ト共ニ軍政各機關ハ何レモ財政廳ニ經費ノ支出方ヲ要求シテキルガ、現今省財政ハ極端ニ窮乏シテキルタメ、張財政廳長ハ支那側ノ銀行團カラ貳百萬元ヲ借款シテ急場ヲ凌イダ狀態デアル。卽チ昨十九年下半期ノ收入ハ前年度ヨリモ四百餘萬元ノ減收ヲ示シ出產、銷場、田賦、畝捐並ニ官營各種事業等何レモ收入減少シテキル。從來外間ニ傳ヘラレテキタ一部稅金ノ增收說ハ皆虛傳デアル。

134

奉天商工会议所关于辽宁外交特派员王明宇反对日军演习的情报（一九三一年二月四日）

136

受付 6.2.5 商工課

殖產受付 6.2.7 午前

殖產部長　殖產部次長　商工課長　調査

奉天商工會議所

秘

奉商情報第四〇七九號

昭和六年二月四日

日軍ノ演習反對ニ關スル件

（三日調査）外交協會ニ於テハ二日全体委員會議ヲ開催シ、遼寧外交特派員王明宇ガ日本軍隊ニ對シテ、我境內ニ於ケル演習ヲ許可セルハ將ニ國權ヲ失墜セルモノデアル、シカモ日本軍隊ノ今次ノ演習ハ奉天城ヲ包圍シ、一旦有事ノ際ニ處セントスル豫備行爲デアルコトハ、國際的ニ重大ナル意義ヲ有ツモノデアリトシ、全國民衆各機關、各級黨部ニ通告對日惡化ノ感情ヲ煽ラントスルト共ニ、中央外交部ニ打電シテ王明宇ノ免職處分方ヲ要求シタ。

137

143

殖産部次長　商工課長　調査係

奉天商工會議所

秘

奉商情報第四〇八九號

昭和六年二月六日

排日機關ノ合併ニ關スル件

（五日調査）カネテ噂ヲ傳ヘラレテキタ遼寧外交協會ト國民常識促進會トノ合併問題ハ、最近兩會ノ幹事金哲忱、楊大光、車向宸、閻寶衡等ガ連日商工總會内ニ於テ接衝シタ結果、愈ヨ二月十五日ニ合併スルコトニ決定シ、名稱ハ外交協會ト稱スルコトニナツタ。シカシテ合併後ハ大ニ内容ヲ擴張シ、外交宣傳モ從來ノ局部的宣傳ヲ廢シテ、全國ニ亘リ宣傳スルコトトシ、經費ニ關シテハ兩會共一定ノ經費ハ無カツタノデ、合併ヲ機會ニ貳拾萬元ヲ募リテコレヲ永久基金トスルコトニ決定シタ。尚ホ内容ハ宣傳、調査、日本、露國、外國、會計、庶務、文書、秘書、總務等十係ニ分ケ、一係ニ係長二名係員十名ヲ置キ、マタ以前ノ如キ幹事ノ名

144

144

奉天商工會議所

義ヲ取消シ、合併後ハ委員制トシテ委員長二名、委員十名、事務委員四名、執行委員四名ヲ置クト謂ハレテキル。

145

奉天商工会议所关于汽油走私的情报（一九三一年二月七日）

奉天商工會議所

秘

奉商情報第四〇九七號

昭和六年二月七日

ガソリンノ密輸ニ關スル件

（七日調查）奉天ニ於ケルガソリン供給者ハスタンダード、アジア、テキサスノ三社デアルガ、近來三社製品ノ需要ガ著シク減退シテキルノデ三社ニ於イテソノ原因ヲ調査中デアツタトコロ、商埠地南市場ニアル某支那商ガ營口ヨリ密輸品ヲ馬車ニテ奉天マデ輸送シ、テキサス會社ガソリンノ商標第四百番ヲ附シテ販賣シテキルコトガ判明シタノデ、テキサスヲ始メ他ノ二社モ極度ニ狼狽シテ該支那商ノ何物デアルカヲ嚴探中デアルガ未ダニ發見サレナイト謂ハレテキル。テキサス會社製品第四百番ハ一箱金六圓八拾錢デアルガ該支那商ノ販賣シテキルモノハ六圓參拾錢デ、五拾錢モ安價デアルトコロカラ市中ノ自動車商ソノ他ノ需要者ガ歡迎

155

奉天商工會議所

スルトコロトナリ、シカモ品質ニ於イテモテキサス製品第四百番
ト何等變リナク、需要日ヲ逐フテ増加シテキルト謂ハレテキル。
スタンダード會社ニ於イテハ該品ガテキサス製品ト何等變リナイ
トコロヲ怪視シ、秘密裡ニ調査中デアルガ、最近三社ノウチデキ
サスハ最モ業績ガ擧ラズ、他二社ノ販路ヲ獲得セントシテ、營口
ニ於イテ右ノ手段ヲ弄スルニ至リ、奉天ニ於イテモ支那商ヲ通ジ
テ秘密裡ニ安價ニ販賣シテキルノデハナイカトモ見ラレ、需要者
ハ支那商ノ名ヲ語ルコトヲ絶對ニ禁ゼラレテキルト謂ハレ、スタ
ンダード會社ノ調査員ガ某自動車商ニテソレトナクコノ話ヲ持出
シ、受領書ノ提出マデ話ガ進ンダトコロ自動車商主ハ事ノ發覺ヲ
恐レ慌テテ受領書ヲ仕舞ヒ込ンダガ、調査員ノ眼ニハタダ商埠地
南市場王某ト映ジタノミデアツタトノコトデアル。シカシテ又テ
キサスニ於イテハコノ眞相調査ニ關シテ力瘤ヲ入レナイトコロカ
ラ、他二社ヨリ疑惑ノ眼ヲ注カレ、眞相ノ判明スルニ於イテハ三

156

156

奉天商工會議所

社間ニ相當ノ軋轢ガ惹起サレルモノト観ラレテヰル。

157

满铁资料课关于银价暴跌中国商人开展请愿运动事的函（一九三一年二月十三日）

附：大连华商公议会会长张本政致大连市市长田中迁吉的请愿书

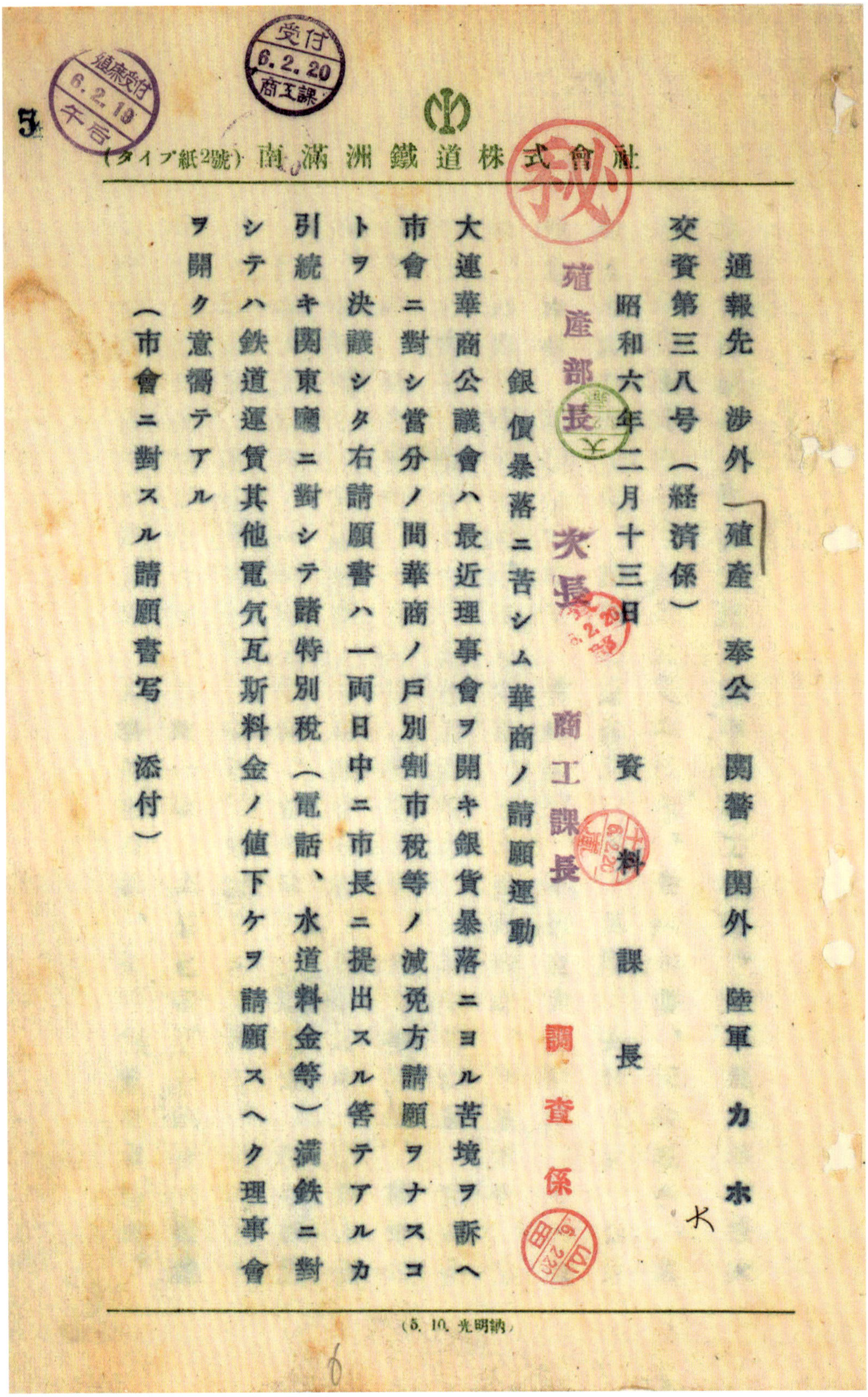

（タイプ紙2號）南滿洲鐵道株式會社

通報先 渉外 殖産 奉公 関警 関外 陸軍 カホ

交資第三八号（経済係）

昭和六年二月十三日 資料課長

殖産部長 次長 商工課長 調査係

銀價暴落ニ苦シム華商ノ請願運動

大連華商公議會ハ最近理事會ヲ開キ銀貨暴落ニヨル苦境ヲ訴ヘ市會ニ對シ當分ノ間華商ノ戸別割市税等ノ減免方請願ヲナスコトヲ決議シタ右請願書ハ一両日中ニ市長ニ提出スル筈テアルカ引続キ関東廳ニ對シテ諸特別税（電話、水道料金等）満鐵ニ對シテハ鉄道運賃其他電気瓦斯料金ノ値下ケヲ請願スヘク理事會ヲ開ク意嚮テアル

（市會ニ對スル請願書写 添付）

（5.10.光明納）

為懇情陳請爭、案懇大連市內中華商工各業、並居民人等、迭次到公議會嘆願陳情、僉称自上年以来、金銀起落、天壤懸殊、寓居大連之中華人民、無論行商坐賈、農工百業、資財家產、皆以銀為本位、詎料銀市相場、慘逢跌落、不但自大連開港、先所未経、抑亦為有史以来、空前僅見、因此商民相遇、提及銀價、莫不痛心疾首、叫苦連天、例如万円資本、已屬中等商家、從前金銀比率、雖有高低、畢竟均衡、相去不遠、自去年銀價、節節頽落、万円資本、換算金票、不及四千之額、無形之中、已損六割、因在大連營業、一切開支銷耗、勢不能不以銀換金、即以戶別割市稅而論、繳納金票一円、需用銀幣二元八十五錢、納稅二十円者、已合銀幣五十七円、即此一端、比前已近增加三倍、値此金融奇窘、百業疲弊之時、何堪更担重累、應懇轉陳市會當局、

67

(タイプ紙2號) 南滿洲鐵道株式會社

鑒諒苦況、酌量減免戶別割等級、以紓民困、而恤商艱等情、先後到會嘆願、會長查　現時市況、洵堪憫念、復經諮詢董爭會、徵求衆意、均謂所称各節、委係実在情形、慨自銀價慘落、内外金融、同嗟枯　、惟独大連華商、最受打擊、無形　損、創深痛鉅、因為華商資金、皆以銀為本位、自経金價昇騰、原来資本接照時值、換算金票、已損欠十分之六、而兌納地租、徵收正税、乃至日用品必需之電燈、水道、石炭、運賃、以及其他消費、仍須兌換金票、以近日二元八十五錢之市價、銀幣十四、僅作金票三円有奇、比照從前、無異增加三倍負担、華商際此時機、実苦精疲力竭、前途如墨、不堪設想、以視同在一市之日本商民、立顯栄枯判別、伏維同隸、帝国法權保護之下、華商危迫狀況、竟至如斯、向日傾誠、瞻雲瀝涙、為此披肝瀝膽、拋情轉陳、市會

(5. 10. 光明納)

8

當局、請將華商戶別割市稅、按等遞減、更祈審察居民、現時環境、其有力実難勝者、分別減免、一俟市面緩和、金融回滑、再行恢復旧規、體恤華商艱難、亦即培養地方元気、勿較目前減少收入、預凿永久愛載恩情、迫切陳情、仰祈鑒　施行、不勝屏営之至、謹陳

大連市長
田中千吉殿

大連華商公議會　會長張　本　政

民国二十年二月

奉天商工会议所关于汇报中国商人金融状况的情报（一九三一年二月十四日）

184

受付 6.2.16 商工課

奉天商工會議所

秘

奉商情報第四一二〇號

昭和六年二月十四日

華商ノ金融狀況ニ關スル件

（十三日調査）支那側金融業者ノ狀態ハ、十九年度ニ於テハ邊業銀號、東三省官銀號ガ一部ノ貸付ケヲナセル外、何レモ資金涸渴シテ貸出シヲ停止シ、從來カラノ債權ヲ回收スルコトニノミ努メテキル狀態デアツタガ、一般債務者側ニ於テモ金融逼迫ノタメニ回收意ノ如クナラズ、タメニ民生銀行、東北銀行等ハ遂ニ休業ノ止ムナキニ至ツタ。シカシテ現在各金融業者ノ貸付ケテキル金額ハ、

一、銀行業者　合計　現洋　五〇、〇〇〇、〇〇〇元

一、銀號並ニ錢舖業者　合計　同　二〇、〇〇〇、〇〇〇元

輸入貿易係

調査係

185

一、個人並ニ商店　同　同　五、〇〇〇、〇〇〇元

計　同　七五、〇〇〇、〇〇〇元

デアルガ上記ノ内舊正迄ニ回收シ得ル額ハ二割内外デアラウト謂ハレテヰル。シカシテソノ預金額ハ左ノ如クデアル。

一、銀行業者　現大洋　二五、〇〇〇、〇〇〇元

一、銀號並ニ錢舗業者　同　三、〇〇〇、〇〇〇元

一、個人商店等　同　二、〇〇〇、〇〇〇元

計　三〇、〇〇〇、〇〇〇元

等デアルガ貸出シ金額ノ大部分ハ前年カラノ延滯セルモノデ、十九年中ニ貸出シタ額ハ全額ノ三割内外ニ過ギナイモノト觀ラレテヰル。シカシテ預金ノ大部分ハ十九年中ニ預金サレタモノデアル。

次ニ金融ノ大逼迫ト一般市況不良ノ結果奉天城内ニ於ケル支那側各商工業者ノ被レル損失ハ頗ル莫大ノ額ニ達シテヰル。卽チ城

186

奉天商工會議所

内ニ於ケル支那側ノ大會社等ヲ除ク普通商工業者ニ就テ觀ルニ

負債

一、各商ノ資本並ニ積立金　現洋二〇、〇〇〇、〇〇〇元

一、同　一般債務　同　一三五、〇〇〇、〇〇〇元

計　同　三三五、〇〇〇、〇〇〇元

資産

一、各商ノ手持商品　現洋二一五、〇〇〇、〇〇〇元

一、同　一般債權　同　一〇五、〇〇〇、〇〇〇元

計　同　三二〇、〇〇〇、〇〇〇元

即チ差引壹千五百萬元ノ損失デアルガ、尚一般債務壹億參千五百萬元ノ内、舊正前ニ償却シ得ル額ハ各銀行號ニ預金セル參千萬元全額ヲ充當スルトシテモ二割餘ニ過ギナイノデアル。シカシテ債權額中回收シ得ル額ニ就テハ目下貸出中デアル東三省官銀號ノ全省救濟資金貳千萬元中ソノ半額壹千萬元ガ充當サルルトシテモ

187

一割以內ニ過ギナイノデアルガ、ソノ他農作物賣却ニヨル資金等ニヨリテ舊正迄ニ回收シ得ル額ハ總体ノ約三割內外ニ過ギナイダラウト觀ラレテヰル。

カクノ如ク金融逼迫ノ結果ハ一般金利ハ甚シク騰貴シテヰル即チ

一、省政府ノ救濟資金　月利一分五厘
一、一般銀行貸付　同　一分八厘乃至二分五厘
一、一般銀錢舖貸付　同　二分乃至三分
一、一般個人貸付　同　三分乃至八分
一、高利貸　同　一割五分乃至二割
一、當舖　同　二分乃至三分

マタ日本側ノ各銀行ニ於テハ、銀暴落以來一般支那側市況ノ惡化ニ鑑ミ、一般貸出シハ嚴重ニ警戒シテ引締メ、專ラ回收ノミニ努メテヰル狀態ニアルタメ、現在ノ貸出額ハ各行ヲ通ジテ、總計

188

奉天商工會議所

金百萬圓内外ニ過ギナイノデアルガ、コレハ大部分舊債ノ殘額デアリコノ舊正迄ニ回收シ得ル額ハ、ソノ内ノ一割位ニ過ギナイダラウト謂ハレテキル。

189

奉天商工会议所关于汇报中国高官张志良、王明宇、陈友仁、鲁穆庭职位变动的情报（一九三一年三月三日）

281　奉天商工會議所

秘

殖産部次長

商工課長

調査係

奉商情報第四一七八號

昭和六年三月三日

支那大官ノ異動ニ關スル件

（二日調査）官銀號總辦魯穆庭ハ從來一般實業界ノ氣受ケガ頗ル惡イノデ、張學良ハ近ク同氏ヲ他ニ轉ゼシメ、ソノ後任ニ現瀋海鐵路總辦張志良ヲ任命シ、張志良ノ後任ニハ第一回ノ總辦デアツタ現交渉使王明宇ガ轉任シ交渉使ニハ、最近露國カラ歸ツタ陳友仁ガ擬セラレ、マタ魯穆庭ハ近ク開設ノ運ビトナツテヰル中央實業銀行遼寧分行經理ニ擬セラレテヰルト謂ハレテヰル。

奉天商工会议所关于中国设立重炮厂的情报（一九三一年三月六日）

303

奉天商工會議所

受付 6.3.7 商工課

秘

奉商情報第四一九一號

昭和六年三月六日

支那重砲廠設立ニ關スル件

（五日調査）當地兵工廠デハ今回新タニ重砲廠ヲ設立シ、各種重砲ノ製造ヲナス計劃ヲ樹テコノ四月カラ業務ヲ開始スル豫定デアルガ、ソノ從業職工ハ一千四百名ノ豫定デ大部分ハ兵工學校ノ卒業生ヲ以テ之ニ充テ、不足ノ分ハ他工廠ノ過剩職工ヲ以テ振當テルコトニナツテヲル。

304

日本关东厅警务局关于辽宁省政府密令防范满铁实施满蒙侵略事致满铁资料课的函（一九三一年三月七日）

殖産受付 6.3.11 午后

受付 6.3.12 商工課

秘

56 (タイプ紙1號) 南滿洲鐵道株式會社

通報先 次長 渉外 總務 殖産 地方 奉公 吉公 哈事

支社

關機高支第二〇〇七號ノ二

昭和六年三月七日

關東廳警務局長

殖産部長 次長 商工課長

滿鐵資料課長殿

滿鐵ノ滿蒙侵略ニ關スル遼寧省政府密令

遼寧省政府ニ於テハ今回各縣長ニ對シ左記密令ヲ發シタリト謂フ

東北邊防軍司令長官公署ヨリノ公文ニ曰ク此程大連駐在ノ高級探偵金某ヨリ報告ニ曰ク我滿蒙侵略ノ大本營タル滿鐵會社ニ對シテハ我方ニ於テハ只タ其本身カ我經濟ヲ侵略スルモノ

調査係 工業係 輸出貿易係 輸入貿易係

(6. 2. 鮎川納)

57

(タイプ紙1號) 南満洲鐵道株式會社

ナルコトノミヲ知ルモ該會社カ其他ニ於テ一切ノ在住日本商民ヲ扶助シテ我金融ヲ剝奪シツツアルコトハ知ラサルナリ元来満鉄會社ハ日本商民ニシテ我東北ニ在テ商工業ヲ経営スル者ニ對シテハ何レモ之ニ相當ノ補助ト指導ヲ与ヘテ該商民等ヲシテ一致團結セシメ陣地ヲ固定シテ我国人カ外人ヲ信仰セル弱点ヲ利用シテ其経済侵略ヲ行ヘルモノナルカ近来我官民カ革命ノ刺戟ヲ受ケテ已ニ外貨ノ害ヲ自覺シ国貨ヲ愛用スルコトトナリタルヨリ我東北ニ在住スル日本僑商ハ之カ為大ナル打撃ヲ受ケ且昨年来ノ金票ノ暴騰ニヨリテ日本品ノ販路ハ一層不振ノ状況ニアルヨリ満鉄ハ此情況ヲ見テ其影響カ東北殖民ノ大陸政策ニ及ハンコトヲ恐レ大ニ恐慌シ此処ニ於テ地方部殖産部ト相會議シテ此危険ヲ挽回セントシ地方部ハ遂ニ

(6. 2. 鮎川納)

58

各日商ノ不況原因ヲ調査シテ積極的ニ其発展ヲ援助セントシ之カ調査ノ後又屡々會議ヲナシ之カ對策ヲ講究シタル結果日下二三ノ具体案成リ已ニ之ヲ滿鉄重役會ニ提出シ可決ヲ待テ進行スル事トナリ居ル由ナルモ其計画ニ就テハ該會社カ厳秘ニ附シ居ル為外部ニ於テハ之ヲ知ル能ハス且又殖産部ハ我東北ニ在ル日本ノ工場ニ對シテハ亦奨励金ノ新策ヲ定メ居ル由ニテ追テ該部長大藏理事ノ帰任ヲ待テ直ニ協議施行スルコトトナリキル旨報告アリタル次第ナルカ本件ハ事重大ナルニツキ該探偵ニ對シテハ続テ厳密内偵スル様命令シ置キタル外茲ニ本件令行スルニ付各該省政府ハ所屬ニ命シテ注意厳防スヘシトノコトニ付各該機関ニ於テハ所屬ニ命シテ注意防止セラルヘシ此処ニ令ス

奉天商工会议所关于迫击炮厂申请改组的情报（一九三一年三月十二日）

受付
6.3.13
商工課

336

奉天商工會議所

秘

奉商情報第四二〇九號

昭和六年三月十二日

迫擊砲廠ノ改組ニ關スル件

（十一日調査）當地小西邊門外ニアル迫擊砲廠ガ兵工廠ニ合併スルコトニナツタコトハ既報セルトコロデアルガ、ソノ後該廠長李宜春ハ。多數職工ノ離散ヲ惜ミ專ラ織布機、木器、家具裝飾品、貨物自動車等ヲ製造シテ自營ノ途ヲ講ジ、有事ノ際ニハ再ビ迫擊砲製造ヲナスベク當局ニ申請中デアル。

337

奉天商工会议所关于排日人士陈彬和到奉天演讲的情报（一九三一年三月二十三日）

375　奉天商工會議所

秘

奉商情報第四二四四號

昭和六年三月二十三日

排日專門家來奉ニ關スル件

（廿二日調査）上海ニ對日研究社ナル排日機關ヲ設ケテヰル陳彬龢ハ、十九日來奉シ各學校、公共團体等ノ歡迎ヲ受ケ、二十日ハ外交協會ニ於テ東北外交問題ノ題下ニマタ二十一日ハ東北大學ニ於テ何レモ極端ナル排日講演ヲナシタガ、ソノ東北大學ニ於ケルモノハ排日貨ノ具体的方法ヲ講演セルモノデ最モ注目サレテヰル。ソノ講演ノ要旨ハ、日貨排斥ハ學生ガ主トシテ先鋒ヲナサナケレバナラナイカラ、各學生ハ商品ニ對スル智識ガナケレバナラナイ、近來日本ノ商品ハ支那ノ各標語等ヲ商標ニ使用シ、支那商品ト混淆シ頗ル判別シ難イモノガアルカラ、各學生ハ支那品ト日本品トノ識別ヲ一層研究シ、將來日貨排斥ニヨル外交ノ後援ニ備ヘナケレバナラナイ旨

調査係

輸入貿易係

376

376

奉天商工會議所

ノ講演ヲナシタノデアル。

377

满铁北京公所关于国民政府财政部部长宋子文就目前财政形势之讲话事致满铁资料课的函（一九三一年四月十六日）

43

（タイプ紙2號）南滿洲鐵道株式會社

寫　東支　奉公　吉公　上事

北公資第二七號

昭和六年四月十六日　　北京公所長

殖産部長

商工課長

資料課長殿

調査係

宋子文ノ話

（四月十五日　上田報）

（南京十四日發、天津A情報）財政部長宋子文氏ハ語ル、國民政府ノ財政ハ膨張シテ歳出七億トナレルカ内三億ハ軍事費ナリ而シテ裁厘後ノ不足額ハ目下鹽税及新輸出税ニテ塡補スル方針ナルカ鹽税ハ百キロ銀五元ナリシヲ銀八元ニ値上スル豫定ニシ

（5.10.光明納）

44

44

（タイプ紙2號）南滿洲鐵道株式會社

長

テ目下研究中尙ホ關稅短期庫券八千万元ノ應募ハ非常ナル好成績ニテ之ヲ以テ目前ノ財政難ヲ切拔ケ得ヘシ

（5. 10. 光明納）

45

奉天商工会议所关于张学良命令奉天军队做好出动准备的情报（一九三一年五月十四日）

519　奉天商工會議所

秘

奉商情報第四四四二號

昭和六年五月十四日

商工課長

奉天軍出動準備ニ關スル件

（十三日調査）當地ニ於ケル支那側ノ各軍事機關ハ張學良ノ命令ニヨリ、秘密裡ニ出動準備ヲ整ヘテヰルコトハ既報セルトコロデアルガ、最近更ニ交通委員會カラモ秘密裡ニ各鐵路局ニ對シ何時デモ軍隊輸送ヲナシ得ルヤウ準備ヲ命ジタ結果、各鐵路局デハソレゾレ車輛ノ準備ヲナシテヰルガ、東北派トシテハ果シテ援蔣ナルカ否カハ疑問デアルト謂ハレテヰル。

满铁调查课所调查在满日本人开展农业金融活动概况（一九三一年五月）

134

昭和六年五月

秘

經庶第28號 23 54

滿洲ニ於ケル內地人農業金融

經理部長 不在

經理部次長

竹中 6.6.15

滿鐵調査課

135

例言

一、本編ハ在滿內地人ノ農牧業金融ヲ調査セルモノデアル

二、本編中ノ農耕地調査ハ凡ソ次ノ方法ニ依レルモノデアル

	調査時	典據	備考
民有地	昭和六年三月現在	土地登記簿	土地名義人宛ニ調査表ニ依リ土地ノ經營形態及ビ經營種目ヲ照會シ之ヲ以テ整理シタリ（關東州內）
官有地	昭和五年度	官有地貸付簿	
海軍用地	昭和五年度	海軍用地貸付簿	
陸軍用地	昭和五年度	陸軍用地貸付簿	
要塞用地	昭和五年度	要塞用地貸付簿	
滿鉄用地	昭和五年度	地方部地方課ノ貸付簿 地方事務所ノ報告 炭鑛庶務課	滿鉄附屬地內

三、農業金融資金ノ調査ハ凡テ昭和五年九月末現在ヲ以テシ、擔保物件用途、貸付現在額、利率、貸付期間、償還方法並ニ延滯貸ニ付テ各

136

金融機関ニ付テ及ブ範囲ノ照會ヲナセルモノデアル

四、推計ハ勿論愚見ニ基クモノナレハ叱正ヲ得テ補正シ度イ希望デアル

五、編者　近藤三雄

昭和六年五月

137

第一編　關東州內ニ於ケル農業金融　一
第一章　內地人農業者トソノ農耕地　一
第二章　農業金融機關ノ種類及ソノ融資額　八
第一節　農業金融資金　八
第二節　農家ノ負債　九
第三章　融資ノ方法並ニソノ成績　一一
第一節　農耕地ノ担保權制度　一一
第二節　担保物件別貸付狀況　一六
第三節　農耕地ノ担保余力　一九
第四節　金利並ニ償還方法　二一
第五節　用途別貸付狀況　二五
第二編　關東州外ニ於ケル農業金融　二八
第一章　內地人農業者トソノ農耕地　二八
第一節　滿鉄附屬地內　二八

138

第二節　満鉄附属地外　二九
第二章　農業金融機関ノ種類及ソノ融資額並ニソノ融資成績　三四
第一節　満鉄附属地内ノ農業金融資金　三四
第二節　満鉄附属地外ノ農業金融資金　三五
第三節　満鉄附属地内外何レカ不明ナル農業金融資金　三六
第四節　結ビ　三七
第三章　融資ノ方法　三九
第一節　不動産担保権制度　三九
第二節　担保物件別貸付状況　四三
第三節　金利並ニ償還方法　五〇
第四節　用途別貸付状況　五一
◎結言　五六
第一節　関東州内ニ於ケル農業金融　五六

139

第二節　關東州外ニ於ケル農業金融　六一
第三節　總括所論　六四

140

第一章　内地人農業者トソノ農耕地

關東州内ニ於テ内地人ガ名義ヲ有シ内地人ガ経営スル農耕地面積ハ凡ソ次ノ如シ（昭和六年三月末）

141

第一表 農耕地面積

土地ノ種類／区別	所有又ハ借受面積（内地人名義地）	経営形態不明ナル面積	支那人ニ小作セシメ又居ル面積	支那人名義地借入面積	差引邦人経営面積	以上ノ外放棄地
民有地	×一、八〇〇、〇町	×二七七、五町	五二九、六町	二、三町	九九五、二町	七一、一町
官有地	二、四五三、六	二三三、三	一〇八、七	二九、五	二、一四一、一	四二四、三
軍用地	三四六、〇	六、六	三、八	―	三三五、六	、二
満鉄用地	三七二、五	―	九六、七	―	二七五、八	―
小計	四、九七二、一	×五一七、四	七三八、八	三一、八	三、七四七、七	四九五、六
民有地（大連農事會社）	三、三三〇、〇	―	三、二六四、〇	―	△五三三、〇	
官有地（大連農事會社）	四六七、〇	―				
花山屯農耕地（佐藤信元）	○二八七、〇	―	―	―	二八二、〇	
小計	四、〇七九、〇	―	三、二六四、〇	―	八一五、〇	
總計	×九、〇五一、一	×五一七、四	四、〇〇二、八	三一、八	四、五六二、七	

備考 一、×印中ニハ民有地調査洩レ推定面積一七〇町歩余ヲ加算ス

二、○印ハ大連農事會社ノ土地ヲ満鉄カ借入レ之ヲ佐藤氏ヲシテ経営セシムルモノニシテ約二百町歩ノ水田計画ナリ昭和五年度作付面積ハ二百三十町歩ナリ

三、△印ハ昭和六年四月一日現在ノ契約高ニシテ昭和五年度ノ作付面積ハ更ニ僅少ナルモノナリ

卽チ、大連農事會社關係ヲ除ケバ

	名義地小計ヲ一〇〇〇トスレバ	經營地小計ヲ一〇〇〇トスレバ
民有地	三六二	二六六
官有地	四九三	五七一
軍用地	七〇	九〇
滿鐵用地	七五	七三
小計	一、〇〇〇	一、〇〇〇

依之觀之州內ニ於ケル農耕地ハ民有地官有地軍用地（海軍用地陸軍用地要塞用地）滿鐵用地ノ如クソノ種類雜多ニシテ內地人名義農耕地ハ總計約九千町歩存シソノ中約四千五百町歩ガ經營面積トシテ計上シ得ルノデアル。然ルニ之等ノ面積中ニハ

一、管理セシメ居ル面積約千三百二十町歩存シ之ニハ蠶糸會社ノ名義地（二百十四町歩余）ノ如キモノモ含マレ、ソノ他殆ンド支那人ニ小

143

作セシメ居ルト同様ノモノモ包含サレテ居ル

二、自作シ居ルヤ管理セシメ居ルヤ未詳ナル面積約四百六十町歩存シ、之ニ付テモ前項ト同様ノ事実ガ存ス

三、更ニ農耕地ノ周囲ニアル林野宅地ソノ他窪地等ノ農業用雑地モ含マレ実際ノ作付面積ハ更ニ僅少ナルベキ事

四、明ニ造林ノ目的ヲ有スル面積ハ扣除セルモ牧場養鶏地園藝地（営業）ハ之ニ含マレ居ル事

ヲ注意スルヲ要ス

今関東廳ノ調査ニ依ル日本人ノ農耕地栽培面積ヲ示スニ左ノ如シ

144

第二表　日本人ノ栽培面積

種目	調査年度	栽培面積（町段）	経営者数	一戸當リ平均栽培面積（町段畝）
果樹	昭和四年度	一、三八四、五	二六二	五、二八
水稲	昭和五年度	四七八、五	四三	一一、一三
花山屯水田除外		二四八、五	四二	五、九二
桑	昭和四年度	二六七、〇	九四	二、八三
計		二、一三〇、〇	三〇九	六、九九

備考　経営者ノ純計ハ不明、従テ一戸當リ平均栽培面積ハ更ニ大ナル事明ナリ

ソノ他内地人ノ普通作面積ヲ千九百町歩（註一）ト推定スレバ四千町歩余（註二）ノ栽培面積ヲ有スル事トナル

註一、農事會社関係ノ普通作面積ヲ五百町歩ソノ他一般農業者ノ普通作面積ヲ千四百町歩ト推定ス（一般農業者ノ担保設定畑地ヲ約四百五十町歩ト推算シタリ）

註二、尚第一表ニ示セシ総計四千五百町歩余ノ経営面積トノ差約五百町歩ハ㈠牧場池沼ソノ他準農業用雑地三百町歩㈡実際ハ支那人ニ小作セシメ居ルト同様ノ農耕地二百町歩（蚕糸會社ノ用地ヲ含ム）ト推定ス

次ニ内地人農業者ノ数ニ付テハ判然タル能ハザルモ大約四百五六十名（註三）ナレバ之等ノ農業者ハ一戸當リ九町歩内外ノ農耕ニ當リ大連農事會社関係及ソノ他ノ大面積経営者（註四）ヲ除ケバ一戸當リ五町歩内外ノ経営面積ヲ有スル事トナル

註三、土地調査ノ結果ニ依リ推算シ得ルモノナレドモ農業者ノ限界ニハ

146

判然セザルモノアリ確定数ヲ挙グルヲ得ズ

註四、二十五町歩以上ノ名義地ヲ有スル者ハ大連農事會社及ビ花山屯水田ヲ除キ二十六名千七百四十町歩余ナリ昭和六年四月一日現在農事會社トノ契約者ハ六十九名五百三十三町歩ナリ

更ニ玆ニ注意スベキハ州内ノ農業者ノ過半ハ他業ヲ兼業スル者ニシテ農業ヲ第一ノ生業トナスモノハ二百二三十戸ト推定サルル事デアル然シテ農耕地ハ單ニ利權ノ獲得維持ヲ志ス一手段ニ過ギザルモノモ存シ、管理セシメ居ル形式ヲ採ルモ何等農耕ニ關シ關心ヲ有セザル者モ相當ニ存スルノデアル

要之、關東州内ニ於ケル農業者及ビソノ耕地ニ關シ注意スベキ事項トシテハ

第一、農業ヲ以テ本業トスル者ハ割合ニ少数ニシテ農業經營ニ關心ヲ有セザル利權屋等モ存ス

第二、會社組合等ノ大規模經營者存シ大地積ヲ有スル者モ相當ニ存ス

第三、果樹園ガ農耕地ノ大宗ニシテ從テ果樹園業者ガ過半ヲ占ム
第四、果樹ハ約四十二万本ノ中二十五万本ハ未結実樹ニシテ約三十万
四ノ収穫ヲ有ス（關東廳昭和四年調）
第五、農耕地ノ大宗ハ官有地ニシテ民有地以下六種ニ大別シ得ラレ之
等ハ第三章ニ記セルガ如ク制度ヲ異ニスルモノナリ

第二章　農業金融機關ノ種類及ソノ融資額

第一節　農業金融資金（狭義ノ農業金融資金）

貸附金ノ内ソノ用途ガ農業經營ニ關係ヲ有スルモノノ謂デアル

第三表　農業金融資金

機關名	貸附金		延滞貸	
一、東拓大連支店	九七口	九五六〇五八圓	二四口	二二四二五六圓
二、滿銀大連本店	五	二八九七八	二	二〇、〇〇〇
三、滿銀普蘭店支店	九	二五、九一〇	三	一、一〇〇
四、大連會屯金融組合	二	一、九〇〇	―	―
五、旅順會屯金融組合	九	六、〇三〇	―	―
六、金州金融組合	一〇	四〇〇〇〇	?	?
七、普蘭店金融組合	一二	四九〇〇	二	一、一〇〇
八、旅順農業組合	三二	八九六七	三二	八九六七

149

九、三十里堡果樹組合	一四	一五〇〇〇	?	?
七、滿洲養蠶組合	九	一五三〇〇	二、三 延滯アルモ不明	
十一、東亞勸業公司	三	八〇二七三	二	六〇二七三
十二、滿鐵	四	七九四三八	?	?
計	二〇六口	一二二六七五四圓	六五口	三一五七〇六圓

即チ州內ニ於ケル內地人ノ農牧業ノ爲ニ約百二十万圓ノ金融資金ガ流通シ之等ノ中延滯貸ト認メラルルモノハ約二割五分、三十万圓ヲ超過シ甚ダ不成績デアル

第二節　農家ノ負債（廣義ノ農業金融資金）

農業者ノ凡ユル負債ノ謂デアル。之ニハ第一節ニ述ベタルモノノ含マルルハ勿論ニシテソノ外代表的ノ借入先ヲ示スニ左ノ如シ

150

150

一、滿洲不動産信託株式會社
二、大連火災海上保険株式會社
三、蓬來無盡株式會社
四、正隆銀行以下ノ一般銀行
五、万歳生命保険株式會社
六、箇人ソノ他ノ各種金融機關

之等ノ金融機關ガ農業者ニ貸出シ居ル金額ニツイテハ未詳ナルモ東拓大連支店ノ貸出額ハ約百四十万圓デアル。然シテ州内ニ於ケル農業者ハ兼業者多ク従ッテ商工業ソノ他市街地家屋ノ建築融通資金等ハ可成ノ額ニ上ルベク之等ハ滿洲銀行正隆銀行以下ノ一般銀行乃至前記ノ金融機關ニ仰グモノアリテ結局總計二百万圓ヲ超過シ州内ノ農業者ハ一戸當リ五千圓内外ノ負債ヲ負フモノト推定スルヲ得ルノデアル

151

第三章　融資ノ方法並ニ新成績

第一節　農耕地ノ担保権制度

第一、民有地

支那人間ニ於テハ特別ノ慣行ニ依ル担保権制度存スルガ如キモ内地人関係ニ於テハ殆ンド内地ニ於ケルト同様デアル。即チ抵當權若クハ根抵當權ヲ設定シ之ニ基キ融通ヲナスモノニシテ実際ニハ第二抵當權ヲ設定シアルモノハ二三件ニ過ギナイ。東拓ハ專ラ第一抵當權ヲ設定シ之ニ依リ金融ヲナシテ居ル

第二、官有地

官有地ノ貸下ニ付テハ各民政署ニ官有地貸付簿ヲ備ヘ之ニ重要事項ヲ記載スルモノデアル。然シテ官有地ハソノ借受者ガ之ヲ抵當ニ入レ得ナイノハ勿論デアツテ借受官有地ノ担保金融ハ概ネ次ノ方法ニ依ルノデアル

一、官ノ認可ヲ得テソノ特別ノ借地權ヲ質入レスル方法

ニ、官ノ認可ヲ得テ借受名義人ヲ債權者タルベキモノニ變更シ之ニ基キ金融ヲ受クル所謂賣渡担保ノ方法

後者ノ場合ニ於テハ債務ヲ完濟スレバ再ビ自已名義ニ還元セシムルノデアル

然ルニ何レノ場合ニ於テモ農耕地ノ耕作權ハ形式上債權者ニ移轉スルモノニシテ卽チ本契約ト共ニ管理契約ヲ締結シ之ヲ官ニ報告シ（貸付簿ニ記入）之ニ基キ引キ續キ債務者カ耕作ニ當ルノデアル。然シテ新管理人ハ自已ノ計算ニ於テ農耕地ノ使用收益ヲナスモノナレバ實際上ハ單ナル管理人ニ非ルモノデアル

第三、軍用地

軍用地ハ更ニ海軍用地陸軍用地要塞用地ニ細分シ得ルノデアルガ内地人ノ借受軍用地ハ大部分旅順及大連附近ニ存在シテ居ル

之等ノ借受軍用地ノ担保金融モ略官有地ニ於ケルト同樣ノ方法ヲ以テスルノデアルガ要塞用地ニ付テハ嘗テ之ヲ公許シタル事ガナイノデ

153

アル。然シテ陸軍用地ハ近来之ヲ公許セサル方針ヲ採ルニ至リ金融業者ニ於テ新ニ之等ノ農耕地担保金融ヲ行フハ軍部ノ公認ヲ得ル能ハザルガ故ニ單ニ當事者間ノ契約ニ止マル結果トナリ不都合ヲ来ス虞レナシトシナイノデアル

第四　滿鉄用地

州内ニ於ケル滿鉄用地ハ地方部所管ノモノガ大宗ニシテ土地建物貸付規則ニ依リ貸付ケラレテ居ルモノデアル

然ルニ土地建物貸付規則ハ明ニ土地借受者ニ於テ借受地ヲ轉貸シ債務ノ担保ニ供スル事ヲ禁ジテ居ル（土地貸付規則第十一条）併シ同規則第三十条及第二十六条ニ於テハ借受農耕地上ノ樹木（果樹桑樹ソノ他樹木）ヲ債務ノ担保ニ供スル事ヲ許シテ居ルガ故ニ金融業者ハ樹木ニ對スル担保権ヲ確保シ以テ借地権ヲモ担保トシタルガ如キ効果ヲ收メ得ルデアロウ

前述ノ如ク滿鉄用地ニ付テハ果樹園桑園造林地等ニ於テ担保金融ガ

154

公認サレ居ルノミニシテ普通作畑地ニ付テハ之ヲ行ヒ得ナイノデアルガ單ナル當事者間ノ契約トシテハ隱密ニ借地權ノ担保金融モ行ハレ居ルモノノ如シ。然シテ果樹園桑園等ノ担保金融ヲ行フニ付テモ土地建物貸付規則ニ基キ豫メ満鉄當局ノ承認ヲ得ベキモノトス

第五、結ビ

州内ニ於ケル内地人経営ノ農耕地ハ多種多樣ニシテソノ担保權制度モ多種多樣デアル。然シテ各種ノ農耕地ヲ担保トスル金融方法ノ變遷ハマタソノ制度ノ變遷ニ基ク事ガ多イノデアル。卽チ土地台帳及土地登記簿ノ完備セザリシ時代ノ民有地、借地權ヲ担保金融ノ目的トスルヲ公許セザリシ時代ノ官有地軍用地土地建物貸付規則ノ確立セザリシ大正十五年以前ノ満鉄用地、當時ト処ヲ異ニシテソノ方法等シカラザルモノデアル

農耕地担保金融ノ制度ニ關シテハ大略上述ノ如キモノデアルガ茲ニ担保權ニ付テ注意スベキハ担保價格ノ評價問題デアル

155

関東州内ニ於ケル農村ニ於テハ土地ノ賣價ヲ始メ諸経済ハ小洋ヲ以テ営マル場合多ク從テ銀價ノ騰落ハ農耕地ノ担保價格ニ影響スベキ事重大デアル（註一）卽チ現今ノ如ク銀價暴落セル時代ニ於テハ金建土地ノ担保價格ハ著シク低下スルヲ免レズ過去ニ於テ適當ト思ハレシ評價額モ著シク不當ナルモノトナル虞レヲ生ズルノデアル

シ

註一、今関東廳ノ調査ニカカル農耕地（畑地）賣買價格ヲ示スニ左ノ如

	一天地平均賣買價格	金百円ニ對スル小洋ノ相場（十二月平均）	一天地平均賣買價格	一段歩平均賣買價格
昭和二年	小洋五三九〇〇円	一一八三八円	金四五五三一円	金一二六四八円
〃三年	〃六六〇、〇〇〇	一一八、一一	〃五五八、八〇	〃一五五、二二
〃四年	〃六九四、〇〇〇	一四三、七七	〃四八二、七〇	〃一三二、四二
〃五年	〃八一一、一一三	二〇九、五四	〃三八七、一〇	〃一〇七、五三

156

卽チ小洋建ニテハ累年高騰ヲ続ケ居ルニ金建賣買價格ハ昭和五年ハ昭和三年ニ比シ三割一分弱ノ暴落ヲ示シテ居ル。然シテ最近ノ如ク小洋相場二百六、七十円ナルニ於テハ一段歩ノ賣買價格ハ九十円前後ニ下落シ居ル事明ナリ

第二節　担保物件別貸付狀況

農業金融資金ノ引當テトシテハ農耕地ノ外更ニ宅地建物等ノ不動産及動産ガ存シ尚保証貸ガ存スルノデアル

第四表　担保物件別貸付金

◎不動産担保貸

	貸付金		延滞貸	
東拓	九五口	九三七六九七円	二三口	二〇五八五四円
滿洲銀行	七	三八一三九	二	二〇〇〇〇
金融組合	二二	一四四〇〇	一	一〇〇〇〇

農家組合	—	—	—	—
養蚕會	七	一三八〇〇	—	—
東亜勧業公司	二	六〇三七三	二	六〇三七三
満鉄	—	—	—	—
計	一三三	一、〇五七三〇九	二八	二九一、一六七

◎動産担保貸

金融組合	一〇	三〇〇円	—	—

◎保証貸付

東拓	二〇	一八三六三円	一〇	一四三六三円
満洲銀行	七	二三七四九	三	一、一一〇
金融組合	一〇	三一三〇	一	一〇〇
農家組合	四六	二三九六七	三二	八九六七

養蚕會	二	一、五〇〇	―	―
東亞勧業公司	一	六〇、〇〇〇	―	―
満鉄	四	七九、四三七	?	?
計	七二	二〇九、一四五	三七	二四五三九

要之殆ンド不動産担保貸付デアル。然シテ東拓ノ貸付金ヲ担保別ニ詳記スルニ左ノ如シ

159

第五表　東拓ノ担保物件

種別／用途別	担保物件：果樹園	畑	水田	其他農耕地（果樹園ヲ含ム）	小計	宅地	建物	貸附金
耕地購入資金	二六、九町	一一五、七町	五五、六町	二〇、三町（一七、一）	二二八、五町	二九一五坪	二八四坪	（五）二三、五九一
土地改良開墾資金		一四、八	五、三		二〇、一			（二）九、六五六
果樹栽培資金	四五三、四	一九〇、四	一、三	一五二、五（二五、六）	七九七、六	五二二二	二三六五	（五一）五四八、[illegible]
養蚕資金		二一、五		六、五	二八、〇	一六七	二〇七	（三）一五、八[illegible]
畜産資金	八、七	一九、三		四六、七（〇、五）	七四、七	六二六六	一七七七	（四）八五、〇七五
農業経営資金	三、一	二三八、七	二二、一	二二、九（三、五）	二八六、八	四六四四	五五八	（八）一五、[illegible]
其他[illegible]資金	[illegible]				[illegible]		[illegible]	[illegible]
計	四九七、九	六〇〇、四	八四、三	二四八、九	一四三一、五	一九二一四	五二四六	（九五）九三七、六九[illegible]

其他農耕地中ニハ林野四六町七段ヲ含ム事ヲ注意スヘシ

160

前表ニ示セル担保物件ハ現今ニ於テハ変遷アリ果樹園水田及桑園ハ増加シ畑地ハ減少シ居ル事明ナリ、即チ果樹園七百町歩余桑園及水田ハ各百町歩内外畑地ハ四百五十町歩内外ソノ他ト推定シ得ルノデアル

尚統計ニ依テ推算スルニ東拓ノ従来ノ貸付ハ

一、果樹園ニ付テハソノ担保評價額ヲ一段歩當リ九十円内外トナセルモノノ如ク担保力ハ主トシテ生産力マタハ土地ノ賣價ニ依存セシメ土地ノ種類ニ付テハ重視セザリシモノノ如シ

二、普通作畑地ニ付テハ反之、土地ノ種類ニヨリ取扱ヲ異ニシ民有地一段歩當リ六十円内外官有　地軍用地ハ四十五円、四十円見當ノ貸付ヲナセシモノノ如シ

第三節　農耕地ノ担保余力

大連農事會社関係地ヲ除ク州内ノ内地人関係地ニ付テ担保設定状況ヲ示スニ次表ノ如シ

161

第六表　担保余力表

区別		民有地	官有地	軍用地	満鉄用地	計
A. 自作地	總地積	三三七、三町	一、二一四、四	一七七、一	一五八、四	一、八八七、二
	担保設定地	二二七、〇町	三六〇、五	三七、一	五七、三	六八一、九
B. 管理人ヲ置ク地	總地積	三七一、四町	七七八、四	九三、四	七七、〇	一、三二〇、二
	担保設定地	二六六、六町	二四三、〇	九、八	一、八	五二一、二
A. B. 何レカ判明セヌ土地	總地積	二六三、二町	一八七	六五、一	一七、六	四六三、七
	担保設定地	一四五、五町	四七、九	一九、四	一七、六	二三〇、五
C. 日本人小作地	總地積	二三、一町	—	—	二二、七	四五、八
	担保設定地	—	—	—	—	—
計	總地積	九九二、九町	二、一一一、五	三三五、六	二七五、八	三、七一五、八
	担保設定地	六三九、一町	六五〇、五	六六、四	七六、七	一、四三二、七
支那人名義借受地積		二、三町	二九、五	—	—	三一、八
E. 経営形態不明ノ地	總地積	一〇二、六町	二三三、三	六、六	—	三四二、五
	担保設定地	八、三町	四、八	—	—	一三、一
F. 支那人小作地	總地積	五二九、六町	一〇八、七	三、八	九六、七	七三八、八
	担保設定地	一〇七、二町	一八、七	—	九、五	一三五、一
總内地人名義地	總地積	△一、六二六、二町	二、四五三、六	三四六、〇	三七二、五	四、七九八、三
	担保設定地	七五四、六町	六七三、七	六六、四	八六、二	一、五八一、〇

備考　一、△印中ニハ調査洩レ推定面積ヲ含マス

二、大連農事ノ関係用地ハ担保ニ入ラサルモノトス

162

即千

区別／土地ノ種類	民有地	官有地	軍用地	満鉄用地	計
内地人経営地（支那人名義借受地ヲ除ク） 總地積	九九二、九町	二、一一一、五	三三五、六	二七五、八	三、七一五、八
内地人経営地（支那人名義借受地ヲ除ク） 担保設定地（比率）	六三九、二町（六四四厘）	六五〇、五（三〇八）	六六、四（一九八）	七六、七（二七八）	一、四三二、七（三八六）
内地人経営地（支那人名義借受地ヲ除ク） 担保未設定地（比率）	三五三、八町（三五六厘）	一、四六一、〇（六九二）	二六九、四（八〇二）	一九九、一（七二二）	二、二八三、一（六一四）
内地人總名義地 總地積	一、六二六、一町	二、四五三、六	三四六、〇	三七二、五	四、七九八、二
内地人總名義地 担保設定地（比率）	七五四、六町（四六五厘）	六七三、七（二七五）	六六、四（一九二）	八六、二（一五一）	一、五八一、〇（三三〇）
内地人總名義地 担保未設定地（比率）	八七一、五町（五三五）	一、七七九、九（七二五）	二七九、六（八〇八）	二八六、三（八四九）	三、二一七、二（六七〇）

163

前ニ表ニヨリテ之ヲミルニ

一、經營地ニ關シテハ二、二八三町歩ノ擔保余力ヲ有シ、經營地ノ擔保余力ハ割合ニ小ナルコト

二、經營地ノ擔保設定地積一、四三二町歩ハ東拓ガ擔保ニ取レル地積（農業金融資金貸付ノ爲）ニ近似シ居ルコト

三、擔保權制度上擔保力大ナルト認メラルル民有地ノ擔保余力ノ比率最モ小ニ官有地之ニ次グコト

四、尚東拓ノ貸付狀況ヲミルニ果樹園水田等擔保力大ナルモノハ既ニ擔保ヲ設定シアルモノ多ク擔保余力ヲ有スル地ト認メラルルモノノ中ニハ畑地ソノ他農業上ノ雜地ト認メラルルモノガ多分ニ含マレ居ルコト

五、生產力大ナル農耕地ハ既ニ擔保ヲ設定シ居ルモノ多シト認メラルルコト

卽チ東拓ハ現ニ一、四〇〇町歩ノ農耕地ヲ擔保ニ取リテ九十四萬圓ノ

164

貸付ヲ行ヒ一段歩當リ凡ソ六十七圓ノ貸付ヲ行ヒ居ルガ銀貨暴落シ且前述ノ如キ事情アルニ、二八三町歩ノ擔保余力地ニ對シテハ一段歩當リ大ナル割引ヲナシテ考フベキモノデアル

前述セル處ヲ參照シテ擔保余力ト認メラルルモノヲ推計スルニ

果樹園	三十七、八萬圓	一段歩當リ五十五圓ノ貸付
桑園水田	八、九萬圓	一段歩當リ四十圓ノ貸付
其他	二十七八萬圓	一段歩當リ三十圓ノ貸付

卽チ七十五萬圓ニハ達スベクモナイノデアル

第四節　金利竝償還方法

第一　金利

農業金融資金ノ金利ニ付テソノ大略ヲ記スルニ左ノ如シ

第七表　金利

165

	最高	普通	最低
東拓	一割二分	九分	九分
滿洲銀行	一割四分六厘	一割二分八厘	一割〇分二厘
金融組合	一割三分九厘	一割三分九厘	一割二分
農家組合	三割六分	?	?
養蠶會	七分五厘	七分五厘	七分五厘
東亞勸業公司	一割二分七厘	一割一分	八分
滿鐵	一割	八分	六分

東拓ノ農業金融資金ノ金利ヲ詳記スルニ左ノ如シ

第八表　東拓貸付金ノ金利

	貸付金		同上中延滯貸	
九〇厘	四〇口	四五九、四九一圓	一一	一六四二三六圓
九三厘	一	一二〇、〇〇〇	―	―
九五厘	二七	二二七、五六九	二	九、五〇〇

九七厘	五口	二二、〇〇〇圓	一	四、〇〇〇圓
一〇〇厘	二一	九〇、五八二	九	四五、〇二〇
一一〇厘	一	三〇、〇〇〇	—	—
一二〇厘	二	六、四一六	一	一、五〇〇
計	九七	九五六、〇五八	二四	二二四、二五六

即チ金利九分ニテハ既ニ農業收益率ニ比シテ高キニ失スルノデハアルマイカ

第二　償還方法

普通行ハレテ居ル貸付期間及償還方法ニ付テ大略ヲ示スニ左ノ如シ

第九表　貸付期間竝償還方法

東拓	五ケ年	年賦償還貸付
滿洲銀行	四ケ月乃至九ケ月	定期償還貸付
金融組合	九ケ月乃至一ケ年	〃
農家組合	〃	〃

167

167

養蠶會　九ケ年　年賦償還貸付
東亞勸業公司　一ケ年（定期）乃至十五ケ年（年賦）
滿鐵　三ケ月（定期）乃至廿五ケ年（年賦）
東拓ノ貸付金ニ付キソノ詳細ヲ示スニ次ノ如シ

168

四三九

168

第十表　東拓貸附金ノ期間并其償還方法

区別 年数	年賦償還貸附 貸附金 口数	年賦償還貸附 貸附金 金額	年賦償還貸附 仝上中延滞貸 口数	年賦償還貸附 仝上中延滞貸 金額	定期償還貸附 貸附金 口数	定期償還貸附 貸附金 金額	定期償還貸附 仝上中延滞貸 口数	定期償還貸附 仝上中延滞貸 金額
二年	一	一〇、〇〇〇円	—	—円	—	—円	—	—円
三年	五	一六、二八〇	一	七八〇	六	二六、八四〇	一	一、五〇〇
四年	九	四五、七八〇	一	九、〇〇〇	五	二七、三七七	二	一七、八七七
五年	三二	三〇三、五六四	三	二四、九九七	一三	二六八、三六二	一〇	一四一、三六二
六年	一三	一二一、三一四	四	一九、七四〇	一	三、〇〇〇	—	—
七年	六	五〇、九六二	一	四、〇〇〇	一	一、〇〇〇	—	—
八年	二	三四、九二六	—	—	一	五、〇〇〇	一	五、〇〇〇
九年	一	四九、〇〇〇						
十年	一	二六、六六四	—	—	—	—	—	—
計	七〇	六二四、四八〇	一〇	五八、五一七	二七	三三一、五七九	一四	一六五、七三九

169

依之、觀之、定期償還貸付ノ成績ハ頗ル惡ク且短期ノモノハ比較的ニミテ成績不良デアル。然シテ東拓ノ貸付金ノ期限ハ社債期限ノ關係上十年以上ニ亘ルヲ避ケ居ルモノノ如シ

第五節　用途別貸付狀況

第十一表　用途別貸付

イ、東拓ノ貸付金

	貸付金		同上延滯貸	
耕地購入資金	一五口	一二三、五九一圓	一口	一七、〇〇〇圓
土地改良開墾資金	二〃	九、六五六〃	一〃	四、七四〇〃
果樹栽培資金	五三〃	五六六、六五九〃	一一〃	九六、五一六〃
養蠶資金	三〃	一五、一八六〃	一〃	三、五〇〇〃
畜産資金	四〃	八五、〇七五〃	—	—
農事經營資金	一八〃	一五一、五五二〃	一〇〃	一〇二、五〇〇〃

肥料資金	二口	四、三四〇圓	―	―
計	九七〃	九五六、〇五八〃	二四口	二二四二五六圓

ロ、ソノ他金融機關ノ貸付金

		貸付金		同上延滯貸	
土地資金	滿洲銀行	三口 (一口)	二三、三〇〇圓 (八一〇圓)	二口 (一口)	三〇〇圓 (八一〇圓)
	金融組合	二一口	一三、四〇〇圓	一口	一、〇〇〇圓
	農家組合	―	―	―	―
	滿鐵	一口	九、〇〇〇圓	―	―
	計	二六口	二五、五一〇圓	四口	二、一一〇圓
果樹苗資金、畜産資金、農具資金	滿洲銀行	三口	二六、三三九圓	二口	二〇、〇〇〇圓
	金融組合	三口	八〇〇圓	―	―圓
	農家組合	五口	三、〇〇〇圓	―	―
	養蠶會	九口	一五、三〇〇圓	―	―
	東亞勸業公司	二口	六〇、二七三圓	二口	六〇、二七三圓

滿鐵	一口	二〇、〇〇〇圓	｜	｜
計	二三口	一二五、七一二圓	四口	八〇、二七三圓

肥料資金
苦力賃資金
農産物販賣資金、副業資金

滿洲銀行	七口	二五、四三九圓	｜	｜
金融組合	九口	一、六三〇圓	一口	一〇〇圓
農家組合	四一口	二〇、九六七圓	三二口	八、九六七圓
東亞勸業公司	一口	二〇、〇〇〇圓	｜	｜
滿鐵	二口	五〇、四三八圓	｜	｜
計	六〇口	一一九、四七四圓	三三口	九、〇六七圓

卽チ州內ノ農業金融資金ハ土地ニ投入セルモノ多ク運轉資金ノ金融テナス機關ニ缺グルモノアルニアラザルヤ

172

第二編　關東州外ニ於ケル農業金融

第一章　內地人農業者トソノ農耕地

第一節　滿鐵附屬地內

滿鐵附屬地內ニ於ケル內地人ノ農耕地ヲ示スニ左表ノ如シ（昭和五年度調）

- 28 -

173

第一表　満鉄附属地内ノ農耕地

地方事務所管内 ＼ 区別	昭和五年度作付面積 貸付面積	稻作	普通作	特用作	果樹作	其他	農業者数
瓦房店	四六七、六町	二、〇町	七一、五町	一〇、五町	三五一、二町	三二、四町	二四
大石橋	四六九、六	—	三一三、九	七、一	一〇四、六	四四、〇	三八
營口	二〇〇、〇	—	一六五、三	一五、五	二、五	一六、七	九
鞍山	二九九、一	三、五	一五五、〇	一〇五、六	二三、五	一一、五	五六
遼陽	三九五、五	八、七	三三〇、九	一五、二	二一、八	一八、九	一六
奉天	一〇二、七	—	九四、一	—	—	八、六	二〇
鐵嶺	四一五、七	一三、一	三二七、九	二、四	—	七二、三	二〇
開原	四八三、〇	二一、二	四一〇、七	、四	—	五〇、七	三三
四平街	三一、九	—	五八一、七	、二	—	七〇、〇	二四
公主嶺	五五、〇	—	五五、〇	—	—	—	三
長春	七八、四	—	七一、六	—	—	六、八	五
撫順	六五五、六	二三五、五	三九六、九	一六、一	—	七、一	六七
本溪湖	三一、四	三、一	五、〇	五、六	二、五	一五、二	一八
安東	七〇、四	一三、六	二五、八	一四、九	一二、一	四、〇	三七
計	[illegible]三七五、九	三〇〇、七	三、〇〇五、三	一九三、五	五一八、二	三五八、二	三七〇

備考　安東地方事務所管内ニハ一八町八段歩ノ特別地ヲ含ミ之等ハ借受人ニオイテ邦人支人ニ之ヲ貸付ケテ居ルモノナリ

174

依之觀之、滿鐵附屬地內ノ農業者及ソノ農耕地ニツイテ注意スベキ事項トシテハ

一、純計ハ三六四戸ノ農業者ガ存シ一戸當リ約十二町歩ノ借入面積ヲ有スル事

二、果樹園、桑園等ハ概ネ奉天以南ノ地ニ存スルモノニシテ附屬地內ニ於ケル農耕ハ普通作ヲ大宗トスル事（水田耕作ハ撫順地方最モ盛ナリ）

第二節　滿鐵附屬地外

附屬地外ノ滿洲奧地ニ於ケル內地人關係農耕地ハ、㈠商租ニ依ルモノ、㈡合辨事業ニ依ルモノ、㈢ソノ他（典租等ニ依ルモノ）ニ大別シ得ルノデアルガ勸業公司ノ用地ガ大部分デアル。ココニ昭和二年十月末ニ於テ在滿各領事館ノ認證ニカカル商租農耕地（農耕ニ利用シ居ルモノト認メラルルモノノミ）ヲ示スニ左表ノ如シ

175

第二表 商租農耕地並ニ商租代金

A 勸業公司

管内	地積	商租代金	
奉天總領事館	八八三五二六町 一二三三九八八畝 二三六九方地 三三六六九町	邦價換算 二五六四八一三圓	小洋 三八七〇六四元 @〇八 金 二二五六一六二圓
鄭家屯領事館	六〇三九〇	〃 五七二五〇〇圓	金 五七二五〇〇圓
鐵嶺領事館	二一六六四	〃 三四六二三七圓	金 五七二五〇〇圓
計	九六五五八〇	〃 二四八二五九〇圓	

176

B ソノ他

認證箇所	地積	商租代金		
奉天總領事館	四九四九七町（七九七八二七畝 九四三七坪）	邦價換算 六八五八七四圓	小洋 一二八七三〇元	@〇八
			奉小 二九〇〇元	@〇八
			金 五八〇五七〇圓	
鄭家屯領事館	二六七	〃 一八六七圓	小洋票 一八六七一元	@〇一
鐵嶺領事館	三六六〇	〃 九一二六二圓	〃 一七二一九二元	@〇五三
吉林領事館	二二九	〃 六五三六九圓	官帖 一六八四五〇吊	@〇〇二
			金 六二〇〇〇圓	
安東領事館	三八〇	〃 一一三三二圓	小洋 一四一六五元	@〇八
遼陽領事館	二二二〇	〃 一二二一五圓	小洋票 九九三六三元	@〇一一
			金 二二八五圓	
營口領事館	二一四	〃 三二三一三圓	小洋 六三八一元	@〇八
			金 二八三〇八圓	

177

計　町 弐六四七七　　〃　九〇弐三三二圓

備考一、右表ハ内地人關係ノ商租地ソノ他一切ノ附屬地外ノ邦人關係農耕地ノ集計デハナイ。蓋シ領事館ノ認證ヲ經ズシテ擔保トシテ或ハ支那人名義トシテ所有スルモノガアル

二、尚右表中ニハ勸業公司及華興公司ノ東部内蒙古ノ日支合辦地ハ之ヲ含ンデイナイ。マタ滿鐵會社ノ商租農耕地（認證ニカカルモノ）モ之ヲ含マナイ。華興公司ノ日支合辦農耕地ハ三千數百町歩滿鐵會社ノ商租農耕地ハ九十五町歩デアル

即チ十万二千町歩以上ノ農耕地ノ存スルハ明ニシテ勸業公司及大倉組ノ日支合辦農耕地ヲ合スレバ十一万町歩ヲ超過シ更ニ農耕ノ目的ヲ以テ商租セルモ現ニ農耕ノ爲ニ利用シ居ラザルモノヲ合スレバ十六七

178

万町歩ニ達スベシ。之等ノ農耕地及農業者ニツイテ注目スベキ事項トシテ

一、勸業公司及華興公司關係以外ニハ五十一二名ノ關係者ガ存スル事

二、水田ハ概ネ鮮人ニ小作セシメ畑地ハ支那人ニ貸附ケ自作シ居ルモノハ極メテ小數ナル事

三、水田ハ勸業公司大約二千町歩大倉組三千町歩ソノ他六百町歩計大約五千六百町歩ト推定サルル事（昭和二年末推定）

四、領事館ノ認證ニカカル商租地ノ商租代金ノミニテ四百三十八万五千圓ニ達シ農耕ノ目的ヲ有スル土地全部ノ代金ヲ合スレバ六百五十万圓以上ニ達スベシ。蓋シコノ集計ハ現在ノ地價ト異動アルハ勿論ニシテ、且コノ集計ハ昭和二年當時ノ貨幣相場ヲ標準トシテ換算セルモノナレバ商租權獲得當時ノ代金トモ較差ヲ生ズルヲ注意スベシ

179